초자연적 중보기도

SUPERNATURAL COMMUNICATION
BY RACHEL HICKSON

Copyright ⓒ 2006 by Rachel Hickson
Published by New Wine Ministries
PO Box 17, Chichester, West Sussex, United Kingdom

Korean translation Copyright ⓒ 2008 by Pure Nard
Damo Bldg 3F 289-4, Yangjae-Dong, Seocho-Gu, Seoul, Korea

The Korean edition is published by arrangement with New Wine Ministries.
All rights reserved.

본 저작물의 한국어판 저작권은 New Wine Ministries와의 독점 계약으로 한국어 판권은
'순전한 나드'가 소유합니다. 저작권자의 허락 없이 이 책의 일부 또는 전체를 무단 복제,
전재, 발췌하면 저작권법에 의해 처벌을 받습니다.

## 초자연적 중보기도

지 은 이 | 레이첼 힉슨
옮 긴 이 | 김유태
초판발행 | 2009년 4월 10일
펴 낸 이 | 허 철
펴 낸 곳 | 도서출판 순전한 나드
등록번호 | 제 313-2003-00162
주    소 | 서울 서초구 양재동 289-4 다모빌딩 3층
도서문의 | 02)574-6702 / 010-6214-9129 / Fax. 02)574-9704
홈페이지 | www.purenard.co.kr
총괄기획 | 박지혜, 표정석
편 집 인 | 고수연
디 자 인 | 박성해(표지)
총    무 | 김현미

ISBN 978-89-6237-037-9     03230

# 초자연적 중보기도
Supernatural Communication

기도의 특권

레이첼 힉슨 지음

김유태 옮김

# CONTENTS

추천사 **6**

헌정사 **12**

감사의 글 **13**

머리말 **15**

1장 _ 초자연적 커뮤니케이션: 기도라는 특권 **17**

2장 _ 창조적인 기도: 기도의 유형과 방법 **55**

3장 _ 기도의 큰 그릇이 되기 위한 준비 **89**

4장 _ 도보기도: 실질적인 안내 **119**

5장 _ 끈기 있는 기도: 지금은 포기하기에 적합한 때가 아니다! **145**

6장 _ 나의 교회는 기도하는 집이 될 것이다! **175**

7장 _ 눈물: 능력의 액체기도 **197**

8장 _ 평범한 사람들을 위한 영적 전쟁 **227**

9장 _ 도시들을 겨냥한 전략적 기도 제1부 **253**

10장 _ 도시들을 겨냥한 전략적 기도 제2부 **285**

부록 A **313**

부록 B **321**

# 추천사

• • •

초자연적인 중보기도와 레이첼에 대해

"레이첼 힉슨은 그리스도의 몸에게 특별하고 놀라운 선물이다. 그녀는 하나님의 말씀을 이해하고 어떻게 성령님을 흘려보내야 하는지를 아는 여성이다. 레이첼은 모든 수준에 있는 모든 사람들의 삶에서 사역할 수 있는 능력을 가지고 있다. 깨어진 자, 젊은 사람, 새신자, 성숙한 성도들 등 모든 사람에게 영향을 준다. 그녀는 믿을 수 없을 만큼 깊은 기도와 중보, 통찰력, 영감의 이익을 줄 것이다. 나는 레이첼과 그녀의 사역을 주저함 없이 추천한다."

— 프랭크 다마지오 목사, City Bible Church, 미국 포틀랜드

"가족으로서 우리는 레이첼의 통찰력 있는 사역으로부터 크게 이익을 얻었다. 상황마다 온유하게 이야기하지만 그녀의 예언사역은 자연적인 이해함을 넘어서 정확하게 사건을 지적한다. 우리가 개인적으로 발견한

것은 우리 또한 교회의 가족으로 그녀와 동일한 경험을 하고 있다는 것이다. 레이첼은 성경적이고, 지역교회와 잘 연결되어 있을 뿐 아니라 아버지의 마음을 나누는 것에 매운 열정적이다."

- 스튜마트 벨 목사, New Life Christian Fellowship, 영국

"나는 이 중요하고 결정적인 주제를 이보다 더 학문적인 지식을 갖추어 쓴 것을 본적이 없다. 레이첼에게서 예수님을 향한 열정과 멋진 믿음이 흘러나온다."

- 앤디 하이드론, CEO

"레이첼은 열정적인 설교자, 전도자, 예언자, 그리고 기도용사이다. 그녀의 은사는 많은 나라 안에서 하나님의 나라를 확장시키는 데 사용되며, 열방을 향한 그녀의 마음은 놀라울 뿐이다. 이 뿐만 아니라 레이첼은 사람들을 위해 아낌없이 시간을 내고, 친절하며, 온유할 뿐 아니라 유쾌한 사람이다."

- 드보라 그린, 복음주의 연합과 씨티 링크, 영국

"레이첼은 주님과 그의 백성들을 위한 넓은 마음과 함께 기름부음 받은 하나님의 여인이다. 그녀는 명확한 예언은사와 깊은 영적 진리를 단순하지만 실제적인 방법으로 말할 수 있는 능력을 가졌다. 나는 이 책을 통

해 당신이 축복을 받게 될 거라 확신한다."

— 데이브 스미스 목사, Peterborough Community Church, 영국

"레이첼 힉슨은 신실한 기도의 삶을 갈망하는 모든 사람들과 대안을 찾고 있는 기도회 리더들을 위해, 그리고 중보기도자들이 해야 할 모든 것에 대한 안내서를 읽기 쉽게 썼다. 그녀는 노련하게 기도의 모든 면을 충분히 다룬다. 그리고 새로운 신자들도 앞으로 나아가도록 격려한다. 『초자연적 중보기도』는 교회들이 성도들에게 삶의 방식으로서의 기도를 정착시키도록 돕는 안내서가 될 것이다. 우리나라는 기도의 필요를 몹시 열망한다. 기도의 삶 가운데 주어진 계시가 우리에게 가장 필요하다. 이 책은 주님에 의해 주님의 손이 우리를 치유하시고 회복하시는 것을 볼 때까지 우리의 도시와 열방을 위해 눈물을 흘리는 기도용사들을 불러 모으는 데 사용될 것이다."

— 엘렌 빈센트, 도시의 기초, 미국

"작가들이 진정으로 말하는 중요한 무언가와 단순하지만 명확하게 쓰인 대부분의 책들은 나의 삶에 큰 충격들을 주었다. 레이첼 힉슨의 책은 모든 기준으로 가득 차 있다. 이 책은 첫 번째로 당신을 효과적인 기도의 삶을 갈망하도록 만들 것이고 어떻게 이것을 해야 할지를 정확히 가르쳐 줄 것이다. 이 책은 당신을 안내해 줄 것이며, 어떻게 효과적으로 당신의 나라를 변화시키는 능력을 가질 수 있는지에 대한 대답을 찾고 기도할 수

있는, 효과적인 중보기도자가 될 수 있는지에 대해 가르쳐 줄 것이다.

– 말렌 빈센트, 기초와 대통령, 미국

"우리는 세상이 보는 것보다 더 폭넓게, 더 깊고 능력 있게 깨우는 기도의 중심에 살고 있다. 이것은 전 세계에 하나님께서 하고 계신 일들에 우리가 동참할 수 있도록 하는 전략적인 책이다. 하나님은 지금 레이첼을 그녀의 강의를 듣는 사람의 마음을 움직이고 만지도록 사용하고 계신다. 또한 이 첫 번째 책을 통해서 그녀는 이 책을 읽는 사람들이 행동하도록 그들의 마음을 만지고 격려할 것이다. 우리는 레이첼과 고든 힉슨이 옥스퍼드에서 우리 팀과 함께 일할 수 있는 특권을 갖게 되어서 기쁘다."

– 찰리와 아니타 크레벌리, 옥스퍼드, 영국

"기도는 흥미롭지만 매우 어렵다! 우리는 계속해서 기도할 수 있도록 돕는 격려와 동기부여, 그리고 정보가 필요하다. 『초자연적 중보기도』는 이것들을 공급해 줄 것이다. 그리고 실제적인 조언과 기도의 삶을 어떻게 탄생시킬 것인지에 대해 말해줄 것이다."

– 제인 할로웨이, 국제 기도회 책임자, 세계 기도 센터, 영국

"레이첼 힉슨의 사역에 대해 추천할 수 있는 글을 쓰는 것이 나에게는 큰 기쁨이다. 나는 그녀가 오늘날 그리스도의 몸 안에서 뛰어난 사역자

중 한 명이라고 믿는다. 기도와 중보 가운데서 나온 그녀의 강조점과 통찰력은 천 마디 말보다도 더 큰 능력이 있다. 레이첼의 예언적 설교와 가르침은 우리 모임의 축복이다. 보기 드문 순수성과 긍휼함, 유머를 가졌고, 하나님의 역동적인 여성인 레이첼은 하나님의 말씀을 능력 있고 실제적인 방법으로 우리에게 열어 주었다. 레이첼의 힘 있지만 여성스러운, 담대하지만 긍휼한, 동적이지만 유쾌한 전략의 조화는 그리스도의 몸을 개인적으로, 공동체적으로 강하게 하도록 돕는다. 그녀로부터 듣고 읽고 받으라. 당신의 삶은 부유하게 될 것이다."

– 웬델 스미스 목사, The City Church, 씨애틀, 미국

"레이첼 힉슨은 나만의 영웅이 아니다. 그녀는 나의 어머니와 같다고 말하는 것이 나는 자랑스럽다. 그녀의 삶과 사역의 영감을 통해 그녀가 걷는 길을 주의해서 살펴보라. 그녀의 힘과 지성, 사람들을 돌봄은 내게 충격이었다. 그녀는 나의 형제 데이빗과 내가 매일 기도하도록 깨워주었다. 그녀는 가장 놀라운 하나님과의 초자연적 커뮤니케이션을 위해 우리를 깨웠다. 그녀의 삶은 하나님의 목적과 계획을 위해 완전히 헌신되었다. 그리고 오늘날에 많은 희생을 위해 자신을 내려놓았다. 하지만 그녀는 진정한 영적전쟁의 공주로 태어났다."

– 니콜라 도우글래스, 힐송 처치, 런던, 영국

"우리 교회에서 가장 의미 있는 것은 레이첼 힉슨이 사역하는 동안 기

도의 계절이 불어왔다는 것이다. 그녀는 온유하지만 돋보인다. 그녀는 우리의 모임을 공동체 기도의 놀라운 시간으로 이끌어 주었다. 그녀에게는 친밀한 방법과 기술적인 안내로 수백 명의 사람들을 보좌 앞으로 인도했고, 머리 되신 하나님과 대화하는 방법을 가르쳐 주었다. 우리는 이것을 보았다. 우리는 함께 했다. 그녀와 그녀의 남편과 함께 했던 시간 중 몇 가지 주목할 만한 것이 있었다. 그것은 그들은 우리와 함께 삶의 방법들을 바꾸었다는 것이다. 나는 확신한다. 기도에 관한 어떠한 심각한 질문에 대한 대답을 이 책을 통해 찾게 될 것이고 그것은 삶을 변화시킬 것이다. 나는 이 책을 우리의 서점에서 보게 되기를 원하고 우리의 교회가 기도 가운데 깊어지고 원리들을 받아들이길 바란다."

―비숍 죠셉, 갈린톤 목사

"레이첼은 사람들의 삶과 공동체가 변화되기를 진정으로 원하는 놀라운 격려자이고, 기도와 실제적인 돌봄을 연결한다."

― 조엘 에드워드, 영국

"레이첼 힉슨은 영감적인 열정으로 사람을 감동시키고 담대함이 있는 반면에 격려하는 따뜻함과 실제적인 사람이다. 레이첼은 죽음의 문턱에 서 있던 경험을 통해 초자연적 기도의 능력을 간증한다. 개인적으로 레이첼의 우정과 말씀선포, 관점으로 인해 감사드린다. 나는 이 책과 그녀의 사역을 추천할 수 있어서 기쁘다."

― 패드 그리지, 24-7 기도회

## 헌정사

나는 이 책을 3세대에게 드립니다.

예수님을 사랑하도록 가르쳐 주시고 기도의 열정을 일으켜주신
나의 부모님, 알렌과 엘렌 빈츠.

친밀함을 사랑하도록 가르쳐 주고 기도에 더욱 깊이 들어가도록 격려해준
나의 남편 고든.

전에는 알 수 없었던 내 마음의 꿈들의 놀라운 대답을 얻도록
기도의 동기를 부여해준 나의 아이들 니콜라와 데이빗.

# 감사의 글

지금 이 순간 내 마음에는 감사해야 할 수많은 사람들의 얼굴이 떠오른다. 이 책을 쓰는데 영감과 격려를 아끼지 않았던 멋진 사람들의 군대가 있다. 나의 기도팀과 왓포드, 헤맬, 가스톤, 나와 여정을 함께하며 기도하는 것을 배웠던 알반스 커뮤니티 교회에게 감사를 전한다. 내가 살아나도록 1984년에 금식하며 기도해준 여러분께도 감사를 드린다.

리차드 본케 목사님과 모든 열방을 위한 그리스도 팀에게도 감사를 전한다. 나를 격려해 주고 매우 빠르게 기도할 수 있는 장소를 마련해 주어서 감사하다. 그것이 나의 삶을 변화시켰다. 1990년 내가 영국으로 돌아왔을 때, 나를 믿어주고 설교할 수 있도록 격려해 준 토니 마톤에게 감사를 드린다. 나는 당신이 내게 설교할 수 있는 장소를 주기 전까지 내가 강사가 될 것이라곤 전혀 알지 못했다. 프랭크 다마지오 목사님과 나에게 마음을 열어주고 내가 설교할 수 있도록 격려해 준 미국에 있는 많은 교회들에게 감사를 드린다.

내가 여행을 하는 동안 대가를 치러야 했지만 항상 은혜로 나를 보내

주었던 나의 가족에게 감사를 드린다. 책을 쓰고, 강의하고 지금 이 책을 편집할 수 있도록 나를 지지해 주어서 감사하다. 당신들을 사랑한다. 당신은 항상 이 세상에서 내게 가장 좋은 사람이며 날마다 나를 자랑스럽게 한다.

가장 정확한 시간에 이 책에 관한 이메일을 보내주고 매순간 여러 가지 방법으로 나를 도와준 팀 패티갈에게 감사를 드린다. 내가 이 책을 쓰도록 해주어서 감사하다. 몇 시간씩 시간을 내어 기도해 주고 이 원고를 내게 준 것에 감사를 표한다. 당신은 정말 놀라운 일을 했다. 감사하다!

마지막으로 이 책을 산 당신에게 감사드린다. 나는 이 책이 당신의 삶을 변화시키길 기도한다. 이 책이 사람들의 마음 위에 새겨지길 눈물로 기도했다. 그래서 나와 함께 이 여정을 시작하는 당신께 감사를 드린다. 이 책을 읽는 것과 초자연적인 의사소통의 삶을 즐기시기 바란다.

레이첼 힉슨

# 머리말

　기도에 관한 수많은 책 중 『초자연적 중보기도』처럼 나의 마음을 감동시킨 책은 없다. 이 책은 실제적이고, 재미있고, 격려가 되며 무엇보다 인간적이다. 이 책을 읽는 동안 당신은 레이첼과 마주앉아 좋은 영국 차 한 잔을 하는 느낌을 받을 것이다. 당신은 일대일 기도학교에 입학했다.

　레이첼은 산문문학을 잘 쓰는 사람이다. 그녀는 강한 성경적 이해로 가르치며, 어떤 사람이든 관계없이 그들에게 맞는 방법으로 이야기를 전개할 수 있다. 어린 아이로부터 하나님의 말씀을 진지하게 공부하고 있는 학생까지 가르칠 수 있다.

　그녀가 2장에서 말한 중보기도의 관점은 창조적인 기도의 한 부분으로서 내 영혼을 만졌다. 주님의 자녀들은 춤과 창조적인 예술로 그분 앞에 나아와 예배한다. 그때 하나님의 중보의 마음이 풀어져 온 땅 가운데 들어간다는 것은 오늘날 매우 중요한 의미를 가진다.

　다른 중요한 점은 영적 전쟁, 즉 중보기도는 평범한 사람들을 위한 것이라고 정의한 것이다. 특별한 계층에 있는 사람들은 갈라진 틈에 서지 않을 뿐 아니라 우리는 그들을 통해서 눈에 띨만한 결과도 볼 수 없다. 어떤 사람들은 영적 전쟁에 들어가는 것조차 두려워한다. 그러나 레이첼은 사단의 권세가 파괴된 것을 본 실제적인 간증을 통해 우리가 반드시 해야 하고, 할 수 있다고 분명히 말한다.

레이첼은 논쟁의 여지가 있는 영역에 깊이 들어가 하나님의 심장고동 소리를 듣고 굽어진 길을 곧게 하는 사람인 것 같다. 그녀의 기도와 삶이 일치가 된 회개에 대한 해석은 매우 훌륭하다.

지금은 혼란의 날이며 자연적인 것과 물리적인 것이 충돌하고 있다. 그래서 우리는 지금 『초자연적 중보기도』와 같은 책이 필요하다. 나는 이 책을 재미있게 읽었다. 이 책을 읽는 동안 성령님께서 새로운 빛 가운데서 많은 것들을 보여주셨다.

모든 성장의 단계에 있는 사람들은 이 책을 꼭 읽을 필요가 있다. 중보기도자들은 각자의 나라를 위한 전략적인 기도의 안내서로 이 책을 사용해야 한다. 이 책에 쓰여진 원칙들이 당신의 삶과 가족, 그리고 나라를 변화시킬 것이다. 레이첼, 수고했어요!

신디 제이콥스, 제너럴 인터내셔널

# 01

# 초자연적 커뮤니케이션: 기도라는 특권
Supernatural Communication: The Privilege of Prayer

도입

대기를 관통하는 새로운 종류의 소리가 있다. 이는 새로운 종류의 커뮤니케이션으로, 열정적으로 기도하는 사람들의 소리이다. 내가 강연회를 마친 후에 사람들은 종종 "저희를 훈련시켜 주실 수 없나요? 우리는 행동하기 위해 준비되고 싶습니다. 가장 효과적으로 기도하면서도 기도를 즐길 수 있는 방법을 알고 싶습니다"라고 내게 요청하곤 했다. 이 책은 바로 당신을 위한 책이다. 나는 성령께서 그분의 기도학교에서 당신을 지도하길 원하신다고 확신한다. 왜냐하면 하나님께서는 이전에는 없었던, 당신과 그분과의 친밀한 관계를 갈망하시기 때문이다.

오늘날 하나님은 비범한 일을 감당할 평범한 사람들의 부대를 찾고 계신다. 이 시대는 평신도들이 뒷짐 지고 뒤로 물러서서 영적인 "슈퍼스타"들이 공연하는 광경만 물끄러미 바라보고 있을 시기가 아니다. 이제는 남녀노소 할 것 없이 모든 이들이 함께 기도의 장소로 나아가야 할 새로운 시절이 찾아왔다. 매우 흥분되는 날들이 올 것이다. 하나님은 우리가 거주하는 그곳을 기도의 집으로 만들고, 기도를 통해 이웃의 영적인 관경과 도시와 나라가 급격히 변하는 것을 보길 원하신다. 이제는 모두 일어서서 각자에게 맡겨진 책임을 감당할 때이다. 한 사람도 빠짐없이 모두 기도에 동참해야 할 긴급하고 절박한 시기이다.

온 세계에서 지금처럼 기도를 최우선으로 삼았던 시기도 없을 것이다. 평신도들이 직장에서 휴가까지 내어 하루 종일 기도에 전념하는 것은 오늘날 희귀한 일이 아니다. 이러한 삶의 태도는 이전에는 보지 못했던 일이다. 사실 교회의 기도모임에 참석하는 일은 돈을 준다고 해서 이루어지는 일이 아니다! 아마 그들은 집에서 쉬는 것을 선택할 것이다. 그러나 오늘날 하나님은 자발적으로 기도하는 기도 용사들을 사방각처에서 일으키는 새 일을 하고 계신다. 기도에로 부르셔서 강하게 하시는 하나님의 심장이 고동치는 소리가 온 세상에 들려온다. "오라! 교회여. 지금은 기도할 때이다." 나는 이 책의 가르침이 당신의 마음을 준비하고 당신을 헌신된 기도의 자리로 부르길 기도한다.

### 기도의 삶의 모범

기도로 나아오라는 이 부르짖음은 전 세계 가운데 있는 하나님의 백성들의 마음을 움직이고 있다. 그리고 또한 이 시대의 기독교인들은 마치 예수님의 제자들처럼 "우리에게도 기도하는 법을 가르쳐주세요"라고 요구하고 있다.

누가복음 11장 1절에는 이렇게 기록되어 있다.

> 예수께서 어떤 곳에서 기도하고 계셨는데, 기도를 마치셨을 때에 제자들 가운데 하나가 말하였다. "주님, 요한이 자기 제자들에게 기도하는 것을 가르쳐 준 것과 같이 우리에게도 그것을 가르쳐 주십시오."

예수님의 제자들은 어떤 자극을 받고 위와 같은 질문을 하게 되었을까? 그들은 예수님이 기도하시는 것을 줄곧 지켜보았고, 예수님이 기도하신 후에 신기한 기적들이 일어나는 것을 목격했다! 그들은 어떻게 하면 예수님처럼 기도로부터 신기한 능력이 흘러나올 수 있는지를 알고 싶었던 것이다! 이 책의 서두로부터 내가 돋보이게 강조하고 싶은 점이 있다면 바로 이것이다. "다른 이들에게 기도를 가르치고 기도하도록 영감을 불어넣고 싶다면, 혹은 다른 이들에게 중보기도의 사명을 고취시키고 싶다면, 당신이 먼저 기도의 모범을 보여야 한다." 기도에는 전염성이 있다. 기도는 마치 천국의 바이러스와도 같은 것이다!

내가 기도를 사랑하게 된 이유 중에 하나는 어머니가 내게 기도하는 모습을 자주 보여주셨기 때문이다. 아주 어렸을 적에 어머니는 나를 침대에 누이고, 어머니의 얼굴을 내 얼굴에 대고서 나를 감싸 안고는 나와 함께 기도하곤 하셨다. 나는 내 뺨에서 그녀의 기도의 호흡을 느낄 수 있었고 하나님께서 그 기도를 듣고 계시다는 것을 알 수 있었다. 먼저 그런 기도의 모범을 보여주신 후에, 어머니는 나에게 기도하는 방법을 가르쳐 주셨다.

사람들에게 기도하는 법을 가르치는 방법은 단순히 기도 매뉴얼을 나누어주는 것이 아니다. 당신의 기도를 관찰하게 하는 것은 그들에게 용기를 준다. 이것이 바로 오늘날 교회가 당면한 도전이다. 우리가 기도하지 않으면 다른 이들에게 기도하는 법을 전수시킬 수 없다! 당신 자신이 기도하지 않으면서 중보기도팀을 모은다는 것은 불가능한 일이다! 교회의 공적인 기도는 리더들의 개인기도 생활에 의존한다. 그러나 오늘날 고무적인 사실은 교회마다 기도실의 숫자가 늘어간다는 것과 24-7 기도와 같이 기도에 주도권을 잡는 모임들이 사방각처에서 생겨난다는 것이다. 그러한 기도모임들의 모범을 따라 많은 이들이 기도에 모범이 되는 사람과 함께 기도하는 것에 시간을 사용하고 있다. 군중들은 진정한 기도의 모범을 보면 따라하게 되어 있다. 그럼에도 불구하고, 교회에서 기도하자는 말은 많지만 기도를 제대로 가르치는 경우는 드물다. 그렇기에 영적 리더들은 성도들에게 기도를 실제로 보고 배울 수 있는 환경을 조성해 주어야 한다. 그러면 그들은 "나도 당신처럼 기도하는 것을 배우고 싶습니다. 당신이 기도를 드리는 것을 보았는데 나도 그렇게 기도하고 싶어졌습니다"라고 말하며 각성하게 될 것이다.

나는 예수님이 하신 놀라운 일들, 즉 죽은 자를 살리고, 소경, 귀머거리, 벙어리를 치유하고, 광풍을 잠잠케 하신 일들을 생각할 때, 나는 예수님께서 나에게 그런 것들을 가르쳐 주길 원하시는지 생각한다. 현대 교회에는 기사와 표적과 이적이 일어나는 것을 목격하고자 하는 절박함이 있다. 만일 예수님과의 개인교습이 가능하다면 당신은 예수님께 무엇을 가르쳐달라고 요구할 것인가? 예수님께서 초자연적인 세계로 넘나드는 것을 직접 목격한 제자들은 "주님, 어떻게 해야 기적을 행할 수 있습니까?"라고 묻지 않았다. 대신 그들은 어떻게 기도를 드려야 하는지에 관해 문의했다.

그렇기에 나는 기도가 우리 믿는 성도들의 최우선 과제라고 생각한다. 하나님께서 우리의 마음에 거룩한 동요를 일게 하셔서, "예수님, 가르쳐주소서! 기도하는 법을 배우기 원합니다. 나와 함께 해주시고, 기도를 즐기는 법도 가르쳐주소서."라는 절규가 터져 나오기를 바란다.

## 기도에 대한 편견

불행히도, 사람들은 기도라는 단어에 대해 많은 고정관념과 편견을 가지고 있다. 특히 교회에서 성장한 대부분의 사람들은 기도모임이 지루하다는 선입관을 가지고 있다. 너무나 장시간 기도하기에, 지루함을 달래기 위해 기도시간에 혼자 나름대로의 재미있는 상상을 해본 적이 있을 것이다. 기도모임이 있는 그날 다른 스케줄이 잡혀서 기도모임에 참석을 못하게 되면 안도의 한숨을 쉬게 되는 경우도 있을 것이다. 그렇지만 하나님은 오래전부터 기도가 지루하다는 연상작용에서 기도하는 사람들을 건지고 계신다! 그래서 전 세계적으로 사람들은 기도가 활기 넘치고 우리를 격려하는 경험이라는 것을 체험하고 있다.

기도는 종종 실패라는 단어와 연관되곤 한다. 기도는 했으나 아무런 응답이 없는 것을 많이 경험했기 때문이다. 그런 사람들에게 기도는 풍성한 열매와 보상을 가져다주는 일이 아닌, 기대에 어긋난 실망만 가져다주는 일에 불과한다. 만약 이 사람이 당신이라면, 하나님은 이제 그러한 부정적인 모든 기억을 새로운 경험으로 바꾸어주기 원하신다.

## 기도의 특성

앞서 나는 우리 마음의 갈망이 "오! 하나님, 나에게 기도하는 방법을 가르쳐주세요"가 되어야 한다고 했다. 만약 거기에 무언가를 첨가했다면 "오, 하나님! 제게 가장 알맞은 기도하는 방법과 기도의 언어를 가르쳐 주세요"일 것이다.

사람들을 모으고 그들을 기도하도록 훈련시키면서 먼저 인정해야만 하는 것은 커뮤니케이션 스타일이 각자 나름대로 독특하다는 점이다. 기도하는 완벽한 방법 같은 것은 없다! 그렇기에 기도에 대한 일반적인 완벽한 모델은 존재하지 않지만 당신에게 딱 맞는 기도 방법이 있다! 그러므로 우리 각자는 개인의 독특하고 자신의 기도를 완벽하게 표현할 수 있는 방법을 개발해야 한다. 혹자는 기도할 때 큰 소리로 전투적으로 기도하는 사람들이 있는 반면에 조용히 묵상 혹은 명상으로 기도하는 사람들도 있다. 하지만 온유함으로 기도하는 것이 옳거나 그르다고는 할 수 없다. 그렇지만 한 가지 분명한 것은, 개개인의 다른 스타일을 모두 합치면 우리의 도시, 공동체, 그리고 지역을 위한 멋진 기도의 합주회가 된다는 것이다. 당신은 당신만의 가장 자연스러운 기도 방법을 발견하게 될 것이고, 그렇게 기도하게 될 것이다. 그러기 위해서는 기도 언어를 배워야 한다.

우리 각자에게 맞는 기도 스타일을 찾아야 한다. 때로는 함께 힘을 모아 부르짖어야 할 때도 있다. 내성적인 성격을 가진 사람도 소리를 지를 때가 있다. 도둑이 지갑을 낚아챘다고 가정해보자. 그러면 평소에 말수가 적었던 사람도 소리를 지를 것이다. 동일하게, 기도의 장소에서는 어떤 특정한 종류의 기도가 요구될 때가 있다. 때론 전투하는 용사처럼 영적 전쟁의 기도를 드려야 하고, 때론 잠잠히 기도를 드려야 한다.

사람들은 종종 "얼마나 오랫동안 기도해야 진짜로 기도하는 삶을 살게 되나요?"라고 질문한다. 나의 대답은 "나도 모른다"이다. 왜냐하면 그건 내가 그 사람이 아니기 때문이다! 무슨 말인지 이해가 가는가? 기도에는 미리 정해진 정칙(定則)이 없다. 얼마나 자주 얼마나 길게 기도해야 하는 것은 오직 당신과 하나님께 달린 문제이다! '5분 동안은 이 문제를 위해 기도하고, 그 다음 5분간은 또 다른 문제를 위해 기도하고, 그 다음에 10분간은… 결국 나는 지치게 될 거야'라고 생각하지 마라. 판에 박힌 공식은 떨쳐버리고 자기 나름대로의 길을 가라. 사울의 갑옷을 입고 전쟁에 나가는 것이 다윗에게 별로 좋은 선택이 아니었던 것처럼, 자신에게 맞는 것을 선택하는 것이 중요하다.

기도생활에는 고요하게 기도하는 시절도 찾아올 것이고 크게 소리를 지르며 기도하는 시절도 찾아올 것이다. 그리고 삶이 얼마나 분주하냐에 따라 장시간 기도를 드리기도 하고 단시간 기도를 드리게 될 것이다. 어떤 시절에는 하나님께서 당신에게 오시고 성령이 강력하게 임해서 당신은 몇 시간이고 기도하게 될 것이다. 그렇지만 다른 시절에는 장시간 기도를 드린다는 것이 불가능한 경우도 있다. 그러나 어느 경우라도 모두 좋다! 예를 들면, 갓난아기를 키우는 경우, 밤늦게 잠자리에 들고 밤에 수차례 깨면서 잠을 설치고, 그 외에도 정신이 부산하기에 이곳저곳에서 5분씩 중구난방으로 기도드릴 수밖에 없는 경우도 있다. 아마도 출산 전에는 정기적으로 매일 같은 시간에 2시간씩 기도하던 시절도 있었을 것이다. 그러나 이제는 갓난아기로 인해 짜투리 시간 밖에는 사용할 수 없게 된 것이다. 그렇지만 그래도 괜찮다. 왜냐하면 그 시절이 영원히 지속될 것이 아니기 때문이다. 인생에는 다양한 시절들이 오고 간다. 수많은 아기 엄마들이 나를 찾아와 "제 신앙이 퇴보하고 있어요"라고 걱정스럽게 말한다. 그러면 나는 "아기를 키우고 집안일을 감당하면서도 기도할 시간을 조금이라도 가진다면 참으로 부지런한 것입니다. 당신은 잘 하고 있습니다. 자신을 혹독하게 채근하지 마세요."라고 조언해 준다.

기도는 우리가 직장에서 일정시간 동안 근무하는 것처럼 시간을 채우는 것이 아니다. 그러므로 성령님께 "주님, 내 인생의 계절에 맞는 기도를 드릴 수 있도록 인도해주세요."라고 구하라. 세월이 지남에 따라 당신의 인생도 변할 것이고, 당신의 인생의 계절이 변함에 따라 기도의 패턴도 달라질 것이다. 일년 안에도 세월은 변할 수 있다. 자영업을 한다면 업무의 중압감이 몰려오기도 할 것이다. 아마도 연말결산 때 스트레스를 많이 받게 될지도 모른다. 그러면 기도가 단순히 "주님, 제발 좀 도와주세요!"를 반복하는 것에 귀착된다. 신앙이 퇴보하는 증거인가? 아니다! 하나님은 그 순간에 당신에게 도움이 필요하다는 사실을 아신다. 그 이상도 그 이하도 아니다! 우리는 이 부분에 있어서 마음을 편히 해야 한다. 기도리더들과 중보기도자들은 큰 부담감과 더불어 죄책감을 느끼기도 한다. "주님 도와주세요. 저는 이번 주에 기도모임을 인도해야 하는데, 개인기도 시간을 거의 갖지 못했습니다!" 그러나 그것도 큰 문제는 아니다. 중요한 건 하나님을 추구하는 그 진실한 마음이기 때문이다.

물론 기도 없이 영원히 살 수는 없다. 그렇기에 때론 어떻게든 시간을 내어 집중적으로 기도해야만 한다. 항상 완전한 기도습관이 잡히지 않는다고 해서 당신 자신을 정죄해서는 안 된다.

일관성 있는 개인기도 습관을 개발시키기

그렇다면 우리는 어떻게 개인기도의 삶을 일관성 있게 유지시킬 수 있는가? 나는 효과적이고 성취감 넘치는 기도를 드리기 위한 기본적인 지침을 제시하고자 한다.

초자연적 기도는 하나님과의 친밀함을 유지하는 데서 비롯됨

핵심은 하나님을 사랑하는 것이 '기도'라는 것이다. 기도는 관계이다. 이는 마치 전능하신 하나님과 온라인으로 접속되어 있는 것과 같다. 만일 기도가 의무, 판에 박힌 말, "다른 사람이 '이렇게 했기 때문에' 나도 이렇게 해야겠어"라고 한다면 영적 접속은 끊어진다. 기도회란 우리가 참석해야만 하는 또 다른 모임이라는 사고방식으로부터 탈피해야 한다! 기도회에 참석하는 것은 우리 삶의 기도의 일부분이다. 기도란 하나

님과의 대화를 나누며 사는 삶의 양식이기 때문이다.

온 세상의 광고회사들은 우리에게 네트워킹으로 서로 연결되어야만 한다고 말한다. 그와 동시에 이 시대의 교회에서는 예언적 목소리가 드높다. "하나님과의 온라인 접속을 유지하라!" 컴퓨터 단말기가 정보를 다운로드 받으려면 웹사이트에 연결되어야 한다. 오늘날 교회들마다 '영적 돌파'를 위해 울부짖고 있다. 우리는 하나님의 능력이 표적과 기사와 이적을 동반하여 임하기를 갈망한다. 이러한 놀라운 일들이 우리의 기도를 통해 나타나려면, 하늘로부터 능력을 다운로드 받는 동안에 영적 접속이 계속 유지되어야만 한다.

우리는 매일의 삶에서 하나님의 능력을 받기 위해 하나님과 온라인 접속을 하는 방법을 배워야 한다. 우리는 무엇이든지 성령님으로부터 항상 '다운로드' 받게 된다. 하나님은 우리의 연약함과 우리가 그분으로부터 지속적인 공급을 받아야 함도 아시기 때문이다.

### 주님, 도와주세요! 나는 연약합니다

로마서 8장 26절은 나에게 대단히 중요한 성경구절이 되었다. 하나님이 다양한 방법으로 이 말씀을 나에게 계시해주셨기에 나에게는 기준이 되는 말씀이 되어버렸다.

> 이와 같이 성령도 우리의 약함을 도와주십니다.　　－롬 8:26

이 성경구절이 내게 큰 위안을 준다. 하나님은 다음과 같이 말씀하셨다. "나는 네가 기도라는 영역에 있어서 나약한 것을 알고 있다." 하나님은 자연적인 성정을 가진 사람이 기도에 약하다는 것을 알고 계신다. 하나님은 우리 인간의 체질이 어떠한지 다 아신다! 수많은 이들이 말한다. "레이첼, 내가 좋은 기도자인지 아닌지 불분명해요. 나는 중보기도에는 관여하지 않는 것이 좋을 것 같습니다. 왜냐하면 기도한다는 건 나에겐 무척 고달픈 일이기 때문입니다. 나는 약한 사람입니다!" 이와 같이 느끼는 사람들은 성령께서 지금 하시는 말씀을 듣고 용기를 얻기 바란다. "나도 네가 그런 줄 안다!" 그리고 하나님은 다음과 같이 계속 말씀하신다. "그렇기에 내가 너에게 성령을 준 것이다. 네가 연약하기에 성령이 있는 것이다." 바로 이것이 초자연적인 접속이 필요한 이유이다. 자연적으로 모든 사람은 기도에 약한다. 그러나 하나님은 이 문제를 다 아시고 해결책을 마련해 주셨다. 그 해답이 바로 성령님이시다.

### 어떻게 기도해야 할지 모름

사람들이 기도하지 않는 흔한 이유 중에 하나는 무엇을 어떻게 기도해야 할지 모르기 때문이다. 많은 사람들이 자신이 기도해야 한다는 것을 알고, 또한 특별히 중요한 사안에 관해 기도하기 원하지만, 적합한 말을 찾지 못해 기도를 드리지 못한다. 하나님은 이것에 대한 해결방안을 로마서 8장 26절에서 다음과 같이 말씀하신다.

우리는 어떻게 기도해야 할 것도 알지 못하지만, 성령께서 친히 이루 다 말할 수 없는 탄식으로 우리를 대신하여 간구하여 주십니다.

마지막으로 당신이 들은 기도제목과 기도에 대한 생각들을 떠올려 보

라. "나는 진짜 이 사람을 위해서 기도를 해야겠다. 그런데 어떻게 기도해야할지 모르겠네." 하나님의 대답은 성령님의 대리인인 어떤 다른 존재가 아니라 성령님 자신이 우리를 위해 간구하신다는 것이다. 참으로 놀랍지 않은가? 그러므로 우리의 기도는 우리가 내뱉는 말 그 이상인 기도의 높은 장소로 발돋움해야 한다. 기도는 초자연적인 것이다! 기도는 영물인 인간이 하나님의 성령과 접속되는 사건이며, 기도의 시간은 초자연적인 역사가 일어나는 순간이다. 기도는 단순하게 어떤 언어를 중얼거리는 행위가 아니다. 우리는 매순간 기도의 장소에서 성령님과 접속하는 것을 결단할 때 인간의 능력을 뛰어 넘는 초자연적인 사건이 발생한다. 우리가 연약하다고 느끼고 무엇을 기도해야 할지 알지 못할 때 성령님께서는 우리와 함께 하신다.

하나님은 우리가 연약하고, 종종 어떻게 기도해야 할지 모른다는 것을 알고 계신다. 그 모든 것을 아시기에, 하나님은 우리 곁에 오셔서 우리를 돕고 싶어하시는 성령님을 선물로 주셨다. 절친한 친구와 아주 가까이 어깨에 어깨를 맞대고 서 있는 광경을 한번 상상해보라. 이것이 사도 바울이 우리에게 전달하고자 하는, 성령님께서 여러분 곁으로 다가와 어깨와 어깨를 맞대고 있는 모습이다. 그 일이 일어나면 그것은 더 이상 "나"의 기도가 아니라 "우리의" 기도가 된다. 그리고 기도의 부담감은 성령님과 나의 어깨에 동시에 얹혀진다. 내가 약할 때 그분은 강하시다. 나는 무엇을 위해 기도해야 할지 모르지만, 성령님은 뛰어난 지혜를 가지고 계신다. 성령님과 나는 힘을 합해 '영적 돌파'를 할 수 있다!

언제든지 기도의 자리로 나아갈 때 당신과 성령님이 하나의 기도팀을 이루고 있는 그림을 마음에 품고 나가기 바란다. 이 우주에 성령님보다 더 역동적인 기도파트너는 아마 없을 것이다. 이것은 "어딘가 하늘에 있을 것 같은" 크신 하나님과 연결되려는 당신 자신의 몸부림이 아니다. 절대로 아니다! 하나님은 성령님을 당신에게 주셨다. 성령님은 당신 곁에 계신다. 성령님으로부터는 언제나 도움을 받을 수 있다. 당신 자신이 어떻게 기도해야 할지 모를 때 성령님은 오셔서 당신의 기도를 온전케 해주신다. 성령님은 당신을 도와주시고 인도해주신다. 당신은 기도의 파트너인 성령님과 함께 성공적인 기도를 드릴 수 있다.

당신의 삶에서 큰 문제의 벽에 부딪혀 돌파구를 찾지 못하는 상황을 한번 생각해 보라. 이제 이렇게 기도하라. "아버지, 이 상황 가운데서 우리가 돌파구를 보게 될 것을 믿습니다. 성령님이 나를 도와주시고 기도해 주시기 때문입니다. 성령님은 가장 적합한 말로 기도하도록 나를 인도해 주실 것입니다."

어쩌면 당신은 성령님과 접속이 되면 갑자기 당신의 기도가 "전문가가 드리는 기도"처럼 될 것이라고 생각할지도 모른다. 성령님께서 단어를 공급해 주시면 당신의 기도가 감동적일 것 같은가? 아니다. 바울은 성령께서 우리를 위해 말할 수 없는 탄식으로 기도하신다고 말한다. 나의 경우, 기도에 성령님이 개입해 들어오시도록 더 많이 맡길수록, 기도가 덜 유창해지는 것을 발견한다. 그러나 이전에 전혀 생각하지 못했던 것들이 갑자기 생각나곤 한다. 그것은 새로운 부르짖음, 새로운 갈망, 새로운 배고픔과 같다. 그 말할 수 없는 탄식은 성령께서 당신을 부르짖고, 울게 하는 것이다. 어떤 경우, 당신은 단 한 마디의 말도 못하게 될 것이다! 그렇지만 진정한 눈물은 강력한 기도의 언어이다. 마음 깊은 곳으로부터 느껴지는 어떤 영의 물결은 너무나 특이하여 감히 언어로 옮길 수 없는 경우가 많다. 그렇지만 그것도 기도이다! 기도는 반드시 음성으로 표현되어야만 하는 것은 아니다. 왜냐하면 기도는 영으로 드리는 것이기 때문이다. 하나님은 당신이 영으로 기도하도록 도우신다.

## 기도하다가 졸기

자연적인 사람은 기도하기보다는 졸기 쉽다! 위기를 만난 누군가가 당신에게 전화하여 급한 기도부탁을 한 위기의 순간에도 기도하기 위해 정신을 집중하기가 어렵다. 물론 우리는 좋은 의도를 가지고 "아! 이 사람을 위해서는 꼭 기도하겠다."라고 생각한다. 예컨대 그 사람이 내일 대수술을 받도록 예약된 사람이라면 당신은 잠자리에 들기 전에 반드시 그 사람을 위해 기도해야겠다고 결심할 것이다. 당신은 조용한 방에 놓인 안락한 의자에 앉아 그를 위해 기도하기 시작한다. 그러나 한 시간 후 당신은 한참 자다가 일어난 자신을 발견하며 괴로워할 수도 있다.

겟세마네 동산의 제자들을 기억해보라. 우리는 헌신하지 못하는 제자들을 보고 정죄한다. 그러나 솔직하게 우리 자신을 돌아보면 우리들도 예수님의 제자들과 다르지 않다는 것을 인정하지 않을 수 없다. 위기에 처한 교우가 "깨어서 나를 위해 기도해주세요."라고 부탁하는데도 우리는 십중팔구 잊어버리거나 잠자고 있지 않는가?

겟세마네 동산에서 기도하시다가 제자들에게 돌아왔을 때 주님은 제자들이 졸고 있는 것을 발견하셨다. "시몬아" 베드로에게 말씀하셨다. "졸고 있느냐?" "아니오. 졸고 있는 게 아니라 눈감고 묵상하고 있었습니다." 아마 베드로는 이렇게 대답했을 것이다. 그러나 그는 졸고 있었다. 예수님은 시몬에게 이렇게 물으셨다. "한 시간도 깨어 있을 수 없느냐?"

그는 "아닙니다"라고 대답했을 것이다. 자연적인 성정을 가진 인간은 도저히 잠을 이기고 기도할 수 없다. 마음은 원이지만 육신이 약하기 때문이다. 오직 하나님이 우리의 영혼을 변화시켜 주셔야 한다. 그래야만 마음에 변화가 일어나 기도에 대한 강한 열망이 일게 되어 있다. 기도하고 싶은 열망은 있으나 몸이 따라오지 않는 경우가 태반이다. 우리의 몸이 영의 갈망과 맞아떨어지지 않는 것이다.

어떻게 이 고민을 해결할 수 있을까? 하나님은 다시 우리에게 해결방안을 제시해 주신다. 우리는 성령으로 기도할 수 있다. "하나님, 나는 진정으로 기도하고 싶습니다. 그렇지만 나의 몸이 여전히 연약함을 고백합니다. 나는 졸든지 잊어버리든지 합니다. 성령님, 내 곁으로 오셔서 나를 도와주세요." 이런 기도를 드릴 때 주의할 점이 하나 있다. 자포자기하는 심정이나 자기연민의 감정으로 기도를 드리면 안 된다는 것이다. 당신의 상황은 당신에게만 독특하게 일어난 일이 아니다. 모든 사람들은 기도의 삶에서 졸거나 잊어버리는 경향이 있기 때문이다. 오히려 이러한 연약함이 성령의 사람을 갈망으로 인도한다.

### 하나님의 접속소켓

기도에 대해 가르치면서 내가 이따금 사용하는 실례는, 성령님은 우리가 하늘의 전원에 제대로 연결되도록 접속시켜주는 "접속 소켓"(adaptor)과 같다는 것이다. 나는 전 세계로 여행을 하는데, 나의 고민 중에 하나는 콘센트에 내 전자제품들의 플러그가 제대로 들어맞지 않는다는 것이다! 예를 들어, 내가 헤어 드라이기를 연결하고 싶을 때, 종종 플러그가 접속소켓과 맞지 않다는 것이다. 그럼 내게 필요한 것이 무엇인가? 접속 소켓이다. 나는 성령님이 마치 접속 소켓과도 같다고 생각한다. 많은 경우에 나는 기도를 통해 전능하신 하나님과 초자연적으로 연결되길 원한다. 나는 내 자신을 표현하기 시작한다. 그러나 나는 내 영이 전달하려는 것을 내 언어가 표현해내지 못하는 것을 느낀다. 나의 언어를 적합한 것으로 맞추는 일에 성령님의 도우심이 필요하다. 그리고 성령님은 바로 그런 일을 위해 나와 함께 하신다. 성령님은 오셔서, 나의 마음의 갈망과 나의 언어를 취하시며, 나를 있는 모습 그대로 받아주시고, 그리고 나와 전능하신 하나님을 연결해 주신다. 당신의 기도를 효과적으로 표현하고 싶다면 당신은 성령님과 연결된 상태를 유지해야 한다. 그분이 당신의 접속소켓이시다.

내가 여행을 다니면서 발견한 다른 사실은 나라마다 사용하는 전압이 다르다는 것이다. 미국인들은 받아들이고 싶지 않겠지만 영국의 전압은 미국의 것보다 높다! 미국은 110볼트를 사용하지만 영국은 240볼트를 사용한다. 그래서 영국 사람인 내가 미국을 방문할 때 나의 헤어 드라이기를 그냥 콘센트에 꽂으면 기계가 힘없이 느리게 돌면서 제대로 작동하지 않는다! 제대로 작동시키려면 더 많은 동력이 필요하다. 기도도 마찬가지이다. 하나님께 접속되어 하나님과 대화를 나누기는 하지만 우리의 입술을 통해 나오는 기도에는 힘이 없다. 그래서 우리는 이렇게 생각한다. "이런 능력으로야 어떻게 암 환자인 친구를 치유하고 죽은 자를 살려낼 수 있을까? 하나님, 나는 지금 엄청난 문제에 봉착했습니다. 그렇기 때문에 지금은 대단한 기도를 드려야 할 때입니다. 나에게는 더 큰 능력이 필요합니다." 성령님께서 우리의 언어를 취하시고 그것을 변화시키신다. 그래서 그것을 견고한 진을 파할 정도로 강하게 만드신다. 성령님께서 그렇게 하시는 이유는 우리의 약함과 무능력을 이해하시고, 도와주기 원하시기 때문이다.

우리는 이러한 기도의 그림을 항상 그리고 있어야 한다. 기도는 우리에 관한 것이 아니다. 그것은 당신의 기도가 성령님의 변압기에 연결되는 것이다. 그때 당신의 기도는 능력 있게 될 것이다. 기도에 관한 서적, 기도 세미나, 기도에 관한 기타 다른 학습도 도움이 되는 것이 사실이지만, 기도의 삶을 변화시키는 것은 성령님과의 연결이다.

## 우리는 예수님의 친구가 되어야 한다

성령님께서 오셔서 우리와 함께 하시고, 우리가 기도하는 것을 도우시는 것이 필요할수록 우리는 예수님의 친구가 되어야 한다. 왜냐하면 기도라는 것은 결국 예수님이라는 인격과의 만남이기 때문이다. 예수님과 친분관계를 유지하면 기도에 대한 열정이 생생하게 살아난다. 기도는 쌍방향의 의사소통이다. 기도는 당신이 하나님의 마음을 감동시키고, 하나님이 당신의 마음을 감동시키는 그런 상호작용이다.

나는 최근에 성경전체가 하나의 장황한 로맨스와 같다는 생각을 해보았다. 성경은 신랑(왕자 중에 왕자)이 공주(신부인 성도)와 사랑에 빠져 결혼하는 원조 로맨스 스토리라고 나는 생각한다. 마침내 어린 양의 혼인 잔치가 열릴 것이다. 그때가 되면 전능하신 왕 앞에서 신랑(예수님)과 신부(교회)는 결혼하여 완전한 하나를 이루고 영원히 행복하게 살게 된다! 그런 의미에서 인류 역사는 참으로 거창한 한 편의 사랑의 서사시임에 틀림없다.

### 잃어버린 우정

그렇지만 이제 잠깐 멈추어서 인류 역사의 시초를 살펴보자. 하나님이 아담과 하와를 창조하시고 그들을 에덴동산에 두신 그 당시를 말이다. 하나님과 인간은 얼마간 참으로 놀라운 교제를 즐겼다. 그런데 창세기 3장에 기록된 운명적인 타락의 사건이 발생했다. 인간의 타락에 대하여 이야기할 때에 우리는 무엇에 초점을 맞추는가? 우리는 인간이 잃어버린 것을 가르친다. 인간이 어떻게 완전성에서 벗어나 죄를 범하게 되고 에덴동산에서 쫓겨나게 되었는지, 어떻게 우리가 아버지와의 관계를 잃어버렸는지를 가르친다. 그런데 어느 날 이 구절을 읽고 있을 때 하나님은 갑자기 나에게 이런 질문을 하셨다. "레이첼, 인간의 타락으로 인하여 하나님인 내가 잃어버린 것이 무엇인지 한번 생각해본 적이 있니?"

에덴동산에서의 인간 타락으로 인해 하나님이 무엇을 상실하셨는지 생각해본 적이 있는가? 나는 그 문제에 관해 깊이 생각하다가 그만 울고 말았다. 하나님이 무엇을 잃어버렸다고 생각하는가? 그것은 '우정'이다. 하나님과 아담은 동산을 함께 거닐며 대화를 나누고 동역자로서의 교제를 즐기셨다. 창세기 3장에 보면 하나님이 동산을 거닐며 아담을 찾는 모습이 나온다. 죄를 범했기에 아담과 하와는 하나님이 부르시는 소리를 듣고도 숨어버렸다. 주님은 "네가 어디 있느냐?"라고 외치셨다. 당신은 이 부르짖음을 들을 수 있는가? 하나님께서 이 구절에 대해 내게 말씀하신 때부터, 그 부르짖음은 더 이상 내게 가출한 자녀를 찾는 부모의 울분으로 들리지 않았다. 나는 하나님께서 잃어버린 인간과의 우정과 그것을 회복시키시기 위해 비통하게 부르짖으시는 소리를 들었다. 그 날 이후로 하나님은 오늘날까지 외치고 계신다. "네가 어디 있느냐"라며 온 세계는 친구이자 아버지로서 인류를 찾고 있는 믿을 수 없을만큼 놀라운 하나님의 음성으로 가득하다. 우리는 하나님과 관계를 맺고 의사소통하도록 창조되었기 때문이다.

이것이 바로 하나님이 독생자를 세상에 보내신 이유이다. 천상의 신랑이 우리를 위해 목숨을 바친 그 이유가 여기에 있다. 그는 우리와 의사소통하고 친밀함을 회복하는 길이 오직 그뿐이었기 때문에 그렇게 행하셨다. 예수님이 죽으실 때 성전휘장이 위로부터 아래로 찢어짐으로써 예수님의 속죄를 믿는 마음으로 하나님 아버지께 나아오는 자는 남녀노소 할 것 없이 누구든지 하나님과의 관계회복을 이룰 수 있게 되었다. 하나님의 울부짖음은 언제나 친분관계(friendship: 벗으로서의 사귐, 우정, 우애)를 갖게 한다. 하나님은 말씀하신다. "나는 너를 알기 원한다." 가장 미미한 것부터 가장 큰 것에 이르기까지 하나님은 우리에 대해 알고 관계하기 원하신다. 하나님은 인간과 마음과 마음이 통하는 그런 관계를 맺기 위해 지금도 당신을 부르고 계신다.

### 불완전함과 두려움이라는 거짓말

주 하나님이 그 남자를 부르시며 "네가 어디에 있느냐?"라고 물으셨습니다. "하나님께서 동산을 거니시는 소리를 제가 들었습니다. 저는 벗은 몸인 것이 두려워서 숨었습니다"라고 그가 대답하였다.

-창 3:9-10

하나님 아버지께 대답하는 아담의 말을 통해 우리는 사단이 오랫동안 우리를 속여 왔던 거짓말을 볼 수 있다. 그것은 우리가 하나님과 대화를 나누기에는 부족한 존재이고 하나님과 대화를 나누는 것은 무서운 일이라는 거짓말이다. 이것은 성경에 나오는 두려움에 관한 첫 언급이고, 그 두려움은 대화에 관계된 것이다. 많은 경우에 사람들은 그 거짓말을 그대로 믿고 하나님과 대화하는 것을 두려워한다. 사단은 반복해서 우리의 기도생활을 정죄한다. 당신의 기도생활이 미비하다는 생각이 들지 않는가? 당신은 항상 기도를 제대로 할 수 없다고, 올바른 단어들을 가지고 있지 않다고 생각한다. 하나님은 우리와 친밀한 대화를 하길 갈망하시기 때문에 사단은 그가 할 수 있는 방해는 다 한다. 하나님은 당신이 하나님께 이야기하기를 원하신다. 그래서 사단은 당신의 귀에 이렇게 속삭인다. "하나님께 말하지 마라. 소용없다. 아무도 네 기도를 듣지 않는다. 쓸데없는 짓이다." 그러나 하나님의 부르짖음은 오늘날에도 계속된다. "네가 어디에 있느냐? 나는 너와 대화를 나누고 싶다."

원수 마귀는 우리가 하나님께 이야기하지 못하도록 어떤 종류의 협박이든 사용할 것이다. 원수 마귀는 우리가 하나님 앞에서 우리 자신을 자유롭게 표현하고 말하는 것을 멈추길 원한다. 원수 마귀는 에덴동산에서 사용하던 그 교묘한 수법을 아직도 사용하고 있다. 그렇기에 우리들은 단호한 결단력을 가지고 하나님 앞으로 나아가 이렇게 말해야 한다. "하나님 아버지, 나는 내 삶에 있는 모든 종류의 협박, 두려움, 그리고 안일함을 떨쳐버릴 것입니다. 나는 전능하신 우리 하나님 아버지와 대화하는 자가 되기로 결단합니다. 나는 주님과 접속될 것입니다."

하나님은 당신과 대면하기 위해 당신을 부르고 계신다. 당신은 누구와 대면하여 친밀한 대화를 나눈 적이 있는가? 처음에는 두려울 수 있다. 상대방의 눈을 똑바로 쳐다보면서 대화해야 하기 때문에 두려울 수 있다. 그러나 점차 친해지면 그런 것은 모두 극복된다. 이것이 바로 하나님이 당신과 함께 하길 바라는 대화의 특징이다. 서로 상대방의 눈을 똑바로 쳐다보고 무엇 하나 숨김없이 투명하게 대화를 나누는 것이다. 그래서 원수 마귀는 그가 할 수 있는 대로 당신의 마음속에 죄책감, 수치심, 정죄감 등을 넣어준다. '왜냐하면 죄책감, 수치심, 정죄감은 당신을 고개 숙이게 하기 때문이다! 죄책감이라는 무게에 짓눌리면 하나님을 바라보는 대신 고개를 숙이게 된다.

우리는 반드시 하나님께서 우리를 죄에서 완전히 구원하셨다는 새로운 진리의 이해를 가져야 한다. 당신은 완벽하고 철저하게 하나님으로부터 용서받았다는 사실을 알아야 한다. 당신이 용서받은 것에 대해 알게 되면 숙여진 고개를 들고 구부러진 어깨를 펴고 하나님의 임재 안에서 걸을 수 있게 된다. 교만한 자세로 위풍당당하게 나아가는 것이 아닌, 당신이 그리스도 안에 있다는 자신감으로 나아가는 것이다. 그분이 당신의 모든 죄를 용서해주셨고, 신랑 되신 주님의 놀라운 사랑으로 그분이 당신을 바라보고 있음도 느끼게 될 것이다. 그리고 당신은 신랑 되신 주님의 눈을 볼 수 있고, 당신이 주님께 기쁨과 만족을 드리는 존재라는 것을 알게 될 것이다.

### 당신은 하나님께 기쁨을 드리는 자이다

아가서 1장에 보면 신부 자신이 신랑에게 부적격자라고 말하는 구절이 나온다. "나를 쳐다보지 마세요. 내 피부는 거무스름합니다… 나는 못

생겼어요. 내 유방은 작습니다….” 그렇지만 아가서의 마지막 부분은 신랑의 지속적인 사랑이 그녀의 정체성을 완전히 변화시키는 부분을 보게 된다. 그녀는 자신을 새로운 빛으로 바라보며 "나는 유방이 풍만하고 신랑에게 놀라운 만족을 줍니다"라고 말한다. 하나님의 임재로 그녀의 정체성이 치유를 받은 것이다. 신랑이 그녀에게 무엇을 줄 뿐만 아니라, 이제는 그녀가 신랑을 위해 뭔가를 줄 수 있다는 것을 알게 되었다. 성경에서 "유방"은 양식과 영양분을 상징한다.

우리는 하나님께 기쁨을 선사할 수 있는 존재라는 계시 앞으로 나아가야 한다. 우리는 "네가 어디에 있느냐?"는 하나님의 마음으로부터 흘러나오는 부르짖음에 응답하여, 그분의 임재 가운데서 "아버지, 내가 여기에 있습니다. 내가 주님을 위해 여기 있습니다."라고 말할 수 있다. 그럴 때 하나님은 기뻐하실 것이다. 당신은 그분의 임재 가운데서 시간을 보내고 그분께 기쁨을 드려야 한다. 당신이 광대하신 하나님과 함께 시간을 보내고 대화하면(우리는 그것을 기도라고 부릅니다), 하나님은 당신에게 더욱더 많은 것을 말씀하실 것이다(우리는 그것을 예언 혹은 계시라고 부릅니다). 당신이 하나님을 위해 시간을 내면, 하나님도 당신에게 시간을 내주십니다! 그러면 당신은 꿈으로, 환상으로, 예언의 말씀으로, 기적으로 다가오시는 하나님을 만나게 될 것이다. 그리고 갈수록 하나님 아버지와 더욱더 친밀한 의사소통을 하게 될 것이다. 이것이 당신이 하나님과 쌍방향의 의사소통을 할 수 있는 자연스러운 길이다.

### 좋은 기도는 관계에 기반을 두고 있다

좋은 기도는 늘 하나님과 당신의 관계에 기반을 두고 있다. 나는 특히 요한복음 15장 15절을 좋아한다. "이제부터는 내가 너희를 종이라고 부르지 않겠다. 종은 주인이 무엇을 하는지 알지 못한다. 나는 너희를 친구라고 불렀다." '종과 주인'의 관계는 종교적인 관계를 반영한다. 의무감에서 역할을 담당하는 그런 식이다. 그러한 관계에서 당신은 하나님께 나아가 다음과 같이 말할 것이다. "네, 주인님. 제가 이 일을 했습니다… 저 일도 해냈습니다. 이제는 신용(credit)을 많이 쌓았죠? 그럼 이제 날 좀 도와주세요. 나는 충성된 종입니다." 물론 그것도 관계의 한 종류이지만, 그런 관계는 당신이 얼마나 자신의 역할을 잘 수행하는가 하는 능력에 따라 유지되는 관계이다. 그런 관계를 유지시키려면, 당신은 항상 의무를 이행해야 한다. 그것이 바로 종이 해야 하는 일이다. 그러나 하나님은 우리로 "human doing"(하나님을 위해 일하는 사람)이 아니라 "human being"(하나님과 함께 존재하는 사람)이 되게 하셨다. '하나님과 함께 존재'하는 사람은 하나님과의 친밀한 관계를 통해 '하나님의 친구'가 되는 사람이다. 우리는 전혀 다른 원리, 즉 하나님은 우리와 그분의 마음을 나누길 원하시는 우리의 친구라는 안식으로 그분께 다가갈 수 있다. 하나님께서는 우리에게 단지 해야 할 일들을 주는 상사로 있길 원하지 않으신다. 하나님은 당신을 사랑하시고, 당신에게 그분의 마음을 주기 원하시며, 당신과 친구의 관계를 맺길 원하신다.

    요한복음 15장 15절의 후반부는 이렇다. "이제는 너를 친구라고 부를 것이다. 내가 아버지에게서 들은 모든 것을 너희에게 알려 주었기 때문이다." 예수님의 이 놀라운 말씀이 믿어지는가? 한번 깊이 생각해 보라. 예수님은 깊은 친분관계를 통해 하나님 아버지로부터 배운 모든 것을 당신에게 전부 다 알려주기 원하신다는 것이다. 하나님께서 당신에게 얼마나 많은 계시를 주고 싶으신지 다 측량할 수 없다. 그렇다면 당신은 얼마나 그 계시들을 보기 원하는가?

진정한 우정이 성립되려면 시간이 걸린다는 것쯤은 누구나 다 알 것이다. 만약 당신이 어떠한 관계에 시간을 투자한다면, 결국 당신은 보다 그 상대에 대한 친밀한 지식과 이해함으로 보상받게 될 것이다. 만약 당신이 시간을 준다면 당신은 상대에 대한 정보를 얻게 될 것이다. 나는 여러분을 격려하고 싶다. 하나님과 시간을 보내라. 그리고 기대하라. 그 결과 하나님이 하늘 문을 열고 이전에 알지 못했던 많은 천국의 비밀을 보게 해 주실 것이다. 나는 지금도 하늘 문을 두드리며, "주님, 하늘의 능력을 받고 싶습니다. 주님의 능력이 나타나 표적과 기사와 이적이 이 나라에 충만하게 하소서."라고 기도한다. 하나님의 임재 안에서 주님과 함께 이야기를 나누는 시간 없이는 그러한 계시는 임하지 않을 것이다.

간단한 이메일을 체크하는 것과 큰 파일을 다운로드 받는 것은 다르다. 큰 파일을 다운로드 받으려면 온라인에 장시간 접속되어 있어야 한다. 기도도 마찬가지이다. 더 깊은 하늘의 지식을 구한다면 더 오랫동안 하늘에 접속되어 있어야 한다. 하나님은 하늘의 비밀을 당신과 함께 공유하기 원하신다. 그렇지만 당신은 그러한 큰 파일들을 다운로드 받을 만큼 하나님과 장시간 접속되어 있는가? 하나님의 참된 친구가 되기 위해 시간을 투자하는 그런 정성이 당신에게 있는가? 흔히 우리는 아쉬울 때에만 잠시 하나님을 찾는다. 삶의 문제에 부닥쳐 위급해지면 도움을 요청하려고 황급히 하나님의 얼굴을 구하는 것이다. 그렇지만 우리의 인생이 곤경에 빠지지 않고 평안할 때에 하나님은 더욱 우리와 깊이 있는 친분관계를 맺고 싶어 하신다. 우리는 하나님과 상호우정의 관계를 맺어야 한다.

그리고 그분과 이야기를 나누는 것을 즐기는 신실한 친구가 되어야 한다.

## 단순한 기도가 응답을 받는다

오늘날 우리는 우리의 간단한 기도가 응답된다는 확신을 가질 필요가 있다. "오! 하나님, 제발 좀 도와주세요!"라고 간절히 딱 한 마디 외쳤는데 하나님이 기적적으로 응답해 주신 적은 없는가? 다른 경우 우리는 기도의 장소에서 문제를 붙들고 몸부림치며 수고했으나 아무런 응답도 받지 못한 채 "나는 좋은 기도자가 아니야."라고 생각할 수도 있다. 그러나 우리는 그때 단순히 하나님께 부르짖기로 결정해야 한다. 비록 앞뒤가 맞지 않고 광음처럼 들릴지라도 말이다. 하나님은 응답하신다! 간혹 기도의 훈련을 많이 받고, 기도에 관한 지식과 정보가 우리로 '기도의 단순성'을 잃어버리게 한다. 효과적인 기도는 절대로 복잡하지 않다. 본질적으로 좋은 기도자는 기도 처소에서 편안한 마음을 갖고 당신과 하나님과의 관계에 확신을 갖는다. 유창한 화술로 하나님께 감동을 드릴 필요가 없다. 단순한 기도에 더 큰 능력이 있다.

### 기도하기에는 너무나 부족한 존재인가?

우리는 자주 하나님과 그분의 능력보다는 우리 자신과 우리의 능력 없음에 초점을 맞춘다. "저는 기도할 수 없어요. 저는 기도할 줄 모릅니다… 저는 기도하기에 충분하지 않아요… 기도할 때 무슨 말을 어떻게 해야 하는지 전혀 모르겠습니다." 그러나 능력의 기도는 하나님이 얼마나 위대한 분인지에 달려 있다! 주님의 선하심이 우리가 우리 자신을 얼마나 크고 작게 느끼는지에 따라 결정되지 않음으로 인해 감사드린다.

나에게 아주 큰 영향을 끼친 사건인데, 나는 아프리카에서 한 작은 소녀가 아픈 병자를 위해 기도를 드리는 광경을 보았다. 나와 나의 남편인 고든은 복음전도자인 라인하르트 본케와 함께 일해 왔다. 그 당시 우리들은 놀라운 치유사역을 담당하는 케네스 메쇼라는 목사님과 연합으로 활동했다. 케네스 목사님의 딸은 그 당시 4살 된 아이였다. 그녀는 집회 때마다 케네스 목사님이 수백 명의 사람들을 위해 기도해주기 위해 이리저리 돌아다닐 때 아버지의 바지가랑이를 잡고 뒤를 졸졸 쫓아다녔다. 모든 사람의 눈은 "위대한 전도자"인 케네스 목사님에게 쏠려 있었으나, 그 분 뒤에 키가 어른의 무릎 정도나 될까싶은 작은 아이가 따라 다니며 기도를 드리는 것은 아무도 눈치 채지 못했다. 케네스 목사님이 사람들을 위해 기도드릴 때 그 딸도 함께 따라다니며 그대로 따라했다.

케네스 목사님의 딸이 기도를 마치자마자 사람들이 "눈이 보입니다! 귀가 들립니다!"라고 외치는 것이었다. 자세한 내용을 모르는 목격자들은 케네스 목사님의 치유사역으로 인해 사람들이 치유되었다는 것을 의심하지 않았다. 그렇지만 나는, 하나님이 그 작은 아이의 기도에 응답하신 것이 아닌가 하고 생각한다. 단순한 기도가 응답된다!

대개 우리는 큰 문제에 부닥치면, 큰 응답을 받아야 한다고 생각하는 경향이 있다. 그러나 그렇지 않다. 그냥 평소대로 하라. 자연스럽고 단순하게 기도하라. 그러면 하나님께서 들으시고 응답하실 것이다. 사람마다 기도하는 스타일이 있다. 어떤 이는 긍휼함의 눈물로 매우 격정적으로 기도한다. 또 다른 사람은 마치 용맹을 떨치는 군사처럼 전투적으로 기도한다. 또 어떤 사람은 묵상하는 가운데 침묵 속에서 조용히 기도하기도 한다. 어떤 것이 보다 효과적으로 기도하는 방법인가? 보다 효과적인 방법이라는 건 없다. 중요한 건 오직 진심으로 기도하는 것뿐이다. 물론 상황에 따라 눈물을 흘리지 않으면 안 되는 상황이나 엄청난 영적 전쟁을 치러야 할 상황도 있을 것이다. 그렇기에 우리는 성령님에게 민감하게 반응하면서, 기도가 그분이 연출해내는 작품이 되도록 하는 것이 중요하다. 때로는 당신의 특유한 스타일로 기도하지 못하고, 당신의 마음으로부터 풀어진 성령님이 만들어내시는 그 소리를 내야 할 것이다. 그렇지만 반드시 기억하기 바란다. 단순하고, 신실하며, 정직하게 기도하는 것이 중요하다. 하나님은 한때 나에게 이렇게 말씀하시는 것 같았다. "갈급한 영혼으로부터 울려 퍼지는 단순한 기도는 하나님의 마음에 닿는다." 아마 이보다 더 좋은 표현은 없을 것이다.

### 진실한 기도는 하나님의 마음에 상달된다

나는 인도에서 어린 소녀 시절을 보냈다. 나의 아버지는 봄베이침례교회의 목회자였고 우리 가족은 교회 위층에 거주했다. 내가 네 살 쯤 되던 어느 주일, 아버지가 아래층에서 저녁예배를 인도하고 계셨을 때에 교회의 여성도 한 분이 올라와 나를 잠자리에 누이고 있었다. 그녀가 나를 누일 때에 나는 그녀를 쳐다보며 이렇게 말했다고 한다. "예수님을 내 마음에 모실 수 있을까요?" 그리고 나는 베개를 꽉 끌어안고는 다음과 같이 기도하곤 했다고 한다. "사랑하는 주 예수님, 지금 내 베개가 나에게 가까이 있는 것처럼, 예수님이 내 일생동안 나에게 이렇게 가까이 계시기를 원합니다." 나의 그 기도는 응답되었다!

기도는 길고 복잡할 필요가 없다. 그리고 우리의 기도는 항상 영적인 것에 깊이 들어갈 수 없다. 주차할 공간을 위해 기도한 적이 있는가? 영국에서는 그런 기도에의 응답이 절실히 필요하다. 그렇지 않으면 끊임없이 차를 몰고 빙빙 돌아야 하기 때문이다! 우리는 아이들에게조차 그런 종류의 기도를 연습시킨다! 우리 아이들은 매우 어렸을 때, "주차공간을 위해 내가 기도드릴 차례야."라며 떼를 쓰기도 했다. 하나님은 그들이 떼를 쓴 것에 개의치 않으시고 오늘도 우리에게 주차장을 허락하고 계신다!

나는 하나님이 개인의 하나님이라는 것은 지나치게 강조해도 부족하다고 생각한다. 우리 하나님은 매우 크신 하나님이시며 동시에 매우 세미하신 하나님이시다. 하나님은 우주와 같이 방대한 것을 다스리시며 동시에 인간 개개인의 작은 일도 돌보신다. 그렇기에 당신의 유일무이한 특성은 하나님께 매우 소중하다. 하나님은 당신의 그 특이한 개성에 친근감을 가지고 접근하신다. 그렇기 때문에 하나님은 당신과 단순히 종교적인 언어를 반복하는 것이 아닌 개성있고 개인적인 대화를 하길 원하신다. 그러므로 기도할 적마다, 하나님은 늘 사람을 사랑하시되 모든 종류의 사람을 사랑하신다는 것을 잊지 말아야 한다. 그리고 당신의 기도가 바리새인같이 판에 박힌 종교적 관행을 되풀이하는 기도가 되지 않도록 해야 한다. 그러나 하나님은 바리새인들도 사랑하신다는 것을 기억하라.

누가복음 18장 9-14절에는 예수님이 가르쳐주신 유명한 바리새인과 세리의 비유가 나온다.

스스로 의롭다고 확신하고 남을 멸시하는 몇몇 사람에게 예수께서는 이 비유를 말씀하셨다. "두 사람이 기도하러 성전에 올라갔다.

하나는 바리새파 사람이고, 다른 하나는 세리다. 바리새파 사람은 서서, 혼잣말로 이렇게 기도하였다. "하나님, 감사한다. 나는, 토색하는 자나 불의한 자나 간음하는 자 같은 다른 사람들과 같지 않으며, 또는, 이 세리와도 같지 않습니다. 나는 이레에 두 번씩 금식하고, 내 모든 소득의 십일조를 바칩니다." 그런데 세리는 멀찍이 서서, 하늘을 우러러볼 엄두도 못 내고, 가슴을 치며 "아, 하나님, 이 죄인에게 자비를 베풀어 주십시오"하고 말하였다. 내가 너희에게 말한다. 의롭다는 인정을 받고서, 자기 집으로 내려간 사람은 저 바리새파 사람이 아니라, 이 세리다. 누구든지 자기를 높이는 사람은 낮아지고, 자기를 낮추는 사람은 높아질 것이다."

더 좋은 기도는 입술에서 나오는 말보다 마음의 태도에 달려 있다. 당신이 다른 사람과 다른 특별한 삶의 위치에 있는 것처럼 기도하지 마라. 지금 모든 것이 잘 진행되고 있다면 그 모든 것은 오직 하나님의 은총에 기인한 것임을 잊지 마라. 당신의 삶에서 기도할 때 하나님의 관대하심에 감사하는 태도를 가져라. 하나님이 당신의 결혼, 자녀, 그리고 당신의 인생을 도와주지 않으셨다면 모든 것은 엉망진창이 되었을 것이다. "하나님, 감사합니다. 결혼생활엔 행복이 넘치고, 애들은 마약도 안 하고, 우리 딸은 청소년으로 임신도 안 했습니다…"처럼 고상하게 기도하지 말기 바란다. 대신에 다른 이들의 고통을 이해하는 태도로, 그리고 마음으로부터 우러나오는 긍휼함으로 기도하기 바란다. 기도할 때 모든 것을 단순하게 유지하고 남을 판단하지 마라.

## 구체적인 기도가 응답을 받는다

우리들은 뚜렷한 목표를 놓고 기도하기를 주저한다. 그러나 과녁이 없으면 아무 것도 맞추지 못한다! 매우 자주 우리는 일정한 표적이 없는 막연한 기도를 드린다. 우리가 무엇을 기대하는지 정말 모르기 때문에 우리는 구체적인 목적 없이 매우 일반적인 기도를 한다. 사람들은 나에게 자주 말하기를 그들이 수년간 기도해 왔다고 한다. 그러면 나는 그들에게 묻는다. "당신은 무엇을 위해 기도해 왔습니까?" 사람들은 두루뭉실 하게 기도하는 경향이 있다. "나는 하나님에게 축복해 달라고 기도해 왔다."라고 대답하는 사람들도 있다. "그러나 하나님께서 당신에게 축복해 주길 원하시는 영역이 구체적으로 무엇입니까?" "글쎄요. 결혼생활을 축복해 달라고 기도를 드렸습니다."라고 대답한다. 그러면 이렇게 질문한다. "결혼생활의 어떤 구체적인 영역에 대하여 하나님의 축복을 구했나요? 하나님께서 당신의 대화의 영역을 축복하길 원하십니까? 재정인가요? 아니면 당신의 결혼의 영역입니까?" 만약 구체적인 기도제목이 없다면, 어떻게 기도응답을 받았는지 알 수 있는가? 우리 모두는 연속적인 기도응답의 체험으로 격려를 받을 필요가 있다. 그래서 우리는 기도의 결과를 확인하고 나타내는 것이 필요하다.

이러한 것을 실천에 옮기기 위해 당신은 매달 그 달의 기도 목표를 세울 수 있을 것이다. 덧붙여서 더 장기적인 목표를 세울 수도 있는데, 일 년 동안 일정한 기도목표를 가질 수 있다. 몇 년 전 나는 미국의 한 교회를 방문했는데, 매해 한 공동체로서 새로운 기도제목으로 기도한다고 했다. 어떤 해는 전 교인이 교회의 건물에 대한 빚을 청산하기 위해 기도한 적도 있었다고 한다. 몇몇의 성도들이 이것을 위해 기도했을 때 하나님께서 그들의 개인적인 재정을 축복하신 것을 명백히 보게 되었고, 그 해 말에 교회의 빚이 모두 청산되었다고 한다.

그래서 나는 그들에게 "다음 해의 당신 교회의 목표는 무언가요?"라고 물어보았다. 그랬더니 하나님의 집의 모든 빚을 갚아서 하나님을 영화롭게 했기 때문에, 이제는 교인들 개개인의 부채가 없어지도록 기도하라고 하나님이 지시하셨다고 했다. 그래서 그들은 함께 정보를 수집하여 교인 전체의 채무가 얼마나 되는지 조사하기 시작했다고 한다. 그들은 교회 앞에 큰 바구니 하나를 두었는데, 첫 번째 바구니는 재정적으로 어려운 사람들의 구체적인 정보들이 적힌 종이로 가득 찼는데, 기도를 통해 점차 채무가 이행되면서 모두 빚을 갚게 되었다고 한다! 기도가 응답되어 가는 영적 현실을 직접 목격하는 것은 참으로 고무적인 일이다.

이것이 바로 우리가 해야 할 일을 정확히 보여준다. 기도의 필요를 느끼면, 큰 일이건 작은 일이건 간에, 정확하게 문제를 파악하고 구체적으로 기도를 드려야 한다. 그래서 나는 당신의 기도생활에서 구체적인 목표를 갖게 되기를 격려한다. 그러면 "맞다. 하나님은 진짜로 나의 기도에 응답하시는 구나!"라고 말할 수 있다. 물론 어떤 영역에서는 구체적인 목표를 찾아내기 힘든 경우도 있을 것이다. 그러나 가능하다면 명확한 목표를 가지는 것이 좋다.

아이들은 구체적으로 기도하는 데 명수이다. 내 아들 데이빗은 스키를 타러가고 싶어 했다. 그는 빠른 시일 내에 그런 기회의 문이 열리게 해달라고 기도하기 시작했다. 그런데 기도를 시작한 지 얼마 안 되어, 나는 노르웨이에서 크리스마스부터 신년이 되는 기간에 사역하도록 초대받았다. 그 집회는 호텔에서 개최되었다. 그 초대 소식을 듣자마자 데이빗은 "거기 근처에 스키장이 있나요?"라고 물어왔고, 나는 아마 있을지도 모른다고 대답했다. 구체적인 사항을 주최 측에 문의해본 결과, 그 호텔 바로 옆에 노르웨이에서 가장 유명한 스키장이 연결되어 있다고 했다. 그러자 데이빗은 이렇게 말했다. "이거예요. 초대에 대해 기도해 볼 필요도 없어요. 이분이 바로 하나님이에요." 주님을 찬양한다! 하나님은 간절히 구한 우리 아들의 구체적인 기도를 들어주셨다! 혹자는 "그런 기도는 너무 당돌한 기도가 아니냐"라고 반문할 수도 있을 것이다. 그러나 하나님은 아무 상관없다. 하나님은 어쨌든 데이빗의 기도에 응답하셨다.

우리 아들 데이빗은 아프리카의 케냐에서 출생했다. 그렇지만 아주 어릴 적에 영국으로 이주했기에, 아프리카의 일은 잘 기억하지 못한다. 그래서 데이빗은 '그의' 고향을 방문하고 싶어 했다. 그래서 남편과 나는 아들의 18세 생일에 고향방문을 선물로 주려고 정기적으로 저금하기 시작했다. 데이빗도 고향방문을 위해 기도하기 시작했다. 그가 기도를 시작한 지 3일 후에 나의 부모님이 우리집을 방문하셨는데, 어머니는 나를 따로 불러 "4월 중에 우리는 케냐를 방문할 예정이란다. 데이빗을 데리고 가고 싶은데, 너는 어떻게 생각하니?"라고 물어오셨다. "그래요? 데이빗이 그 문제를 놓고 기도한 지 며칠밖에 되지 않았는데! 데이빗과 이야기하기 원하세요?"라고 나는 물었다. 우리가 데이빗에게 의향을 물어보자, 데이빗은 소리를 지르며 "바로 이겁니다! 돈이 모아지기까지 몇 년을 기다리는 것보다 훨씬 나아요!" 그 누구보다 나의 자녀인 데이빗은 나에게 구체적인 기도의 능력을 가르쳐 주었다.

구체적 기도의 능력은 단순히 개인적인 필요에 머무르는 것이 아니다. 이는 타인들의 필요, 심지어 모든 공동체에 적용된다. '런던 기도네트'(London Prayer-net)에 연계된 모든 사람들은 "하나님, 런던을 축복해 주소서."처럼 그렇게 대충 얼버무려 기도드리지 않는다. 우리들은 의회, 상담자, 교육자들을 방문하여, "우리는 런던을 위하여 전략적으로 그리고 구체적으로 기도하기 원합니다. 현재 당면한 문제들은 무엇이고, 급하게 해결되어야만 하는 과제는 무엇인가요? 우리는 특히 지역사회에 안에서 고통을 당하는 사람들을 위해 기도하기 원합니다."라고 요청한다. 우리가 그렇게 행할 때마다 우리의 기도들이 놀랍게 응답되는 것을 보고 있다.

'해링에이' 라는 도시의 목회자들 중 한 그룹은 그들이 거주하는 지역사회의 필요를 조사하고, 보다 집중된 기도로 문제를 공략함으로 기도응답을 명시화했다. 그들은 지역사회에서 많은 기도응답을 목격했다고 한다. 그들의 지역에는 특히 성적이 부진한 학생들이 많았는데, 영국에서는 학생들의 성적이 떨어지면 학교에 대한 정부로부터의 보조금이 삭감되게 되어 있다. 그렇지 않아도 학생들의 성적부진으로 힘든데다가 재정까지 삭감되면 상당히 어려운 난국에 빠지게 된다. 그래서 그 목회자들이 학교를 방문했을 적에 교육 관계자들은 하나같이 학생들의 실력이 향상되고 예산이 넉넉해지도록 기도 부탁을 했다고 한다. 그 목회자들은 9개월간 함께 학교들의 회복을 위해 구체적으로 기도했다. 영국에서는 학교의 등급이 전국적으로 실시되는 시험을 통해 매겨지는데, 그들이 기도를 드린 해에 학교 등급이 마이너스 8에서 플러스 7로 껑충 뛰었다는 것이다! 그 결과 헤링에이 의회에서 매번 목회자들에게 이메일과 팩스로 구체적인 기도 제목들을 보내고 있다고 한다.

## 기도의 자리에서 긍휼함과 전투정신을 가져야 한다

온전하신 하나님의 성품 안에 '긍휼'과 '심판'이 동시에 들어있는 것처럼, 하나님은 우리가 우리의 기도의 장소에서도 하나님의 성품의 "양면성"을 갖길 원하신다. 원수 마귀와 전투를 벌이는 '사자의 얼굴'과 연약하고 잃어버린 양들을 향해 자비를 베푸는 '어린 양의 얼굴'이다. 그런데 종종 교회 안에서 우리는 사자와 어린 양의 얼굴을 혼돈한다. 다른 사람들에 대해서는 사자처럼 으르렁거리고, 마귀에 대해서는 양처럼 순하게 대한다. 하나님은 그것을 역으로 하기 원하신다. 하나님은 '유다의 사자'가 사단의 계략을 방해하고, '하나님의 어린 양'이 원수들에게 잔인하게 공격당한 사람들을 긍휼과 자비로 감싸주기 원하신다. 우리는 기도할 때 이 두 가지 태도를 다 가져야 한다. 이 세상의 독재자들을 몰아내는 데에도 많은 무기가 사용되듯이, 영적 전투에도 마찬가지이다. 그렇지만 고난을 당하는 사람들을 긍휼히 여기는 마음을 가져야 한다. 중보기도자는 그 땅의 거민들이 일어설 수 있도록 돕는 일에 모든 자원을 활용한다.

하나님은 지금 교회가 기도(祈禱)와 도고(禱告)로 돌아가길 요청하고 계신다. 나는 항상 중보기도를 "관대한 기도"라고 말한다. 왜냐하면 중보기도는 당신이 항상 주어야 하기 때문이다. 사람들은 이렇게 생각하는 경향이 있다. "글쎄요, 나는 중보기도자가 아닙니다. 몇 시간 동안 오직 남을 위해 기도하지 못합니다. 나에게는 그런 소명이 없습니다." 그러나 중보기도는 이런 것들이 아니다. 중보기도는 예수님을 닮아 가는 행위에 관한 것이고 마음에 관한 것이기 때문에 모든 남자, 여자, 어린 아이는 중보기도자로 부름을 받았다. 중보기도는 예수님처럼 갈라진 틈새에 서는 것이다. 이 기도는 도달할 수 없는 곳에 소망의 다리를 세우는 것이다. 중보기도는 "오직 나, 나만, 나를"이라는 장벽을 깨고 하나님의 관심사 쪽으로 이동하는 것이다. 하나님은 지금도 당신의 도시, 도로, 골목을 걸어 다니는 사람들을 바라보고 계신다. 우리는 그런 하나님께 반응을 보여야 한다. 그리고 이렇게 말해야 한다. "네, '내가 너의 기도를 듣고 있다'는 하나님의 울부짖음을 전하겠습니다." 중보기도는 하나님의 기도 요청이다. 즉, 하나님과 기도 파트너가 되는 것이다.

이사야 62장 10절의 말씀은 이렇게 기록되어 있다.

나아가거라, 성 바깥으로 나아가거라. 백성이 돌아올 길을 만들어라. 큰길을 닦고 돌들을 없애어라. 뭇 민족이 보도록 깃발을 올려라.

하나님은 갈라진 틈의 다리가 되고, 사람들이 하나님께로 나아오는 길을 예비할 사람들을 찾고 계신다. 중보기도자인 우리는 사람들이 살아 계신 하나님께로 거침없이 달려갈 수 있는 고속도로를 건설해야 한다. 우리가 드리는 기도 하나하나는 도로 위에 떨어지는 아스팔트 한 조각과도 같다. 당신이 기도해 주는 그 사람(혹은 상황)과 하나님 아버지 사이에는 간격이 벌어져 있다. 중보는 바로 그 틈에 서는 것이다. 한꺼번에 고속도로 전체를 건설할 수는 없다. 그렇기에 여러 차례에 걸쳐서 기도하게 된다. 조금조금씩 연결하다 보면, 결국 우리가 기도해 주는 그 사람(상황)과 하나님 사이를 연결한 고속도로가 만들어진다. 우리는 중간을 연결하는 다리이다. 그렇기에 괄목할 만한 결과가 당장에 보이지 않는다 하더라도, 길은 만들어지고 있다. 기도한 시간은 절대로 허비된 시간이 아니다. 우리가 기도할 때마다 무언가가 일어나고 있으며, 영적인 영역에서는 고속도로가 건설되고 있다. 때가 되면 영적 돌파가 일어날 것이며, 영적인 곳에서 풀린 것이 자연적인 영역으로 터져 나올 것이고, 당신은 기도응답을 보게 될 것이다. 그러므로 절대로 포기하지 마라! 쉬지 말고 기도하면서 기도의 고속도로를 건설하라. 그리고 당신의 삶에 그 기도가 어떻게 응답되는지 보라. 왜냐하면 당신이 누군가를 위해 기도하는 데 시간을 취했기 때문이다.

## 기쁨과 만족을 기대해야 한다

나는 기도의 장소에서 완전한 기쁨을 기대한다. 기도는 '기쁨'이라는 보상이 따르고 노동과 고역을 필요로 하지 않는다. 교회라는 기도의 장소는 감당할 수 없는 기쁨의 장소로 재인식되어야 한다. 이사야 56장 7절의 말씀이다. "내가 그들을 나의 거룩한 산으로 인도하여, 기도하는 내 집에서 기쁨을 누리게 하겠다." 당신이 더 많은 시간을 기도의 장소에서 보내면 보낼수록, 하나님은 당신을 한 여정으로 인도하실 것이다. 하나님은 당신을 그와 함께 친밀함의 장소인 그 거룩한 산의 정상에 세우길 원하신다. 그리고 하나님은 기도의 집에서 말로 다할 수 없이 놀랍고도 굉장한 재미와 기쁨을 제공해 주길 원하신다. 이사야는 또한 이렇게 말한다. "그들이 내 제단 위에 바친 번제물과 희생제물들을 내가 기꺼이 받을 것이니 나의 집은 만민이 모여 기도하는 집이라고 불릴 것이다"(사 56:7). 물론 기도에는 희생이 동반된다. 기도는 대가를 지불하는 행위이다. 그것은 어떠한 희생과 어려운 시간이 될 것이다. 때로 기도는 힘든 일처럼 느껴질 것이다. 기도의 자리에서는 훈련과 희생을 감수해야 한다. 그렇지만 당신은 그 훈련을 제단에 제물로 드릴 수 있다. 그러면 하나님께서는 "나는 너의 제물을 기꺼이 받겠다. 나의 집은 열방을 위해 기도하는 집이라고 불릴 것이다."라고 하시며 흔쾌히 받으실 것이다. 기도를 통해 당신에게 새로운 기쁨의 시절이 찾아오기를 기대하라. 하나님은 기도의 집에서 당신에게 큰 기쁨을 선사하실 것이다.

# 02

# 창조적인 기도: 기도의 유형과 방법
## Creative Prayer: Types and Styles of Prayer

### 당신을 닮은 창조적인 기도의 집을 건설하라

하나님은 전 세계에 있는 신실하고 하나님께 만족을 주는 그의 백성들의 마음을 움직이고 계신다. 많은 성도들이 지금이 바로 기도할 때라고 감지하고 있다. 그렇지만 그렇게도 많은 기도에 대한 열정과 갈망에 비하여 실제로 기도의 훈련을 통과해 나가는 사람의 숫자는 그리 많지 않다. 기도의 계획은 수도 없이 세우지만, 얼마 안 가서 기도생활이 무미건조해지고 비생산적이 되는 것을 발견한다. 심지어는 기도시간이 하나님과 대화하는 시간이 아닌 졸고 있는 시간으로 변질되는 경우까지 발생한다! 그렇기에 본장에서는 창조적인 기도의 스타일과 유형을 살펴봄으로 당신이 당신의 기도생활에서 새로운 의사소통의 단계로 도약하기를 소망한다.

이전 장의 마지막 부분에서 우리는 "기도하는 내 집에서 기쁨을 누리게 하겠다."는 이사야 56장 7절의 말씀을 읽었다. 기도의 집을 "건축하는 과정"을 한번 상상해보자. 튼튼한 기도의 집을 세워가는 것은 마치 가옥을 보수하고 장식하는 것과 비슷하다. 아마도 내가 여자이기에 이런 걸 상상하기 쉬운지도 모르겠다. 새로운 가옥으로 이사했을 때 모든 여자들이 원하는 것은 무엇인가? 여자들은 새로 페인트를 칠하고 집을 수리하여 자신이 원하는 대로 가꾸기 원한다. 왜 그럴까? 취향에 맞게 고쳐서 자기 나름대로의 공간을 만들고 싶기 때문이다. 그러한 것을 염두에 두고 우리 자신이 기도의 집을 어떻게 건축할지 살펴보자.

기도의 삶을 확립하는 과정에서 우리는 다른 이들의 기도 모델을 너무 쉽사리 받아들인다. 다른 이들의 아이디어와 방법들을 그대로 모방한다는 것이다. 남의 것이 우리에게 그대로 들어맞으리라 생각하지만 사실 그렇지 않은 경우가 허다하다. 그렇기에 우리는 나름대로의 기도 스타일을 발견하고 형성시켜 나갈 필요가 있다. 사람들은 종종 나에게 "레이첼, 하나님과 진짜 '조용한 시간(QT)'을 가지려면 얼마나 장시간 기도해야 하나요?"라고 묻는다. 나의 대답은 "나도 모른다!"이다. 당신은 얼마나 오랫동안 기도해야 한다고 생각하는가? 아마도 그것은 '조용한 시간'이 될 수 없을 것이다. 시끌벅적한 시간을 갖는 것이 나을 것이다! 만일 여러분이 나에게 진짜로 좋은 기도 시간이 되기 위한 필수적인 요소에 대해 묻는다면, 나는 "글쎄요, 당신이 말하기 가장 즐겨하는 주제는 무엇인가요? 당신에게 가장 흥미로운 일은 무엇인가요?"라고 반문하고 싶다. 당신은 어떤 사람이며 하나님은 당신을 어떻게 기능하도록 만드셨는가? 당신의 흥미, 열정, 비전이 가장 적합한 기도의 형태를 결정지을 단서를 제공하기 때문이다.

    요즈음 나는 하나님께서 자유와 개인적인 스타일과 표현을 회복시키고 계신다고 믿는다. 그분이 하셨던 것과 같이 기도의 장소로 돌아가라. 그분은 우리의 공동예배를 회복하고 계신다. 과거에는 미리 잘 짜여 있고, 오케스트라가 있고, 명확하게 규정된 예배를 선호했다. 그렇지만 이제 성령님께서는 새 바람을 불어넣으시며 변화를 창출해내고 계신다. 성령님은 우리들이 자신을 더욱 마음껏 표현하도록 격려하시고 새 노래와 새로운 소리로 찬양하도록 인도하신다. 이제는 피아노와 오르간으로 찬송가를 연주하는 것을 넘어서서 대부분의 예배에 드럼과 기타와 같은 여러 가지 악기들이 도입되었다. 예배음악의 종류나 그 리듬도 변화되고 있다. 유사하게 하나님은 우리의 기도의 삶에서 우리들이 전통적인 틀로 여겼던 것들로부터 벗어나길 원하신다.

    한번은 하나님께서 내게 기도에 관해 말씀하셨다. "이제는 외부를 형형색색으로 장식할 때이다." 하나님은 원리, 원칙의 하나님이시다. 그래서 하나님은 일정한 규율을 주시고 우리가 행해야 할 활동의 경계를 설정해 주신다. 그러나 종종 하나님은 그 원리의 외부를 다양한 색조로 물들이신다. 왜냐하면 그것들은 후에 법칙이 아니라 원칙이 될 것이기 때문이다. 법칙은 '이 선을 넘으면 너는 죽는다.'라고 말하지만 원칙은 다르다. 원칙은 일종의 길잡이이다. 항상 찬성과 반대가 있다. 예컨대 우리 가정에서는 아이들이 10세에 이르기까지는 저녁 8시에 잠자리에 드는 원칙을 세웠다. 그렇지만 손님이 우리집을 방문한 경우거나 특별한 행사가 있는 경우는, 아이들에게 더 늦은 시간에 잠자리에 드는 것을 허락한다. 이번 장을 통해 나는 당신에게 법칙이 아닌 원칙을 제시하려고 한다. 나는 여러분이 원칙 안에서 당신의 기도의 집의 기반을 건축해 나가길 바란다. 기본 틀은 내가 잡아준다 해도 마지막 장식은 여러분의 손에 달려 있다. 모든 이들의 집은 다르다. 이것이 당신의 모험이다.

하나님은 당신이 기도생활에서 창조적이 되기를 바라신다. 당신의 기도의 집의 설계자는 당신 자신이다. 전능하신 하나님과의 관계를 맺는 그 '기도의 자리'를 설계하는 자가 바로 당신이다. 참으로 놀랍지 않은가? 당신은 예수님을 모셔드릴 개인적인 장소를 세우고 있다.

기도는 개인이 살아가는 모습이다. 기도는 '수요일 아침에 한다' 라고 일정표에 적어 놓고 실행하는 그런 것이 아니다. 우리 모두는 어느 때든지 살아계신 하나님과 함께 대화할 준비가 되어야 한다. 하나님이 인간의 삶의 모든 분야에 관여할 수 있도록 인간과 하나님은 늘 접속되어 있어야 한다. 다른 말로 하자면, 인생살이의 집의 모든 방으로 하나님이 들어오시도록 모든 방이 개방되어 있어야 하며, 하나님이 들어오시지 못하도록 걸어 잠근 방은 하나도 없어야 한다는 말이다.

하나님은 당신이 기도의 삶을 살기 원하시는데, 이것은 하나님과 끊임없이 교통하면서, 일상의 필요에 대하여 아뢰고, 심지어 가장 평범한 일까지도 하나님과 대화를 나누는 것을 의미한다. 그렇지만 하나님은 또한 우리가 하나님과의 집중된 친밀감을 누리는 시간을 갖기 원하신다. 당신이 하나님과 깊이 교제하는 시간을 따로 가진다면 평소에 황급하게 기도해도 괜찮다. 건강한 기도생활은 마치 건강한 결혼생활과도 같다. 부부 사이에서는 각자 바쁘게 살면서 전화로만 연락하는 경우도 있지만, 때론 아무런 방해받지 않고 단둘이 있는 시간도 필요하다. 당신의 기도생활에는 하나님과 당신, 단둘이 서로 마주 앉아 친밀한 담소를 나누는 시간이 필요하다. 그런 얼굴과 얼굴을 맞대고 마음과 마음을 터놓고 담화를 나누는 시간을 나는 "겸상(table for two)"이라고 부른다! 행복한 결혼생활을 위해서는 일반적인 대화와 개인적이고 친밀한 대화가 공존해야 한다. 기도도 마찬가지이다. 당신이 이렇게 하길 원한다면 하나님께 "주님, 이제 하나님과 나만의 장소를 만들고자 합니다. 다른 누구도 없습니다. 오직 당신과 저뿐입니다. 그 누구도 어떤 중압감도 우리의 교제시간에 끼어들지 않을 것입니다."라고 하나님께 말하라. 그러면 평상시와는 완전히 구별되는 색다른 영적 분위기가 조성될 것이고, 더 이상 "큐티" 시간이 "10분"하고 급하게 문 밖으로 나가던 이전과 같은 시간이 되지 않을 것이다.

예전에 누군가가 내게 장시간 큐티하는 것이 필수적이라고 말한 적이 있다. 그러나 어떤 사람들은 큐티 시간을 거의 미신적으로 여긴다. 이것은 중요한 점을 완전히 놓친 태도이다. 나는 심지어 사람들이 이렇게 이야기하는 것을 들었다. "오늘 아침에 교통사고를 당했어요. 다른 차가 뒤에서 내 차를 박았습니다. 오늘 아침에 큐티 시간을 너무 짧게 가졌기 때문인 것이 확실합니다!" 나는 이것이 이유라고 생각하지 않는다. 기도는 친구와 대화를 나누는 것이기 때문에 기도는 미신적일 수 없다. 아침 큐티 시간에 하나님께 간단하게 "주님, 안녕하세요."라고만 했기에, 하나님이 거기에 대하여 앙심을 품고 당신의 차의 뒷부분을 부수는 복수극을 벌였다고 생각하는가? 절대 아니다! 반드시 기억해야 하는 중요한 사실은, 모든 기도는 친밀한 인격적 관계에 기반을 둔 하나님과의 유대감 형성이라는 것이다.

이제 여러분에게 한 가지 묻고 싶다. 최근에 겸상을 차려놓고 하나님과 데이트를 한 게 언제인가? 당신의 어려움과 필요가 아닌 오직 하나님이 어떤 분이신지로 인해 기도로 나아왔던 적이 언제인가? 하나님은 개인적인 협의사항이 없어도 당신과 만나기 원하신다. 하나님은 지금 다음과 같이 우리에게 말씀하고 계신다. "오직 나를 만날 목적으로 나에게로 오라. 함께 하는 친밀한 시간을 가지자." 집에서는 하나님께 집중하기가 어렵다. 주위를 산만하게 하는 잡다한 일들이 많이 발생하기 때문이다. 기도를 하다가 전화벨이 울리면, "일단 전화를 받고 나서 그 다음에 다시 기도해야지."라는 생각을 하게 된다. 대부분의 경우에, 기도하려고 하면 뭔가 성가시게 하는 일이 생겨 방해를 받게 되어 있다!

그렇기에 우리 모두는 항상 오직 하나님과 함께 시간을 보내야 한다. 특히 리더들에게 이것은 진리이다. 목회자들은 다른 이들에게 영적인 것을 나누어줄 목적으로 하나님으로부터 무엇을 받기보다 하나님의 말씀을 항상 구해야 한다. 이것은 리더의 마음을 움직여 단지 자기 자신을 위해 하나님의 말씀으로 나아오게 한다. 그렇게 자신만을 위해 하나님 앞으로 나오는 시간을 가지기 위해서는 목회자라는 모든 영적 리더들에게는 "목회라는 옷"을 벗고 그냥 한 사람의 신자로 하나님 앞에서 머무는 훈련이 필요하다. 교회 안에서의 의무감 때문이 아니라 단지 하나님의 자녀로서 하나님께 나아가는 것 말이다(나는 그와 같은 기도의 2가지 다른 국면을 "목회자 레이첼"과 "어린이 레이첼"이라 부른다). 이러한 종류의 훈련을 개발시키는 데는 시간이 걸릴 것이며 때론 우리의 사고방식을 뜯어고쳐야 할 경우도 발생할 것이다. 당신이 리더라면 항상 정기적으로 삼사일 동안 하나님의 임재 안에서 오직 하나님과 진솔한 대화를 나누며 지내는 시간을 마련하는 것이 바람직하다고 생각한다.

기도의 자세

일단 하나님과 마주 앉아 대화를 나누기로 작정했다면 그 다음에는 무엇을 할 것인가? 어떻게 기도를 드려야 하나? 기도의 집을 세울 때 어떤 도구가 유용한가? 이 단원의 후반부에서는 여러 가지 기도의 독특한 양식들에 관해 다룰 것이다. 그러나 그 전에 먼저 도움이 될 만한 기도의 자세에 대해 다루고자 한다.

**서서**

기도할 때에 취하는 몸의 자세는 하나님과 의사소통을 하려는 그 내용과 밀접한 관련이 있다. 사실 이 세상의 비즈니스에도 동일한 원리가 적용된다. 사무실로 들어섰는데, 사무실 안에 있던 사람이 일어선다면 그것이 시사하는 바가 있을 것이다. 만약 사무실에 들어섰는데, 사무실 안에 있던 사람이 의자에 가만히 앉아 있다면 그것은 다른 것을 시사할 것이다. 누군가가 방으로 들어설 때에 자리에서 일어나는 것은 동등함 내지는 존경의 표시이다. 그냥 의자에 앉아 있다고 해서 반드시 무시하는 태도를 보이는 것은 아니지만, 별로 상관하지 않는다는 것을 의미한다. 그러므로 기도를 드릴 때 일어선다는 것은 다음의 두 가지를 의미한다. 첫째는 하나님을 공경하고 경외하는 태도를 보이는 것이다. 그것이 아니라면, 전투적인 기도의 자세를 취하는 것일 수도 있다.

**앉아서**

서서 드리는 전투적인 기도가 있는 반면에, 조용히 하나님의 임재 안에 앉아서 드리는 기도도 있다. 이는 주로 하나님으로부터 뭔가를 수용하려 할 때에 드리는 기도인데, 하나님 앞에서 잠잠히 기다리며 주님이 하실 말씀을 기다릴 때에 하는 기도이다. 이로써 몸의 자세를 바꾸면 의사소통의 내용도 바뀌는 것을 알 수 있다.

### 무릎 꿇고

무릎을 꿇는다는 것은 즉시로 다음과 같은 관점을 가져온다. 크신 하나님 앞에 보잘 것 없는 인간이라는 것이다. 우리는 종종 하나님의 광대하심과 그분의 아버지 되심 사이에서 균형을 잡는 것이 필요하다. 그래서 하나님 아버지의 무릎에 앉아서 어리광을 부리기도 하지만, 위대하고 높으신 분 앞에 모든 것을 내어놓고 완전히 항복하기도 해야 한다. 무릎을 꿇는 자세는 인간이 온전히 하나님께 의존된 존재라는 것과 하나님의 돌보심을 인정하는 것을 상기시켜 준다. "주님, 전능하신 하나님 앞에 무릎을 꿇습니다."

### 엎드림

때로는 하나님 앞에 단순히 엎드리는 것이 좋다. 혹자는 나에게 "나는 새로운 종류의 기도 자세를 개발했어요. 이는 주님의 임재 안에서 누워 '주님, 당신은 크고 크신 하나님이십니다. 내 모든 것을 취하십시오' 라고 기도드리는 것입니다."라고 했다. 지쳐 녹초가 될 때마다 하나님의 임재가 있는 곳으로 들어가 "나는 당신이 크신 하나님이심을 인정합니다. 하나님은 위대하시고 전능하십니다."라고 기도해 보라. 이와 같이 단순히 하나님의 임재 안에 엎드리면 놀라운 일이 일어난다. 하나님은 양들을 푸른 초장에 눕게 하시는 목자이심을 기억하자.

### 운전하며

당신은 운전하는 도중에 기도할 수 있다고 생각하는가? 그렇다. 할 수 있다. 물론 눈을 감고 기도하지는 못하겠지만 말이다! 그러나 기도할 때 항시 눈을 감아야 하는 것은 아니다. 운전하며 방언으로 기도하는 법을 터득했다. 나는 시계를 보며, "자, 이제 5분 동안 내 기도의 언어로 나의 속사람인 '영의 사람'을 강화시켜보자."라고 혼잣말을 한다. 그리고는 '하늘의 언어'(방언)를 사용하여 기도하기 시작한다. 처음에는 연속으로 5분간 기도하는 것조차 힘겨웠다. 쉬울 것으로 생각했지만 실제로는 그렇지 않았다. 마치 육체를 단련시키기 위해 트레이닝을 하듯 훈련과정을 겪어야 했다. '5분간 영적 팔굽혀 펴기를 하면, 그 다음에는 스트레칭을 해야겠어.'라고 생각하며 말이다. 당신도 다음에 운전하게 될 때 "주님, 이 시간을 어떻게 활용해야 할까요? 주님, 기도를 드릴까요?"라고 하나님께 물어보라.

### 걸으며

나는 거닐며 하나님과 대화하는 시간을 매우 좋아한다. 도보기도는 기도자, 지형, 그리고 공동체를 모두 하나로 연결시켜준다. 도보기도에 관해서는 본서의 4장에서 보다 상세히 다룰 것이다. 당신의 이웃과 지역사회, 도시를 위해 기도하기 원한다면 밖으로 나가 길을 걸으며 기도하는 것보다 더 좋은 방법이 없을 것이다. 사람들은 일반적으로 실내와 실외에 있을 때, 다른 방식으로 기도하는 경향이 있다. 그렇기에 도보기도는 우리의 기도생활에 새바람을 불어넣어준다. 아마도 당신은 이미 개인적으로 도보기도를 하고 있을지도 모른다. 그렇지만 그룹으로 혹은 개교회의 전교인이 도보기도를 드리며 지역을 순회하는 것은 어떨까? 우리는 합심 기도는 실내에서만 이루어져야 한다고 생각한다. 왜 우리는 교회 밖에서 기도모임을 갖지 않는가?

### 특정한 장소에서

어느 장소에서 기도하느냐에 따라 기도의 방법이 달라지기도 한다. 번화하고 분주한 도심지 한복판에서 기도하는 것과 앞이 확 트인 산의 정상에서 홀로 기도하는 것은 매우 다를 것이다. 물가에서 기도하는 것은 기도에 대한 놀라운 영감을 준다. 흐르는 시내와 강물은 기도하기에 매우 평안한 장소가 되게 한다. 밀려오는 파도를 바라보며 바닷가에서 기도하는 것은 어떨까? 바닷가나 물가 근처에 거주하는 사람들도 있겠지만, 기도하기 위해 특별히 그런 장소로 여행을 하는 것도 그만한 가치가 있다. 영혼에 환기를 불러일으킬 만한 기도의 장소를 한번 생각해보라. 색다른 분위기에서 기도하다 보면 이전과 다른 기도를 하게 될 것이다.

### 욕실에서

내 친구 중의 한 명은 목욕하면서 기도를 드리다가 놀라운 성령체험을 했다. 그 친구는 성령 충만을 사모하며 방언 기도를 드리기 시작했지만 아무리 방언 기도를 드려도 영적 돌파에 도달하지 못했다. 어느 날 내가 그녀에게 "언제 가장 마음이 평안해지니?"라고 물어보자 그 친구는 "목욕할 때."라고 대답했다. 그래서 나는 이런 조언을 해주었다. "그러면 네가 홀로 집에 있을 때, 욕조에 물을 가득 채워서 비누거품을 푼 다음 마음을 편안히 하고, 하나님께 감사를 드려. 그리고 성령 충만을 구하는 기도를 드리고 너에게 기도의 언어를 주시도록 기도해 봐." 이후 내 친구는 시간을 내어 욕조에 들어가 기도를 하기 시작했는데, 놀랍게도 천상의 언어로 기도하며 성령의 충만함을 받았다고 한다. 그 일이 있은 후에 나는 흥분된 얼굴의 그녀를 만나게 되었다. 그녀는 나에게로 달려와서 "레이첼, 응답 받았어. 드디어 나는 평안한 마음을 가지게 되었어. 하나님께서 나와 하나가 되어 주셨고 영적 돌파가 일어났어. 그런데…"라고 말하면서 머뭇거리다가, "하나님은 적나라하게 나의 벌거벗은 모습을 그대로 보셨어."라고 솔직하게 말했다. 그래서 나는 박장대소하지 않을 수 없었다. 우리는 때로 하나님이 우리를 어떻게 보시는지에 대한 이상한 생각을 한다.

### 잠자며?

잠을 자면서 기도할 수 있는가? 물론이다! 나는 자면서도 하나님과 친밀한 대화를 나누는 의사소통의 기술을 습득했는데, 이것은 나의 남편 고든을 성가시게 한다. 나는 나의 영이 하나님의 영과 연결되었다고 믿는다. 그래서 육신은 잠을 자지만 영은 깨어있다는 것이다. 그래서 나는 잠자리에 들기 전에 매일 밤마다 "주님, 내가 잠을 자는 동안에도 나의 영에게 말씀해 주세요."라고 기도한다. 그 결과 하나님은 내가 행할 설교의 제목이나 설교의 중심 내용을 잠자고 있는 나에게 주신다. 그러면 나는 잠에서 깬 후 그 주제를 중심으로 생각하면서 설교 준비를 한다. 수면 중에 내 머릿속에 들어온 내용들은 성령님이 지시하시고 내 뇌가 받아 적은 것으로 나는 믿는다.

주께서 날마다 좋은 생각을 주시며, 밤마다 나의 마음에 교훈을 주시는 상담자이신 주님을 찬양한다.  −시 16:7

다양한 종류의 자세들이 기도에 활기를 불어넣고 기도에 새로움을 창출한다면, 당신도 색다른 자세로 기도를 드려 볼 수 있지 않겠는가? 그러한 자세들에 믿음의 자세를 더하고, 하나님께서 당신의 삶에 창조적인 기도의 집을 세우는 구체적인 목적으로 사용하실 것을 믿는다.

## 기도의 유형

기도 가운데 우리 자신을 표현하는 자세에서 기도의 유형으로 주제를 전환하기 원한다. 수백 가지 다른 종류의 기도 유형이 존재하는 것이 사실이지만 나는 그 중에서 핵심이 되는 유형 몇 가지를 골라 제시하고자 한다.

### 간구

간구(supplication: 간청, 강청, 탄원, 애원)라는 것은 은혜를 사모하며 부르짖는 기도를 말한다. 이것은 애원하는 것을 강하게 표현한다. 한 주석가는 과자를 달라고 구걸하는 강아지의 모습을 예로 들어 이 단어를 설명했다. 지금 당신이 초콜릿을 먹고 있는데 당신 앞에 강아지가 한 마리가 앉아 있다고 상상해 보자. 당신이 먹고 있는 초콜릿을 애타게 바라며 뚫어져라 쳐다보는 그 강아지의 눈빛, 바로 그 눈빛이 '간구'이다! 하박국 선지자가 하나님 앞에서 부르짖었던 그 마음을 가지는 것 역시 간구(懇求)일 것이다.

주님, 잊지 마시고 자비를 베풀어주십시오.                    -합 3:2

간구는 "하나님, 우리는 당신의 백성입니다. 우리가 받아 마땅한 진노를 우리에게 주지 마시고, 우리의 기도에 응답해 주소서. 우리의 부르짖음을 들어주소서. 우리는 하나님의 은혜와 자비가 필요합니다."라고 부르짖는 호소이다. 간구하는 기도는 항상 품위 있게 들리지 않지만, 강력한 기도이며, 마음 중심에서 우러나오는 진실한 기도이다. 이러한 종류의 기도는 구약성경의 시편에 많이 기록되어 있다.

### 구함/청원

때때로 기도할 때 단순히 우리의 필요에 대해 완전하지 않은 언어로 요청한다. 마태복음 7장 7절에 아주 단순한 예수님의 명령이 있다. "구하라. 그리하면 주실 것이다." 헬라어 원어를 보면 동사가 현재 진행 능동태인 것을 알 수 있다. 이것을 영어로 옮겨보면 "구하고 계속 구하라. 그러면 받고 또 계속하여 받게 될 것이다."이다. 이러한 종류의 기도는 하나님께 대한 일상의 의존을 밝혀준다. 우리는 하나님께 무엇을 달라고 요청하는 태도를 지니며 살아가야 한다! 우리는 너무 많은 것을 하나님께 구했다고 생각하는 종교적인 흐름에 빠지는 경향이 있다. "이런 시시한 요구로 하나님을 성가시게 하는 게 합당할까? 너무 건방지고 뻔뻔스러운 요구가 아닌가?" 이런 질문에 대한 대답은, 당연히 '아니다' 이다. 이것은 뻔뻔한 것이 아니다. 이것은 아버지와 그분의 자녀들과의 관계에서 완전히 평범한 것이다. 만일 당신에게 자녀가 있다면, 아이들이 날이면 날마다 부모에게 뭔가 달라고 하는 것을 경험할 것이다! 우리는 하늘 아버지께 무엇이든지 달라고 요구할 수 있다. 그것이 복잡한 것이든 단순한 것이든 말이다. 우리는 하나님을 귀찮게 하는 자들이 아니다! 하나님 아버지는 우리의 목소리를 항상 듣고 싶어 하신다. 그렇기에 하나님께 구하는 것은 하나님과의 관계의 한 부분이다.

성경에서 "구함(청함)"은 미미한 것으로부터 광대한 것까지 포함한다. 이것은 우리의 모든 개인적인 필요를 포함한다. 하나님은 이렇게 말씀하셨다.

> 내게 구하여라. 열방을 유산으로 주겠다. 땅 이 끝에서 저 끝까지 네 것이 되게 하겠다.     -시 2:8

참으로 놀라운 말씀이 아닌가? 사람들은 종종 나에게 자신들의 국가를 위해 중보의 기도를 드리는 것이 힘겹다고들 말한다. 그러면 나는 그들에게 이렇게 대답한다. "너무 걱정하지 마세요. 당신의 나라를 위해 단순히 하나님께 구하기 시작하세요. 그냥 단순히 구하기 시작하면 하나님은 당신의 마음에 나라를 사랑하는 마음을 넣어주시고, 당신에게 말씀하시고 어떻게 기도해야 할지 구체적으로 보여주실 것입니다." 처음에 단순히 요구하는 기도의 시작은 하나님과의 대화이고, 그것은 매우 빨리 중보기도로 변화된다.

### 중보

중보는 타인의 필요를 대신하여 하나님 앞에 그 필요를 풀어놓는 기도이다. 중보기도는 하나님과 사람 사이에 생긴 틈에 서는 기도이다. 중보기도자라는 말은 축어적으로 보면 "틈새를 메우는 자"이다. 즉 두 편 사이에서 중재를 선다는 말이다.

민수기 16장 48절에 아론이 중보하는 아름다운 장면이 나온다.

아론이 살아 있는 사람과 죽은 사람 사이에 서니, 재앙이 그쳤다.

당신이 중보로 나아갈 때에는 언제나 산 자와 죽은 자 사이에 서게 된다. 당신의 친구가 재정적으로 "죽은" 상황에 처해있을 수도 있다. 그러면 하나님은 채무라는 저주를 끊기 위해 당신이 친구를 대신하여 기도로 그 틈새에 설 것에 대해 물으실 것이다. 혹은 병마를 물리치고 치유의 능력을 얻기 위해, 타인을 대신하여 기도로 틈새에 서야 할 경우도 있다. 그러므로 중보는 일종의 제사장의 직무로서, 타인의 필요를 주님 앞에 내어놓고, 타인을 대신하여 하나님께서 일하시도록 기도하는 것이다.

중보는 개인을 위해 하는 것처럼 공동체를 위해서도 할 수 있다. 우리는 이웃, 지역사회, 도시를 위해 산 자와 죽은 자의 틈에 기도로 설 필요가 있다. 나는 우리가 중보기도의 시간을 증대시키면 시킬수록, 하나님은 계시의 강도를 높이시고, 사람들에게 영향을 미치는 영적 세력들에 대한 분별력도 증가시켜 주신다고 믿는다. 그러한 영적 정보로 무장하여, 보다 집중되고 효과적인 기도로 이전에는 가망이 없다고 여겨진 상황도 반전시킬 수 있다.

## 감사

감사의 기도는 성령님께서 나에게 가장 많이 가르쳐주셨던 기도의 유형이다. 나는 남달리 감사를 잘하는 사람이라고 스스로 간주해 왔다. 그렇지만 하나님은 내가 얼마나 많은 것들을 당연시하고 감사하지 않는 사람인지 보여주셨다. 특히 감사하는 태도가 서구사회에 선천적으로 부족한 것도 보여주셨다! 때때로 우리는 하나님께 나아가 "주님, 이게 문제입니다. 저게 문제입니다…. 제가 어떻게 해야 하는 건가요?"라고 푸념한다. 우리는 하나님께 위기의식을 가지고 나아가 문제의 해결을 받는 것에 집중한다. 그렇지만 문제가 해결된 뒤에는 즉시 하나님 앞으로 나아가지 않는다. 주님의 존전으로 나아가 "오, 주님! …해 주셔서 감사드립니다." 와 같은 기도도 제대로 드리지 않는다는 것이다.

당신에게 기도부탁을 한 사람들이 있을 것이다. 그들을 위해 기도를 드렸는데, 제3자를 통해서는 그 기도에 대한 응답의 소식을 들었으나, 정작 당사자로부터는 아무런 소식도 접하지 못한 경우가 있는가? 심지어 당사자에게 "왜 나에게 기도응답의 소식을 전해주지 않았어요?"라고 물은 적은 없는가? 그러면 십중팔구 "아참, 깜빡 잊었네요."라는 대답을 들을 것이다. 진짜로 병이 치유함을 받고, 고대했던 임신을 하게 되고, 재정적인 어려움이 해소되었다면 어떻게 그런 좋은 소식을 기도해준 사람에게 알려주지 않고 감사하지 않았는지 의아해한다. 그렇지만 우리 모두 대부분이 이렇게 행동한다. 아니 자주 그렇게 한다. 흔히 서구사회에서는

"당신이 내게 약속했잖아요."라고 말한다. 그러나 그런 태도는 감사의 분위기를 북돋아주지 못한다. 심지어는 기도했다는 사실조차, 그리고 기도에 응답해 주시는 참으로 좋으신 하늘 아버지가 계신다는 사실조차도 망각해버리는 경우가 허다하다. 그렇지만 그렇게 망각하면 하늘에 계신 아버지께서 우리의 기도를 들어주시고 응답해주셨다는 데 대한 '놀라운 감격과 축하'가 상실된다.

우리 안에 감사의 태도가 양성되도록 하나님께 구할 필요가 있다. 사도 바울의 편지를 살펴보면, 신자들에게 주는 가르침에 대한 마지막 요약으로 감사의 목록을 제시하는 것을 종종 엿볼 수 있다. 여기에 그 한 예로 빌립보서의 마지막 부분을 제시한다.

> 주님 안에서 항상 기뻐하십시오. 내가 다시 말하거니와, 기뻐하십시오. 여러분의 관용을 모든 사람에게 알리십시오. 주께서 가까이 오셨습니다. 아무 것도 염려하지 말고, 모든 일을 오직 기도와 간구로 하고 여러분이 바라는 것을 감사하는 마음으로 하나님께 아뢰십시오.  —빌 4:4-6

감사와 간구가 어우러진 것은 얼마나 완벽한 혼합인지 모른다! 감사의 태도는 자석처럼 우리를 하나님의 임재 안으로 끌어들이는 매력적인 분위기를 자아낸다. 시편 100편 4절에는 "감사의 노래를 부르며 그 성문으로 들어가자."라고 기록되어 있다.

우리는 일반적으로 감사하는 태도로 접근하는 사람의 이야기를 더 주의해서 듣게 되지 않는가? 불평하거나 푸념하기 위하여 당신을 방문하러

오는 사람이 있다면 그 사람의 말을 무시하거나, 도움의 손길을 회피할 가능성이 높지 않은가?

　나에게 엄마로서의 역할을 멋지게 해내는 날이 있었다. 집안은 깨끗하게 청소되었고, 하루 종일 먹을 식단이 미리 잘 짜여 있었으며, 그날의 하루일과들이 일목요연하게 잘 정리되고 그대로 다 되었다. 나는 시계를 보면서 '이제 곧 아이들이 집으로 돌아오겠구나.' 하고 생각했다. 아니나 다를까 대문이 열리는 소리가 들리더니 현관문이 활짝 열렸다. 그런데 우리 아들의 첫 마디는 "엄마, 내 미식축구 의복 어디 있어? 아니 왜 안 빨아 놨어!"였다. 그러자 아이들을 반갑게 맞이하려 했던 나의 기대는 순식간에 무너지고 '나는 실패자다' 라는 관념에 사로잡히기 시작했다. 모두가 집으로 돌아왔을 때 내가 하루 종일 집안 정리한 것을 보고 감동을 받으리라 기대했지만, 감사하기는커녕 들어오자마자 쏟아놓는 요구를 들을 때 성령께서 내게 말씀하셨다. "레이첼, 나는 네가 나를 찾아오는 그 발걸음을 늘 기다리고 있단다. 나는 너의 목소리를 듣기 원하고 네가 나의 임재 안으로 들어오길 원한다. 나는 우리의 교제의 문이 열려 너의 음성을 듣길 원한다. 그렇지만 너는 나를 만나면 자주 '하나님, 뭐하고 계신 거예요?' 라고 말한단다. 너는 매우 강한 불평들을 가지고 나의 임재 안으로 들어온단다." 그러한 성령의 음성은 나에게 충격이었고, 나의 태도가 변화될 필요성이 있다는 것을 깨달았다. 하나님의 임재의 문으로 들어갈 때에는 반드시 우리 입술의 감사를 가지고 들어가야 한다!

### 고백

　기도생활의 불가한 중대 국면은 꾸밈없는 고백의 훈련이다. 우리에게는 잘못을 저지르고 한참 뒤에나 하나님 앞으로 나아가는 경향성이 있다. "주님, 죄송합니다. 제가 죄를 범했습니다."라고 말하며 하늘 아버지 앞으로 자주 나아가는 법을 터득한다면 인생이 더욱 평화롭고 행복해질 것이다. 우리가 구원을 얻은 후로 얼마나 많은 사람들이 죄를 지을까? 우리 모두이다. 물론 나도 포함된다. 그렇다면 고해성사 같은 회개는 구교도들만 한다는 발상은 어디로부터 온 것일까? 모든 성도들은 하나님 앞에서 고백의 기도를 드리는 시간을 가져야 한다. 우리는 정기적으로 십자가 앞으로 나아가 "죄송합니다, 주님. 제가 범죄했습니다. 제가 또 일을 저질렀습니다."라고 정직하게 고백해야 한다.

　죄의 문제를 신속히 그리고 정직하게 고백하면 죄책감, 수치심 그리고 실패의 감정 등을 뿌리로부터 제거해낼 수 있다. 많은 이들이 죄책감과 비난받음이라는 감정의 보따리를 짊어지고 허리도 제대로 못 편 채 끙끙대며 다닌다. 그들은 자신들이 일류가 아닌 이류나 삼류 기독교인들이라고 생각한다. 그러나 당신이 하나님 앞으로 나아가 죄를 고백하고 회개한다면, 예수님의 피가 모든 죄를 말끔히 씻는 체험을 하게 된다. 그러면 계속 하나님과의 친밀감을 유지하는 지점으로 들어가 아무런 죄책감 없이 그분과 함께함을 즐길 수 있다. 당신의 죄를 예수님에게 양도했기 때문에 당신은 의롭고 깨끗하고 속죄 받은 곳에 서 있다.

　많은 사람들이 즉시 고백의 기도를 하지 못하는 이유는, 실패를 인정하는 기도로 간주하기 때문이다. 그렇지만 사실은 그렇지 않다. 오히려 죄에서 놓임을 입고 자유롭게 되는 기도이다.

　요한일서 1장 9절에는 다음과 같은 말씀이 적혀 있다.

우리가 우리의 죄를 자백하면 하나님은 미쁘시고 의로우셔서 우리의 죄를 용서해 주시고 모든 불의에서 우리를 깨끗하게 해주실 것이다.

"자백하면"이라는 조건부 문장에 유의하기 바란다. 신적 약속의 보너스를 받으려면 우리의 몫을 다해야 한다. 남편 고든은 그전부터 "하나님은 죄를 용서하시지 불쌍함을 용서하지 않으셔"라고 말하곤 했다. 우리는 종종 하나님의 임재 안으로 들어가 비참한 척하며 연민의 정을 자아내려 한다. 그들은 많은 이유와 핑계거리로 왜 죄를 지을 수밖에 없었는지 설명하며 타인의 실수를 탓하기도 한다. 우리는 자신의 선택과 결정 그리고 자신의 죄에 대하여 책임을 져야 한다. 하나님은 그런 사람을 깨끗케 하여주실 것이다.

## 용서

회개의 기도와 용서의 기도의 파트너십은 매우 강력한 연합을 이룬다. 대부분의 부모님들은 당신의 아이들로 하여금 "잘못했어요"와 "용서한다"라는 말을 하도록 훈련시키는 것은 참으로 어려운 일이라 여긴다. 그런데 슬픈 일은 기독교인이라는 사람들도 별반 다르지 않다는 사실이다. 이들도 역시 서로에 대해 그릇된 태도를 보인 것에 대해 사과하고, 서로를 용서하는 일에 어려움을 겪고 있다. 그러므로 성도들은 하나님께 우리가 용서함으로 관대해지도록 구해야 한다.

우리는 이런 종류의 기도를 개인적인 차원에서 뿐만 아니라 공동체적인 차원에서도 드려야 할 것이다. 교회에서 저녁 예배시간에 '죄의 고백'

을 중심으로 기도했던 마지막 순간은 언제쯤이었는가? 서로 사과하면서 용서해주는 그런 기도를 드린 적이 있는가? 최근에 용서라는 주제로 특별 예배를 드린 적은 언제였나? 물론 당신은 개인적으로 용서를 실천해야 한다. 그렇지만 하나님께서 이 용서의 기도를 공동체 가운데 어떻게 사용하시는지 생각해보라. 만일 교회들이 용서의 기도를 함께 정기적으로 드린다면 수많은 이들이 짊어지고 가야만 하는 상처받음의 고통이 덜어지리라 믿는다.

사람들은 종종 교회 안에서의 대인관계에 상처를 받으면 교회를 떠난다. 그런데 교회 안에서 마음을 상하게 만드는 일은 부지기수로 일어나며, 속수무책인 경우가 많다. 그로 인하여 발생하는 분열과 분규는 교회에 큰 손상을 입힌다. 그렇지만 우리가 용서하는 법을 배우고 서로를 품어준다면, 수많은 깨어진 마음과 교회분열의 아픔은 회복될 것이다. 우리는 빨리 용서의 동기를 분명히 해야 한다.

용서의 기도는 당신이 어떤 것을 희생해야 하는 관대한 기도이다. 또한 당신에게 상처를 준 모든 사람이 당신을 찾아와 일일이 사과하지도 않을 것이다. 어떤 이는 당신에게 상처를 주었는지조차 알지 못한다. 그럼에도 불구하고 당신은 그들을 용서해야 한다. 예수님께서 십자가에서 부르짖으신 대로 "아버지, 저 사람들을 용서하여 주옵소서. 저 사람들은 자신들이 무슨 일을 하는지 알지 못합니다."라고 기도해야 한다. 그러므로 상대방의 태도여하에 관계없이 상대방을 용서하는 법을 주님으로부터 배워야 한다. 간혹 당신은 악의 없이 말하거나 무심코 행동한 사람으로부터 상처를 받기도 할 것이다. 그런 사람들은 당신에게 상처를 주었는지조차 모르기에, 당신에게 사과할 리가 만무하다. 그렇기에 당신은 그를 용서하기로 선택해야 한다. 그들의 행동이 얼마나 당신을 아프게 했는지 그들이 파악하지 못한다 하더라도, 당신은 용서의 기도를 드림으로 모든 원한과 상처를 주님 앞에 내려놓아야 한다. 당신의 생명이 당신의 용서의 기도에 달려 있다는 사실을 인지하기 바란다. 영적으로 살아나려면 반드시 용서의 기도를 드려야만 한다.

### 선포의 기도

이 기도는 강력한 권위를 가진 기도이다. 이 기도는 말로 선포하는 기도이다. 우리는 이러한 종류의 기도를 예수님의 공생애에서 보게 된다. 귀신들린 아이를 예수님에게 데리고 왔을 때 예수님은 단순하게 선포의 기도를 하셨다. "구원받을찌어다." 보기를 원하는 소경을 만났을 때에도 예수님은 그에게 "보게 될찌어다!"라고 명령하셨고 그렇게 되었다. 제자들이 폭풍으로 인해 두려워하고 있을 때 예수님께서는 단순하게 선포의 기도를 하셨다. "평안할 찌어다. 잠잠할 찌어다."

이러한 기도는 간구나 중보와는 완연히 다른 종류의 기도이다. 그렇지만 이 모든 것은 오늘날 하나님께서 원하시는 기도이다. 성령님께서 문제의 상황을 계시로 보여주실 때에 우리는 선포의 기도를 할 수 있으며, 그때 성령님은 우리가 목소리 높여 선포할 수 있는 적합한 언어를 공급해 주신다.

수년 전에 나는 노르웨이에서 개최된 여성 컨퍼런스를 인도한 적이 있었는데, 그 모임의 뒤쪽에는 마가렛 프로엔이라는 여성이 누워 있었다. 그런데 누군가 앞쪽으로 나아오더니, "이 여인을 위하여 기도 좀 해주세요."라고 하면서, 나의 손목을 잡고 마가렛이 있는 쪽으로 인도했다. 마가렛을 가만히 살펴보니 어디서 많이 본 듯한 사람이었다. 어렴풋하기는 했지만 노르웨이 YWAM(Youth with A Mission; 예수전도단) 멤버의 부인인 듯싶었다. 그러나 그녀는 너무 많이 아파 보였기에, 사실 그 환자가 내가 평소에 알고 지내던 그 여성인지 확신이 가질 않았다.

마가렛은 긴 의자에 누워 있었고 머리를 들지 못했다. 그녀는 전혀 힘이 없어 보였기에, 나의 입장에서는 나지막한 목소리로 부드럽게 기도해 주는 것이 합당하다는 생각이 들었다. 그렇지만 이상하게도 억제할 수 없는 격정적인 선포의 기도가 내 입으로부터 튀어나왔다. 나는 큰 소리로 "아니오! 당신은 절대로 죽지 않을 것입니다!"라고 외쳤습니다. 그것은 참으로 공격적인 기도였기에, 기도를 드린 나 자신도 놀랐다. 그러나 하나님께서 역사하신 것을 깨달았다. 성령님께서는 그녀를 극적으로 만지시기 시작하셨고, 그녀의 몸은 떨리기 시작했다. 나는 기도를 드린 후 화장실에 가야만 했기에 잠시 자리를 비웠는데, 다시 돌아왔을 때 그녀는 그 자리에 없었다. 나는 내가 그녀에게 불쾌감을 준 것이 아닌지 염려되었다.

그 사건이 있은 뒤 2주일 후에 전화 한 통이 걸려왔다. 마가렛이었다. 온전한 치유를 받았다는 것이다! 그녀는 여전히 살아있으며 남편과 함께 노르웨이에서 열과 성의를 다해 주님의 일을 하고 있다. 하나님께서 선포의 기도를 통해 역사하셨다. 하나님께서 선포의 기도로 부르짖도록 성도들의 마음을 휘젓는다고 나는 믿는다. 그렇기에 신도의 기도생활에는 이러한 선포의 기도가 반드시 포함되어야 한다.

**침묵 / 기다림**

우리는 침묵으로도 하나님과 교통할 수 있다. 내가 제시하는 간단한 기술을 사용하여 침묵으로 하나님과 의사소통할 수 있다. 예컨대 하나님의 속성 중에 한 가지를 떠올려 보라. 예를 들면, 하나님의 장중함, 사랑, 신실하심 등. 그러고 나서 그 속성 중 한 가지에 집중해 보라. 침묵하는 가운데 하나님의 그 속성을 생각하며 잠잠히 감사의 기도를 드려보라. 당신이 그렇게 행할 때 당신의 기도는 하나님의 보좌에 상달될 것이다. 단 한 마디의 말을 하지 않았다 하더라도 말이다. 하나님께 집중하며 계속 침묵으로 그 자리에 머물러 있으면, 결국은 하나님의 달콤한 임재가 당신을 뒤덮을 것이다. 그럴 때에 그 고요함과 침묵의 장소는 하나님의 마음을 건드리는 장소가 된다. 외치며 선포하면서 기도드릴 때가 있고, 속삭이며 침묵하면서 기도드릴 때가 있다. 묵묵한 친밀감이 흘러야 하는 상황에서는 돌연한 선포의 기도는 어울리지 않는다. 침묵의 기도 시간에는 마음이 서로 통하는 고요한 의사소통만이 흘러야 한다. 그런 기도의 자리에서는 당신과 하나님은 깊고도 깊은 종류의 영적 정보들을 공유하게 될 것이다.

혹시 기진맥진하여 너무 피곤한 나머지 기도할 기력조차 없었던 적이 있는가? 그런 경우라면 그저 하나님의 임재 안에서 드러누워 "주님, 할 말이 없습니다. 내 상황은 가히 말로 표현할 수 있는 것 그 이상입니다. 그러나 내 마음은 하나님을 부르고 싶은 그런 열망으로 가득합니다. 주님, 나에게는 주님이 필요합니다."라고 말하면 된다.

그런 침묵기도의 시간은, 침묵을 통해 하나님이 당신에게 말씀하실 수 있고 또한 하나님이 힘을 부여하실 수 있는 기회가 된다.

당신이 이렇게 행한다면 하나님께서 당신에게 그분의 마음을 나누어 주실 것이다. 우리들은 수많은 요구들과 중압감을 들쳐 메고 하나님 앞으로 쏜살같이 달려가서는, 하나님 앞에 그 모든 것을 몽땅 재빨리 쏟아놓고, 종종걸음으로 달려 나온다. 우리들 대부분은 그렇게 속전속결로 기도를 처리해버리기에, 성령님께서 "잠깐만 기다려라!"라고 외치시는 소리조차 듣지 못한다. 지금은 하나님께서 말씀하실 차례이다.

기도할 때마다 당신은 언제나 하나님이 당신의 기도에 대한 응답으로 뭔가 말씀하실 것을 기대해야 한다. 물론 하늘로부터 '쿵!' 하고 울리는 극적인 소리로 말씀하지 않으실 수도 있다. 이것을 통해 우리는 하나님의 온유함이 가볍게 우리를 자극하는 것과 성령의 성품을 배우게 된다. 하나님의 음성은 세미하게 다가온다. 그러면 그 생각은 당신의 생각이 아니라 '하나님의 생각'인 것을 알게 될 것이다.

남편 고든과 내가 목회할 적에, 우리가 침묵기도로 하나님을 조용히 바라는 중에 하나님이 나지막한 소리로 우리들의 마음에 말씀해 주신 적이 있다. 오래 전에 나는 우리의 휴가 날 아침에 우리 교회의 한 부인에 대한 생각이 끊이지 않았다. 결국 나는 남편에게 "고든, 오늘이 다 가기 전에 화원에서 꽃을 한 다발 사서 그 부인의 집을 잠시 들려보아야겠어요."라고 말하게 되었다. 그런데 우리가 꽃을 구입하여 심방을 갔을 때 그녀는, "오, 이 날을 기억해 주실지 참으로 궁금했는데 기억하시네요."라고 말하는 것이었다. '어머 세상에! 뭘 기억한다는 말인가? 하나님! 도와주세요!' 그러자 그녀는 "오늘이 바로 우리 남편이 돌아가신지 일주기가 되는 날입니다." 우리가 꽃다발을 들고 간 것이 그 경우에 어울리는 격이 된 것이다. 그래서 나는 "하나님 아버지, 주님의 인도하심에 감사드립니다."라고 기도했다. 나는 추모일을 기억하지 못했으나 성령님이 하신 것이다. 그렇지만 나는 그 부인에게 진실을 토로했다. "솔직히 말씀드리자면 저는 기억하지 못했지만, 성령님께서 기억하시고, 부인에게 꽃 한 다발을 사다드리라고 지시하셨어요."

### 성령 안에서의 기도

유다서 1장 20절은 "그러나 사랑하는 여러분, 여러분은 가장 거룩한 여러분의 믿음을 터로 삼아서, 스스로를 세우고, 성령으로 기도하십시오."라고 기록한다.

그러나 사람들은 성령 안에서 기도하는 데 능하거나 약하거나 둘 중에 하나인 것 같다. 이도 저도 아닌 중간에 위치하는 사람은 별로 없는 듯하다. 내가 기도회를 인도하러 교회들을 방문하여 함께 통성으로 기도하자고 제안하면, 거의 모든 성도가 방언으로만 기도하는 광경을 가끔 접한다. 그렇지만 저는 균형 잡힌 기도의 중요성을 역설하고 싶다. 즉, 이성적으로 알아들을 수 있는 말로 기도하는 것과 천상의 언어인 방언으로 기도하는 것 사이에 균형이 이루어져야 한다는 것이다.

'기도의 집'을 건축함에 있어서 빠질 수 있는 함정 중에 하나는 항상 동일한 문으로만 드나드는 오류이다. 아마 당신의 집에 출입문이 여러 개가 있을지도 모르겠다. 예로, 앞문, 뒷문, 테라스 같은 것들 말이다. 그렇지만 대부분의 사람들은 일상적으로 똑같은 문을 사용하여 집을 드나든다. 우리의 기도생활에도 그와 동일한 일이 벌어질 수 있다. 매일 똑같은 문으로만 '기도의 집'을 넘나든다는 것이다. 좀 더 상세히 설명하자면, 동일한 스타일과 판에 박힌 접근방식을 사용한다는 것이다. 그렇지만 다른 문도 한번 사용해보라! 매번 다른 문을 통해 기도의 집으로 들어가면 색다르고 신선한 느낌을 받게 된다. 다양한 기도의 방법을 사용해보라.

방언으로 많이 기도하는 것을 좋아한다면 당신의 모국어로 기도해 보라. 방언으로 기도할 때는 자신이 무슨 기도를 드리는지 그 내용을 잘 알지 못할 때가 있다. 그러므로 지성으로 이해할 수 있도록 중도에 언어를 바꾸어주는 훈련이 필요하다.

방언으로 기도하는 것은 마치 영적 존재의 내면에 비타민을 투여하는 것과 같다. 고린도전서 14장 4절에 의하면 "방언으로 기도하는 사람은 자의 덕을 세우고"라고 되어 있다. "덕을 세운다"의 헬라어의 어근을 보면 "성장한다, 증대한다, 크기가 커진다, 용량을 늘린다"라는 뜻임을 알 수 있다. 그러므로 영이 자양분을 잃고 마치 마른 막대기처럼 연약해졌다고 느껴지는 사람에게는 "방언기도"가 필요할 것이다. 방언기도는 영적 근육을 생성시킨다. 방언기도를 통해 성령님은 당신의 영적 용량을 증대시켜주실 것이고, 능력과 유효성도 역시 증대시켜주실 것이다. 마치 비타민이 인간 육체의 시들시들함에 활력을 넣어주듯, 방언기도는 우리의 속사람을 기도에 힘쓸 수 있도록 강화시켜 준다.

## 금식기도

왜 금식과 기도를 함께 하는가? 왜냐하면 기도는 언어 이상의 것을 포함하기 때문이다. 하나님께서는 우리의 기도생활을 증대시키도록 나아오는 태도를 사용하신다. 금식은 기도와 상호보완적인 관계를 가진다. 왜냐하면 양자 모두 하나님의 마음을 끄는 희생을 내포하기 때문이다. 하나님은 금식을 통해 우리의 육적 욕구를 영적 욕구로 대치시키기 원하신다. 금식하며 기도한다는 것은 하나님 앞에서 "나는 음식보다 하나님을 더욱 원합니다!"와 같은 태도를 견지하는 것이다.

때론 하나님께서 음식 이외의 다른 욕구들을 금하게 하시는 경우도 있다. 구체적으로 당신을 위해 초콜릿, 텔레비전 시청, 스포츠 관람 등의 금식이다. 미식축구 경기에 도취되었던 한 젊은이가 나에게 "성령님께서는 나에게 당분간 미식축구 관람을 금하라고 말씀하시는 것 같았습니다. 그게 진짜로 하나님으로부터 온 말씀일까요?"라는 질문을 해 온 적이 있다. 나는 그 젊은이에게 이렇게 대답했다. "네 맞습니다. 그것이 당신에게 중독성이 있는 욕망이라면 말이다."

금욕(혹은 단식)은 당분간 어떤 것을 금지하는 일로, 하나님께 드리는 일종의 헌납이다. 그러한 헌신적 희생을 드림이 기도와 연결될 때에는 참으로 놀라운 영적 능력이 나타난다. 그러한 연관관계는 매우 중요하다. 그래서 성경은 "금식(fest)과 기도(prayer)"라고 말씀하신 것이다. 그러나 많은 이들이 금식하며 무위(無爲)한다. 그들은 기도하는 것이 아니라 그냥 밥을 먹지 않고 굶고만 있는 것이다! 아니면 "축제(feast)를 벌이며 노는(play)" 무리들도 있다. 우리가 "금식과 기도"를 올바로 연결시키면 기적적인 일들을 체험하게 될 것이다. 금식은 언어가 도달할 수 없는 경지까지 도달하도록 이끌어주기 때문이다.

마태복음 6장 16-18절을 보면 "너희는 금식할 때에"라는 표현이 나온다. 이런 표현으로 미루어볼 때에 성경이 신자들에게 요구하는 바는 가끔 금식기도하는 것이 아니고 정기적으로 자주 금식기도하는 것임을 알 수 있다. 그것이 우리를 향하신 하나님의 기대치이다. 그러므로 금식은 '슈퍼 기독교인'들만의 전용물이 아니다. 해도 되고 안 해도 되는 그런 것이 아니다. 금식하면 물론 육신의 건강에도 좋다. 그러나 그런 실질적인 이득의 추구를 넘어서서, 모든 신자들의 기도에 금식은 필수 불가결한 요소가 되어야 한다.

## 글로 기록하는 기도

시편이 존재하는 이유는 시편 기자들이 그들의 기도를 글로 기록하여 남겼기 때문이다. 혹자는 글로 기록된 기도문이 구시대의 산물이라 판단하고 "우리는 더 이상 그와 같은 기도를 할 필요가 없다."라고 말한다. 그렇지만 나는 다른 견해를 피력하고자 한다. 이는 기록된 기도에 놀라운 능력이 있다는 주장이다.

예컨대 기도하는 가운데 작성된 사명선언문을 교인 전체가 공유하게 된다면 목회에 많은 유익이 온다. 그 기도문이 교회의 집중사역과 목적을 상기시켜 주기 때문이다. 만일 중보기도팀이 교회의 지도자들이 동의하는 기도문을 작성해낼 수만 있다면, 그것은 교회 전체가 드릴 합심기도에 큰 원동력을 제공하게 될 것이다. 하나님의 백성들이 한 마음, 한 뜻, 한 목소리로 특정한 목표나 비전을 추구하면 그것이 성취되고 놀라운 결과가 창출될 것이다.

두 사람이 마주 앉는 겸상이 생각나는가? 글로 적은 기도는 마치 연애편지 같아서 참으로 아름답고 강력하다. 남편 고든이 나에게 편지를 쓰든지 시를 지어주면 나는 대단히 기분이 좋다. 사실 성탄절이나 내 생일 같이 특별한 날이면 남편으로부터 시 한 편을 받는 것이 우리 가정의 전통이 되어버렸다! 글로 마음을 전달하는 것만큼 아름다운 일도 이 세상에 없을 것이다! 그러므로 기도생활을 함에 있어서, 반드시 시간을 내어, 하나님께 아름다운 사랑의 기도편지를 띄워보기 바란다. 적혀진 기도에 능력이 있다.

### 창조적 예술과 기도

그림으로 그려져 화폭에 담긴 기도, 춤과 율동으로 드리는 기도는 어떤가? 나는 현대교회 안에서 보다 많은 예술적인 기도가 풀어지고 증가되어야 한다고 생각한다. 대부분의 사람들은 기도를 언어적인 의사소통에 국한시킨다. 그러나 젊은 세대들은 말보다는 시각적인 것이나 멀티미디어에 더욱 친근감을 느낀다. 그들은 친구와 전화로 대화를 나누며, 음악도 듣고, 텔레비전도 켜 놓고, 컴퓨터로 커뮤니케이션을 하면서, 숙제를 한다. 젊은이들을 기도의 집으로 인도하려면 창조적 예술을 사용해야 한다.

비유적으로 말하자면, 당신 개인의 집이라면 당신이 특별히 선호하는 색깔로 페인트칠 할 수 있으나, 단체로 기도하는 공동기도의 집의 경우는 다양한 색깔로 페인트칠해야 한다는 것이다. 그 형형색색의 색깔 중에는 당신이 개인적으로 싫어하는 색이 있을 수도 있다. 하지만 하나님은 당신의 색을 받아들이신 것처럼 당신도 받아들여야 한다. 이는 자녀들에게 자신의 방을 칠할 페인트 색을 스스로 고르라고 힘 때와 비슷하다. 자녀들이 선택한 방의 장식이나 선택한 색깔에 대해, 부모는 마음에 들어하지 않을 수도 있다. 그러나 자녀의 창의성을 짓눌러 숨막히게 하는 것은 옳지 않다고 생각한다. 부모는 약간의 지도를 해 줄 수 있을 뿐이다! 기도의 방을 장식하는 문제도 마찬가지이다. 개개인이 자신에게 맞고 선호하는 방식으로 기도의 집을 꾸며나가는 것이 바람직하다. 다른 이들의 눈에는 좀 이상스럽게 보인다 할지라도, 가장 중요한 것은 자신에게 맞느냐하는 것이기 때문이다.

나는 많은 사람들이 큰 종이에 그림을 그리며 예배하는 모습을 실제로 보았다. 그것은 매우 강력하고 깊은 예배였다. 나는 거룩한 춤으로 예배드리는 사람들도 많이 만났는데, 그것 역시 참으로 능력이 있었다. 우리는 이렇게 창조적으로 기도해야 한다.

## 노래기도

많은 음악인들이 자신들은 기도하기가 어렵다는 말을 했다. 나는 "문제는 당신의 그릇된 언어를 사용하려는 점입니다. 당신은 음악가이고 당신들의 언어는 음표와 음계입니다. 그러므로 기도하기를 원한다면 기타를 들고 무조건 연주하기 시작하세요. 혹은 키보드 앞에 앉아서 연주하기 시작하세요. 당신은 곧 기도하게 될 것입니다. 당신이 연주할 때 기도의 분위기가 살아나고 당신의 영은 말하기 시작할 것입니다. 당신은 적당한 말을 찾지 못했다고 말합니다. 그러나 당신은 매순간 키보드 앞에 앉습니다. 나는 그 기도를 들을 수 있습니다." 나는 음악을 통해서 하나님과 대화하는 것이 가능하다고 믿는다. 특히 음악을 전문으로 하는 사람의 경우는 더욱 그럴 것이다.

나의 경우도 이따금 언어로 표현이 잘 되지 않을 때는 기도하다가 찬양을 하기 시작한다. 종종 찬양 CD를 틀어놓고 따라서 부른다. 적어도 나의 경우 음악은 기도의 언어가 흐르도록 도와준다. 물론 사람마다 기도 줄을 다시금 잡게 마련해 주는 계기들이 다를 것이다. 혹자는 보는 것에 의해 자극을 받기도 하고, 진동하는 소리, 화려한 색깔, 아름다운 그림을 통해 영감을 받기도 한다. 물론 찬양을 통해 영감을 받는 경우도 있다.

당신의 기도를 돕는 제동기는 무엇인가? 영적으로 활기를 불어넣는 분위기는 어떤 것인가? 그런 것들을 당신의 기도의 집에 두라.

기도에 도움이 되는 촉진제

기도를 돕는 촉진제 역할을 하는 것이 많다. 여기에 몇 가지를 나열해 보고자 한다.

- 표제어를 가진 기(旗)
- 선교 보고서 / 선교 뉴스속보
- 지역사회의 지도
- 지구본 혹은 여러 나라의 국기들
- 가족사진
- 간증문들
- 이웃을 위한 도보기도
- 집중된 연구계획을 세워 기도의 삼겹줄을 형성하는 것
- 각양의 정보를 담은 기도 스크랩북
- 신문기사 / 통계자료
- 기도부탁을 받은 문서

이러한 것들은 더 넓은 차원의 기도를 촉발해내는 도구로 사용되어질 수 있다. 어느 것이 당신의 기도의 집을 세울 수 있는 가장 효과적이고 실용적인 것인지 찾아보라. 하나님께서 당신의 기도의 집에 새로운 창조적인 호흡을 부으시도록 기도하라.

하나님 아버지, 오늘 다시 한 번 주님께 부탁드립니다. 기도하는

법을 가르쳐주소서. 나만의 스타일로 하나님과 가장 효과적인 의사소통을 하는 법을 습득하고 싶습니다. 아버지, 기도의 언어를 개발시켜 주시고, 기도에 많은 영적 체험도 더하소서. 기도의 집에서 기도를 즐길 수 있도록 인도하여 주시고, 기도의 장소에서 하나님의 진동하는 열정과 따듯한 사랑을 항상 느끼도록 축복하여 주소서. 예수님의 이름으로 기도한다. 아멘.

# 03

# 기도의 큰 그릇이 되기 위한 준비
Being Prepared as a Vessel for Prayer

　당신이 하나님께 기도하는 법을 가르쳐 달라고 요청하면 하나님은 당신의 삶에 손을 대시고 당신을 기도의 그릇으로 만드실 것이다. 이것은 참으로 흥미진진한 여정이다! 그렇지만 많은 이들이 "나는 기도체질이 아니다."라고 하면서 뒤로 물러서버린다. 그것은 결코 진실이 아니다. 만약 당신이 그렇게 느끼고 있다면 당신은 하나님의 손길이 필요한 사람이다. 그리고 하나님께서 인도하실 것이다. 필사적으로 기도하고 싶은 열망과 기도하지 않으면 안 된다는 의무감 사이에는 하늘과 땅 만큼의 큰 차이가 있다. 기도에로의 열망이 불타오르려면 하나님께서 당신을 만져주셔야 한다. 하나님께서 당신을 만지시도록 허락하라. 그러면 반드시 기도의 큰 그릇이 될 것이다. 이제 나의 간증을 하나 하고자 한다. 이것이 도움이 되기를 바란다.

1984년에 남편 고든과 나는, '열방을 위한 그리스도'(Christ for All Nations)의 창시자인 라인하르트 본케 목사와의 동역을 위해 아프리카의 짐바브웨에 도착했다. 그 당시 나는 24세였고, 나와 남편을 "세상을 변화시키는 능력의 종들"로 스스로 천거했다. 우리는 "짐바브웨야, 잘 봐라. 우리가 나가신다!"라는 태도로 그곳에 갔다. 그러나 그로부터 6주 후에 심각한 교통사고를 당하여 과연 내 생명을 부지할 수 있을지 알 수 없는 상황에 빠져버렸다.

우리가 '하라레'라는 지방에서 부흥집회를 열었던 날짜는 1984년 10월 27일이었다. 그 집회에는 약 2만 5천명이 참석했는데 하나님께서 많은 기적을 베풀어 주셨다. 집회를 마치고 막 집에 도착했을 때, 집 앞에서 자동차 사고가 나 있었다. 우리가 목격한 광경은 무가베 대통령의 정부요원들이 중경상을 입은 모습이었다. 우리는 즉각 응급처치를 해주었다. 그런데 내가 찌그러진 자동차 안에서 사람을 꺼내려는 순간, 언덕 위쪽에서 내려오던 7톤짜리 군용트럭이 청소차량을 들이받았다. 물론 다음 순간 어떤 일이 일어나리라는 것은 짐작했으나, 너무 순간적으로 발생한 돌발 사고였기에 미처 그 자리를 피하지 못한 나는 청소차와 먼저 사고 난 차량 사이에 껴버렸다.

그 충격으로 엉덩이는 모두 뭉개졌고, 두 다리의 여러 부분이 부러졌다. 자동차 사고가 난 것을 보고 도와주다가, 졸지에 내가 앰뷸런스에 실려 가는 신세가 된 것이다. 그 당시 나는 하나님께 이렇게 말씀드렸다. "하나님, 나는 이렇게 멀리 아프리카에까지 세상을 변화시키러 왔습니다. 그런데 도대체 일이 어떻게 되가는 건가요?"

시초에는 부서진 뼈가 주요 문젯거리인 줄 알았다. 석고로 깁스를 한 후에 의사들은 나에게 3개월에서 4개월이면 뼈가 붙을 것이라고 했다. 그렇지만 그 후에도 나는 상당 기간 휠체어에 앉아서 생활을 해야 할 거라고 했다. 그 당시 내 딸 니콜라는 생후 6개월이었는데, 대체 그 아이를 어떻게 돌봐야 할지 난감했다. 그런데 사고 발생 후 12시간이 경과했을 무렵 합병증이 발생했다. 뼈가 부러지면 종종 지방 세포가 혈관으로 유입되어 지방 색전증(塞栓症: embolism)을 일으킨다고 한다. 그 지방은 혈관을 타고, 위, 심장, 심지어는 뇌까지 침입하여 생명을 위독하게 만들기도 한다는 것이다. 불행히도, 나는 다양한 색전증에 기인한 혼수상태에 빠지게 되었다. 3일간 혼수상태였던 나의 반응이 점차 감퇴되는 것을 관찰한 의료진은 깊은 우려를 표명하기 시작했다. 뇌 사진을 찍었는데, 검사결과 뇌의 손상 정도가 심하기에 곧 사망할 것이라는 진단이 내려졌다. 병원 측은 나의 가족들에게 나의 임종을 준비할 것을 통보하는 전문을 보냈다.

이상하게 들릴지 몰라도, 나의 모국인 영국이 아닌 짐바브웨에서 교통사고가 발생한데 대해 나는 감사하지 않을 수 없다. 물론 영국에 있었으면 더 나은 의료진으로부터 치료를 받을 수 있었다. 그러나 나는 아프리카에서 사고를 당한 것을 더 다행으로 생각한다. 왜냐하면 아프리카에서는 영국보다 더 나은 기적적인 치유를 받을 수 있었기 때문이다. 아프리카의 성도들은 강한 권위로 열정을 다해 하나님을 붙잡고 몇 시간이고 나를 위해 기도해 주었다. "레이첼은 죽지 않는다. 그녀는 반드시 살아날 것이다." 그리고 그 일은 일어났다. 나는 아프리카에 그저 6개월 남짓하게 머물렀기에 그들은 나를 잘 알지 못했다. 그러나 나중에 알게 된 사실이지만, 하라레 지역의 5개 교회가 연합하여 나의 건강이 회복되기까지 밤낮으로 하늘의 문을 두드렸다는 것이다. 천 명이 넘는 사람들이 24시간 동안 쉬지 않고 하나님의 기적을 바라며 나를 위해 기도를 드렸다!

나의 부모님은 사고 소식을 접하자마자 곧 영국을 출발하여 아프리카의 하라레에 도착했다. 믿음의 사람인 아버지는 나의 병상 끝 모퉁이에서, 시편 118편 17-18절의 말씀에 의거하여 다음과 같이 선포하였다.

레이첼, 너는 죽지 않을 것이다. 너는 주를 위해 살면서 주께서 너에게 하신 일을 선포할 것이다. 주께서는 너를 엄히 징계하셨어도, 너를 죽게 버려두지는 않으실 것이다.

그 말씀이 선언되고 5시간이 지난 후로부터 나는 온전히 제정신으로 돌아왔다. 하나님이 나를 치유하셨다. 물론 두 다리는 부러졌지만 생명을 위독하게 하는 색전증(塞栓症: emboli)으로부터 하나님은 나를 구해주셨고, 즉시로 뇌의 기능을 정상으로 회복시켜 주셨다.

몇 년간 그렇게 병상에 머물며 점차로 몸이 회복되는 것을 경험했고, 마침내 온전히 회복되었으나, 그 이후로도 부러졌던 뼈들이 서로 짜 맞춰지고 밀착되기까지 나는 8개월간을 휠체어에서 생활해야만 했다. 휠체어에서 일어선 후에도 걷는다는 것은 나에게는 엄청난 고통이었다. 그렇지만 다시 두 발로 서게 되자마자 나는 남편 고든과 함께 라인하르트 본사 본케 목사와 동역하기 위해 돌아가기로 결정했다. 처음에는 아프리카에서 사역을 했고 그 다음에는 필리핀으로 갔다. 그 불의의 사고를 당한지 4년이 흐른 후에 찰스와 프랜시스 헌터 부부는 나를 위해 기도해 주었고, 하나님께서 강하게 만져주셨다.

그 당시 헌터 부부는 필리핀을 방문 중이었는데, 우리 부부도 그들의 집회에 초청을 받았다. 그때까지만 해도 전혀 알지 못했던 찰스 헌터는 내게 다가와 단도직입적으로 "실례합니다. 말씀 좀 묻겠습니다. 혹시 교통사고로 몸이 다치신 적이 있지 않나요?"라고 물어보았다. 그 말에 나는 충격을 받았다. "네. 그런 적이 있습니다." 그러자 그는 나를 위해 기도해 주고 싶다고 말한 후 그는 손을 뻗어 나의 다리를 만지며 안수기도를 했다. 안수기도를 받으면서 나는 어떠한 것도 전혀 느끼지 못했다. 그렇지만 찰스 헌터는 안수기도를 마친 후에 "내가 당신을 위해 기도해 주기 전에 할 수 없었던 몸동작 같은 것을 한 번 시도해 보라."고 말했다.

그 끔찍한 교통사고를 당한 뒤로 나는 특수신발을 신지 않고는 걸을 수 없었다. 왜냐하면 오른쪽 다리가 뒤틀려졌고 왼쪽보다 짧아졌기 때문에 오른발을 땅에 디딜 수 없었다. 나는 먼저 왼쪽 신발을 벗었고 다음에는 오른쪽 신발을 벗었다. 교통사고를 당한 후 처음이었다. 그 순간 나는 하나님께서 기적적으로 나의 오른쪽 다리에 힘을 넣어주시고 그 길이를 연장시켜 주셨다는 사실을 알게 되었다. 그 이후로 지금까지 나는 큰 고통 없이 정상적으로 잘 걸어다니고 있다.

하나님은 참으로 많은 놀라운 일을 내게 베풀어 주셨기에 나는 내 중심으로부터 우러나오는 무한감사의 마음을 품고 살아간다. 나는 "놀랍다. 성도들이 나를 위해 기도해주니, 죽을 내가 다시 살아났구나! 하나님께서 나를 치유하셨어"하는 감격으로 살아간다. 나는 거의 죽음의 문턱 앞에까지 갔다가 하나님께서 기도를 들어주심으로 회생하게 되었기에 기도의 효용성을 믿지 않을 수 없게 되었다. 그렇지만 나 또한 인내의 기도로 하나님의 놀라운 치유의 능력을 경험하고 하나님과 친밀히 만났지만,

훈련된 개인기도 생활에는 어려움을 겪었다.

나는 열방을 위한 위대한 중보기도자가 되고 싶었지만 휠체어에 앉아 짐바브웨를 위해 5분간만 기도를 드려도 할 말이 동이 나 버리는 것을 경험했다. 나는 하나님 앞에서 이렇게 중얼거렸다. "주님, 무엇이 문제입니까? 나는 기도를 드리고 싶습니다. 나는 기도의 능력을 확실히 믿습니다. 그런데 왜 나는 기도를 드릴 수 없는 건가요?"

어느 날 난 좌절한 나머지 하나님 앞에서 부르짖었다. 그러자 어디선가 하나님의 음성이 선명하게 들려왔다. "레이첼, 너무 어렵게 기도하려고 하지 마라. 우선 먼저 내가 너의 마음을 만지고 사랑하도록 가르쳐주겠다." 그 순간 나는 깨닫게 되었다. 종종 우리는 하나님과 동행하면서도 신앙의 의무를 다하기 위해 우리 자신의 능력을 최대한 사용해 보려고 발버둥을 친다. 하나님은 초자연적인 능력으로 부어주시려고 기다리시는데 우리는 힘과 용기를 내어 하나님을 위해 무언가를 성취하려고 애쓴다.

좋은 기도는 마음의 상태에 달려 있다. 하나님이 타인에 대한 긍휼함을 우리 마음속에 넣어주시지 않는 한 우리는 절대로 중보기도에 성공할 수 없다. 하나님께서 당신의 마음을 만지시고 이혼의 아픔, 알코올중독자들의 허무감, 학대당하는 자들의 부르짖음을 이해하도록 가르치고 계신다. 다른 이들의 상한 감정이 느껴지기 시작하면 마음이 동하기 시작할 것이다. 그리고 당신은 기도의 자리로 나아가고 싶어질 것이다. 무언가가 변화될 때까지 당신의 마음을 하나님께 쏟는 희생을 하게 될 것이다.

나의 경우에 휠체어는 일종의 기도훈련 학교였다. 내가 배운 것은 이것이다. 아무리 기적을 베푸시는 하나님을 직접 만났다고 해도, 계속 효과적으로 기도의 자리에 머물기에는 그런 기적의 체험이라도 부족하다는 것이다. 이제 이 단원의 남은 부분에서는 기도의 도구로 사용되기 위하여 하나님께서 만져주셔야 할 부분들에 관해 상세히 살펴보고자 한다. 물론 나는 하나님이 나의 삶을 어떻게 만져주셨는지를 간증하면서 이야기를 풀어가겠지만, 누구에게도 적용 가능한 일반 원리로까지 승화될 수 있기를 소망한다. 그렇기에 당신의 삶에도 반드시 적용해 보기 바란다. 기도는 먼저 당신을 변화시키고 그 다음에 상황을 변화시킨다는 사실을 기억하라.

## 기도용사의 5가지 특질

### 1. 사랑

하나님은 모든 중보기도의 용사들 속에서 아가페 사랑을 찾길 원하신다. 하나님은 그분이 우리를 사랑하시는 것과 같이 우리가 사랑하도록 가르치십니다. 왜 아가페 사랑이 필요할까? 모든 인간들은 이기적이다. 사실 하나님 앞으로 더 가까이 다가가면 갈수록 우리는 자신이 상당히 이기적이라는 사실을 더 많이 깨닫게 된다. 중보기도는 근원적으로 희생이다. 받는 것보다 주는 것이다. 효과적인 중보기도는 이타적인 동기에서 출발한다. 잘 알지 못하는 사람, 까다로운 사람, 그리고 우리를 대적하는 사람을 사랑한다는 것은 참으로 어려운 일이다. 그런 이들을 사랑한다는 것은 자연적인 인간의 성정에 맞지 않는다. 이타적인 사랑에 기반을 둔 중보기도의 원동력이 하나님으로부터 나와야만 하는 이유가 바로 여기에 있다. 하나님의 아가페 사랑만이 인간의 본성을 뛰어넘게 만든다.

하나님의 사랑은 믿음을 통하여 받는 것으로 많은 사람들이 떠올리는 "사랑"이라는 단어가 지닌 감정적인 느낌과는 완전히 분리된다. 다른 모든 종류의 성령의 은사와 마찬가지로 이것도 성령님께 마음 문을 열고 믿음으로 받는다. 이것은 당신이 그분으로부터 받는 어떤 종류의 은사들을 사용하는 것과 같이, 당신은 하나님의 사랑의 은사를 당신의 의지의 행동을 통해 다른 사람에게 줄 수 있다(예를 들어, 신유의 은사는 자기 자신을 병을 고치는 데 사용되지 않고 남을 고쳐주는 데 주로 사용된다-옮긴이). 당신이 원하든 원치 않든 간에 당신은 다른 사람을 사랑하기로 선택할 수 있다. 이러한 사랑의 선택은 개인뿐만 아니라 지역 공동체 전체로 확대 적용될 수 있다. 그뿐만 아니라, 도시와 나라 전체로까지 그 영역을 확대할 수 있다. 나라 전체를 너무 사랑하여 하나님 앞에서 온 마음을 쏟아 부을 정도로 감동되어 있는가? 성령님이 도와주시면 그렇게 될 수 있다. 이것은 자연적 능력이 아니라 성령의 은사이기 때문이다.

예수님으로 십자가를 지도록 한 것도 바로 이 깊은 사랑의 마음이다. 예수님이 원하지 않으셨다면 아무도 예수님을 못 박을 수 없었다. 그렇지만 인류를 향한 깊은 사랑의 마음과 사명과 소명으로 인해 예수님은 십자가를 저항하지 않으셨다. "하나님이 세상을 이처럼 사랑하사…." 그런 사랑이 예수님으로 십자가를 견디도록 해준 것이다. 이것이 흘러넘치는 사랑의 계시이며 유일한 사랑이다. 이 사랑으로 인해 당신은 타인을 위한 중보기도에로 무릎을 꿇을 수 있다. 물론 중보기도자들에게도 일상생활의 중요하고 급박한 일들이 발생한다. 그럼에도 불구하고 중보기도로 나아가는 것은 사랑이 가득하여 울부짖는 하나님의 그 부르심 때문이다.

모든 사랑에는 가격표가 붙여져 있기에 당신에게 어떤 지불을 요구할 것이다. 예컨대 참된 결혼생활을 영위하려면 그 대가를 지불해야 한다. 부모로서 자녀를 제대로 키우려면 그에 합당한 대가를 지불해야 한다. 딸을 가진 모든 아버지들은 당신께 사랑은 대가를 치러야 한다고 말할 것이다! 사랑이 예수님으로 하여금 목숨이라는 대가를 치르게 했다. 아가페의 사랑도 당신에게 뭔가를 지불하도록 대가를 요구할 것이다. 하나님의 사랑은 이따금 성도로 하여금 목숨까지도 내놓는 대가를 치르게 한다. 특히 하나님의 우선권과 당신의 우선권이 맞아떨어지는 경우에는 더욱 그렇다. 왜냐하면 하나님의 무조건적인 사랑은 당신을 더 높은 수준의 고매한 삶으로 부르기 때문이다. 하나님의 사랑은 당신으로 하여금 안락한 일상생활을 뛰어넘게 만든다.

그래서 우리는 종종 기도하는 은혜에 관해 오해하는 경우가 많다. 그것은 중보의 기도가 마치 우리들의 내면세계로부터 흘러나오는 것처럼 생각하는 경우이다. "그녀는 열정이 넘치는 사람이기 때문에 중보기도자야." 그렇지만 나는 성격이 중보기도의 자질을 결정짓는다고 생각하지 않는다. 중보기도는 하나님 아버지와의 접속을 통해 흘러나오며 그분의 마음으로부터 나오는 사랑의 사역이다. 물론 그 하나님의 사랑은 당신의 마음을 통해 다른 사람에게로 흘러 들어간다. 남달리 더 자애로운 성격을 가졌다든지 남달리 더 긍휼함이 많은 사람이 있을 수 있다. 그러나 중보기도의 근원이 오직 개인의 타고난 성격에만 기인한다면 그 중보기도자는 얼마 안 가서 지치게 될 것이다.

하나님의 사랑으로 동기부여를 받아서가 아니라 자신의 천성적인 성격을 따라 중보기도를 드리다가 지친 많은 중보기도자들을 나는 만나보았다. 당신도 그들의 전철을 밟는다면 틀림없이 심한 피곤함을 느끼게 될 것이다. 타고난 좋은 성격에도 불구하고 모든 이들은 늘 하나님의 사랑에 연결될 필요가 있다. 그렇다면 하나님의 사랑이 우리 마음 안에 조성되게 하려면 어떻게 해야 하나? 나는 아래의 세 단계가 중요하다고 생각한다.

▶ **감정적으로 반응하지 말고 오직 하나님의 지시를 따를 것을 결심하라**

하나님이 원하시는 기도의 영역은 어디인지 하나님께 먼저 물어보아야 한다. 그리고 그 영역에서 영향력을 발휘하도록 하나님의 사랑을 받아들이라. 모든 사람에게는 인생의 시절이 있다. 당신의 시절에 알맞은 기도를 드릴 수 있도록, 하나님께 적합한 기도제목을 달라고 요청하라. 절대로 죄책감이나 자기연민에 빠지지 말기 바란다. 당신의 감정이 무엇이든 일단 하나님께로 가져가 보라. 그리고 구체적인 상황에서 당신의 책임이 무엇인지 하나님께 물어보라.

▶ **용서하라**

진정으로 하나님의 사랑을 알고 느끼기 원한다면 흔쾌히 용서하는 자가 되어야 한다. 용서는 자기 마음대로 선택할 수 있는 그런 감정이 아니다. 타인과 문제가 발생한 경우 당신이 용서하지 않는다면, 당신은 용서하지 않는 분위기에 갇히게 될 것이다. 일단 그런 부정적인 분위기에 얽매이면 다른 모든 종류의 사랑도 함께 얼어붙어 버린다. 그 용서하지 못함이라는 근원적인 문제가 처리되지 않으면 점차 사회적으로 고립되기도 한다. 사랑을 주고 받으려면 반드시 용서라는 문을 통과해 나가야 한다. 그러다 보면 하나님으로부터 무조건적인 사랑을 받는 문도 함께 열릴 것이다. 그때가 바로 비로소 중보기도가 다시 가능하게 되는 시점이다.

### ▶ 두려움의 공포를 극복하라

두려움은 우리의 삶에서 가장 무너뜨리기 어려운 견고한 진이다. 두려움에 휩싸여 있을 때는 효율적으로 기도를 드릴 수도 없고, 기도에 응답해 주시는 좋으신 하나님 아버지의 얼굴을 구하기도 힘들다. 사도 요한은 사랑과 두려움이 서로 상극이라는 점을 보여주면서, 삶을 옭아매는 두려움으로부터 해방되려면 하나님의 사랑이라는 계시를 받아야 한다고 역설했다(요일 4:16-19). 두려움은 가차 없이 다루어져야 한다. 만일 당신의 마음의 한 영역을 두려움이 장악하고 있다면 어떤 일이 발생할 것 같은가? 하나님의 사랑이 그 자리에서는 빛을 발할 수 없을 것이다. 사랑과 두려움은 서로 상반된 것이기 때문이다.

당신의 삶에도 두려움이 자리 잡고 있는 곳이 있다면 그곳에 광대한 하나님의 사랑이라는 특별한 계시가 비추어져야 한다. 예를 들자면 돈에 대해 많이 걱정하고 있다면, 하늘 아버지가 필요를 채워주시는 분임을 인정하는 계시가 필요할 것이다. 일단 당신의 '아빠'가 당신을 위한 하늘의 공급자이시라는 진리가 당신의 마음을 장악하게 되면 재정문제로 인하여 야기된 두려움의 권세는 깨어지게 된다.

### 열매가 아닌 뿌리에 집중하기

흔히 우리는 사랑의 증거나 열매에 집중하며, "하나님, 나를 더욱 사랑스러운 자로 만들어 주세요."라고 간구한다. 더욱 풍성한 사랑이 우리의 삶을 통해 나타나기를 바라기 때문이다. 그리고는 즉시 갈라디아서 5장 22절의 "그러나 성령의 열매는 사랑과 기쁨과 평화와 인내…"를 떠올린다. 그렇지만 나는 우리가 에베소서 3장 16-17절을 기억하기 원한다.

특히 마지막 부분인 "사랑 속에서 뿌리를 박는" 것에 관해 언급하고 싶다. 정원사라면 누구나 통상적으로 다 아는 이야기지만, 열매가 제대로 열리지 않는 경우 뿌리에 문제가 있는 경우가 많다. 그러므로 풍성한 수확을 원한다면 뿌리가 박혀있는 그 토양에 투자해야 한다. 타인들에게 하나님의 사랑을 나타내 보이기 원한다면, 이 사랑의 계시 안에 당신 자신이 깊이 뿌리를 내리고 있어야 한다. 사도 바울은 이렇게 말한다.

> 그분의 풍성한 영광으로, 그분의 성령을 통해 여러분의 속사람을 능력으로 강건하게 해주시고, 믿음으로 말미암아 그리스도를 여러분의 마음속에 머물러 계시게 해주시기를 빕니다. 여러분이 사랑 속에 뿌리를 박고 터를 잡아서.

만일 당신이 하나님의 사랑 속에 깊이 뿌리를 박고 터를 잡았다면 당신의 삶에 어떠한 종류의 열매가 맺히리라 생각하는가? 그것은 하나님의 사랑이라는 열매일 것이다! 그러므로 확고히 뿌리박힐 필요가 있다. 기도의 자리는 하나님께서 당신과 의사소통을 하시며, 하나님께서 당신을 얼마나 사랑하시는지 말씀해 주시고, 다양한 계시로 그러한 것을 직접 보여주는 곳이다. 일단 하나님의 사랑 안에 깊이 뿌리를 내리면 큰 노력 없이도 당신의 삶 속에는 그의 사랑의 열매들이 주렁주렁 달리게 된다. 살아계신 하나님과의 그러한 마주침을 경험한 후에는, 당신의 삶에 은혜가 임하여 도저히 사랑할 수 없는 사람도 사랑하게 되고, 못마땅한 사람도 용납하게 되고, 반항하는 사람도 끌어안게 되는 기적이 일어난다. 왜냐하면 그 놀라운 하나님의 사랑이 당신의 영혼 속에 충만하기 때문이다. 기도는 당신이 당신의 삶을 기도에 헌신하도록 변화시키며, 당신의 기도는 당신의 사랑의 능력을 변화시킬 것이다.

## 2. 긍휼함

우리가 기도할 때에 하나님께서 우리의 영혼 안에 가꾸기 원하는 성품은 바로 긍휼함이다. 1990년에 하나님께서는 나에게 한 가지 환상을 보여주셨는데, 그것은 타인을 긍휼히 여기며 울부짖는 중보의 기도군단이었다. 그 환상에서 하나님은 열방으로부터 평범한 사람들을 불러 모으고 계셨다. 그들은 각양각색의 배경을 가진 사람들이었는데, 빈부귀천이나 남녀노소를 막론하고 다양한 사람들로 구성된 군대였다. 그뿐만 아니라 인종적으로도 다양했는데, 미국, 아프리카, 아시아, 유럽 등 각지에서 온갖 부류의 사람들이 몰려와 무릎으로 기면서 행진하고 있었다! 하나님 앞에 울부짖으며 행진하는 그들의 눈에서는 눈물이 흘러내려 그들의 볼을 적셨다. 그때 하나님께서는 나에게 "레이첼, 진정으로 승리하며 행진하는 영적 군대는 긍휼함이 차고 넘쳐서 무릎으로 행진하는 군대이다."라고 말씀하셨다.

주님께서는 무릎 꿇는 행위는 기도, 겸손, 그리고 섬김을 상징한다고 말씀해 주셨다. 그리고 눈물은 긍휼함을 상징한다고 하셨다. 대부분의 사람들이 영적 영향력을 행사하려면 막대한 양의 기도를 해야 한다고 생각한다. 그러나 깊은 긍휼함을 가지고 조용히 무릎 꿇는 기도의 군사들이, 사단의 나라에 더 큰 손상을 끼칠 것이다.

만일 하나님의 아가페 사랑이 당신의 영혼 속에 흐르고 있다면, 당신의 몸과 마음을 통해 긍휼히 여김이 흘러나올 것이다. 긍휼함은 우리의 손을 통해 표현되는 하나님의 사랑이다. 사람들은 '값싼 동정'과 '진실로 측은히 여기는 마음'을 직감적으로 구분해낸다. 나처럼 오랫동안 휠체어에서 생활해 본 사람은 경험적으로 그것을 안다. 진정한 긍휼함은 하나님께서 우리의 내면에서 일하실 때에 자연 발생되어 타인을 돌볼 수 있는 능력을 발생시킨다. 이것이 절망의 바다로 침몰하는 무리들을 만났을 때 예수님의 마음을 가득채운 것이었다.

> 예수께서 무리를 보시고 그들을 불쌍히 여기셨다. 그들은 마치 목자 없는 양과 같이 고생에 지쳐서 기가 죽어 있었기 때문이다. 그래서 제자들에게 말씀하셨다. "추수할 것은 많은데, 일꾼이 적다. 그러므로 너희는 추수하는 주인에게 일꾼들을 그의 추수 밭으로 보내시라고 청하여라."　　　　　　　　　　－마 9:36-38

얼마 전에 위의 성경구절에 관한 특이한 점을 발견했다. 사람들은 늘 하나님께 대 추수를 위해 자신을 보내달라고 구하고 있지만 하나님의 부르짖음은 다르다. "추수할 일꾼은 내가 보낸다. 추수 밭은 무르익었고 이미 추수할 때가 되었다."

그렇다면 추수할 밭으로 접근하지 못하는 이유는 무엇인가? 그것은 이미 곡식이 무르익어 추수하게 되었다는 사실을 인식하지 못함이다. 다른 말로 하자면, 주변의 사람들과 너무 친숙하게 되어 그들이 영적으로 무르익었다는 사실을 알지 못함이라는 말이다. 하나님께 대 추수에 대해 구하면 하나님께서는 "바로 네 눈앞에 있다"라고 대답하신다. 긍휼히 여기는 눈이 열리기만 하면, 목자 없는 양과 같은 무수한 영혼들이 보이기 시작한다! 그들은 진리로 인도해 줄 사람을 목매어 기다리고 있다.

긍휼함은 문자적으로 "타인의 곁에서 함께 고통을 받음"이라는 뜻이다. 이는 타인을 아래로 깔아뭉개는 식으로 동정하는 게 아니고, 어깨에 팔을 두르고 감정을 이입하여 공감하며 그들의 고뇌에 동참하는 행위이다. 긍휼함은 동시에 "내적 감동"을 주는 행위이기도 하다. 그러므로 이는 함께 느끼고 함께 영향을 받으면서도, 친절과 배려와 자비를 베풀어, 참고 견디어 나갈 수 있도록 지원해 주는 행위를 포함한다. 긍휼함은 원거리에서는 작용하지 않는다. 가까이 연결되어야 한다. 예수님께서는 그가 속했던 지역사회의 무리들의 실상을 보시고 마음이 움직이셨다고 성경은 기록하고 있다. 그 당시 민중의 척박한 환경은 예수님의 마음의 중심을 건드렸고, 뭔가 도와주지 않으면 안 되겠다는 결심을 하게 했다.

나의 경우에 하나님께서는 긍휼히 여기는 마음을 내 안에 가득 채우기 위해 많은 일을 하셔야 했다. 나는 원래 실험실에서 일하는 연구원이었다. 대학에서 생화학을 전공했고, 졸업 후에는 수년간 호르몬 연구의 분야에서 임상 생화학자로 재직했다. 그렇기에 나는 천성적으로 논리적이고 조직과 행정은 좋아하지만, 인생의 문제를 느끼거나 감동을 주고받는 일에는 익숙하지 않은 사람이었다. 나는 대단히 합리적 사고를 하는 사람이고 "그냥 대충대충 원만하게 살자."라는 주의를 가진 사람이었다. 그러나 휠체어에 앉아서 생활하며 인생에 대하여 참으로 많은 것을 배웠다. 휠체어에 앉기 전에는 자신만만하고, 독립적이며, 나 자신의 능력을 믿었던 나였지만, 휠체어에 앉게 된 이후로는 아주 간단한 일에도 도움이 필요했다. 그로 인해 하나님으로부터 많은 것을 배우는 기회를 얻었고, 그것은 타인의 긍휼함 없이 나는 위험하다는 것이었다! 하나님은 나에게 책이나 시스템보다 인간이 더 소중하며, 모든 믿는 자들에게는 긍휼히 여기는 마음이 필수적이라는 것을 알려 주셨다.

이것은 모두가 배워야 한다. 각각의 인생항로는 나와 다를지 몰라도 하나님께서는 동일한 진리를 가르쳐주기 원하신다. 하나님께서는 우리에게 이웃을 사랑하고 그들을 긍휼히 여기는 태도를 가르쳐주기 원하신다. 긍휼히 여기는 사람은 마음이 상한 자들의 비밀을 지켜줄 수 있는 신뢰받는 사람이다.

아래의 세 가지 성경구절은 긍휼히 여기는 마음이 형성되는 세 단계를 잘 알려준다. 하나님께서 당신을 그 길로 인도하시기를 바란다.

▶ 에스겔 11장 19절

그 때에 내가 그들에게 일치된 마음을 주고, 새로운 영을 그들 속에 넣어 주겠다. 내가 그들의 몸에서 돌같이 굳은 마음을 없애고, 살같이 부드러운 마음을 주겠다.

하나님은 돌같이 굳은 마음을 제거해내고 살같이 부드러운 마음을 주기 원하신다. 그렇게 되기 위해서는 마음에 수술을 받고 고집불통으로 똘똘 뭉친 부분들이 제거되어야 한다. 그 돌같이 굳은 아집들은 편견, 적대감, 문화적인 장벽, 경제적인 빈곤, 상처를 주고받음 등을 통해 형성된 것이다. 하나님께서는 이것들을 부드럽게 하셔서 타인들의 필요에 응답하게 하신다. 돌같이 굳은 마음은 타인들의 고통을 느낄 수 없는 마음이지만, 살같이 부드러운 마음은 타인들의 고통을 느낄 수 있는 마음이다.

▶ 이사야 57장 15절

지극히 높으신 분, 영원히 살아 계시며, 거룩한 이름을 가지신 분께서 이렇게 말씀하신다. 내가 비록 높고 거룩한 곳에 있으나, 겸손한 사람과도 함께 있고, 잘못을 뉘우치고 회개하는 사람과도 함께 있다. 겸손한 사람과 함께 있으면서 그들에게 용기를 북돋우어 주고, 회개하는 사람과 함께 있으면서 그들의 상한 마음을 아물게 하여 준다.

하나님께서 사람들에게 긍휼히 여기는 마음을 주실 때에는 먼저 그 마음속의 타인을 자신보다 낮게 보는 교만한 마음을 제거하신다. 그리고 나서 하나님은 무조건적 사랑을 할 수 있는 그런 마음을 심어주신다. 기독교에서는 남을 동정할 때에 높은 곳에서 아랫사람에게 무엇을 하사하듯 그렇게 하는 경우가 없다. 긍휼히 여기는 마음을 가지려면 낮은 곳으로 내려가야 하며, 어려움을 당하는 사람과 함께 지내야 한다. 이사야 말씀은 우리에게 하나님께서 낮고 천한 자들과 지내면서 편안하셨다고 말한다. 우리 안에 조금이라도 교만한 마음이 들어있다면 하나님과 동역하기가 어려워진다. 거만하게 굴면서 진정한 긍휼을 베푼다는 것은 불가능하기 때문이다.

▶ 요한계시록 3장 16-18절

네가 이렇게 미지근하여 뜨겁지도 않고 차지도 않으니, 나는 너를 내 입에서 뱉어 버리겠다. 너는 풍족하여 부족한 것이 조금도 없다고 하지만, 실상 너는 네가 비참하고 불쌍하고 가난하고 눈이 멀고

벌거벗은 것을 알지 못한다. 그러므로 나는 네게 권한다. 네가 부유하게 되려거든 불에 정련한 금을 내게서 사고, 네 벌거벗은 수치를 가려 드러내지 않으려거든 흰옷을 사서 입고, 네 눈이 밝아지려거든 안약을 사서 눈에 발라라.

마지막으로, 하나님께서는 선입견이라는 편향된 태도를 고치기 원하시며, 눈 뜬 장님 같이 타인의 장점을 제대로 보지 못하는 점도 고치기 원하신다. 요한계시록 3장에서는 자신만만한 사람에 관하여 언급하고 있다. 그 사람은 "나는 부자다… 나에게는 부족한 것이 없다."라고 자만하고 있다. 그러나 하나님은 "너는 네가 장님인 것을 깨닫지 못하고 있다. 나에게로 오라. 그러면 내가 너에게 기름을 부어 너의 눈을 뜨게 하겠다."고 하신다. 때로 우리는 잘 살고 있다고 생각하지만, 하나님께서 우리의 마음을 보실 때, 전혀 다른 견해를 가지고 계신 경우가 많다. 하나님은 우리의 눈을 만지시고 우리의 영안을 밝게 해주기 원하신다. 하나님은 우리가 하나님께서 사람들을 바라보는 관점으로 그들을 바라보기 원하신다.

얼마 전에 슈퍼마켓에서 장을 보는데 한 여인이 데리고 온 3명의 아이들이 이리저리 뛰며 소란스럽게 하는 광경을 목격했다. 그 중에 특히 6살 난 아이는 얼마나 파괴적이고 불순종적인지 이루 말할 수 없었다. 그런데 그 아이에게 온갖 욕설과 협박으로 대꾸하는 그 엄마의 모습은 더욱 충격적이었다. 아이의 품행이 좋지 못할 때마다 엄마는 장황한 연설을 늘어놓았는데, 그 연설은 온갖 언어폭력으로 가득했다. 마치 기관총으로 사살하는 것 같았다. 수차례 그런 광경을 지켜보던 나는 더 이상 방관하고만 있을 수 없었다.

"아주머니"라고 부르면서 "아이들한테 좀 더 부드럽게 대해 주세요."
라고 말했다. 그러자마자 그녀의 눈이 번득이더니 눈알을 굴리며 나를 이
리저리 훑어보는 것이었다. 그렇지만 나는 그녀의 손을 붙잡고 부드럽게
말을 건넸다. "들어보세요. 당신을 비난하려는 게 아닙니다. 나도 두 아
이의 엄마인데, 쇼핑을 데리고 나가면 아이들이 말썽을 피우던 그 시절을
기억합니다. 그리고 분노로 인해 오랜 세월동안 고통을 당했습니다. 당신
을 비난하려는 의도는 전혀 없어요. 그저 더 나은 길을 모색해보자는 것
뿐이에요." 그녀는 내 눈을 물끄러미 쳐다보며, 내 속에 상대를 교정해보
려는 의도가 없고 단지 연민의 정이 흐르는 것을 감지하고는, 눈물을 글
썽이며 울기 시작했다. 나는 그녀에게 이렇게 말했다. "세 아이의 엄마로
서 잘 살아가도록 하나님의 은혜를 구하는 기도를 함께 드려도 될까요?
하나님은 당신의 입술에 긍정적인 말을 넣어주셔서 아이들을 훌륭하게
키우고, 아이들이 자라나서 당신이 그들의 자랑거리가 되게 해 주실 것입
니다." 그녀는 그 자리에 머물러 서서 나로 하여금 그녀를 위하여 기도하
도록 허락했다. 마지막으로 그 어머니는 나에게 "감사합니다. 나도 나에
게 도움이 필요하다는 사실을 알고 있었습니다."라고 말했다. 이렇게 진
정한 긍휼함은 언제나 영적 돌파를 이룰 것이다.

### 3. 자비

자비와 긍휼함은 서로 밀접하게 연결되어 있다. 이전의 이야기에서
자비가 긍휼히 여기는 마음과 함께 등장하는 것을 보았다. 자비를 바라는
기도는 "오, 하나님. 그들을 포기하지 마시고 구원해 주세요."라고 울부
짖는 것이다. 상대방에게 징벌을 가할 수 있는 힘이 있는데도 불구하고

관대함을 보이는 것이 자비이다. 예를 들어 약속 시간에 늦어 허겁지겁 과속으로 운전하다가 경찰에 적발되어 티켓을 발부받게 되었다고 가정하자. 경찰이 "과속운전이십니다."라고 하면서 티켓을 발부하기 위해 당신의 인적사항을 기재하기 시작했다면 그 시점에서 당신의 기분이 어떻겠는가? "아주 딱 걸렸구나. 나는 티켓을 받아도 싸지."라는 생각이 들지도 모른다. 그렇지만 만일 경찰관이 티켓을 발부하는 대신, "걱정하지 마세요. 제가 티켓 값을 대신 내드리겠습니다."라고 했다면 어떠할까? 참으로 이상하게 들릴지 몰라도, 곤란함이 경감되고 천만 다행이라는 생각이 들 것이다. 위법에 대한 벌금을 지불해야 한다는 것은 자명한 사실이다. 그러나 자비를 통해 처벌을 면제받는 경우도 있다. 자비라는 것은 참으로 놀라운 것이다. 우리 모두는 타인들에게 자비를 베풀어야 한다.

    종교는 자비보다는 심판에 관계한다. 왜냐하면 종교란 종교적인 규율을 지키는 것에 관계된 것이기 때문이다. 규율을 어기면 물론 그 대가를 치러야 한다. 흔히 우리는 다른 사람을 위해 기도할 때 매우 종교적으로 한다. 왜냐하면 실제로 우리는 그들이 그들의 잘못에 대한 대가를 치르기를 원하기 때문이다. 그러나 하나님께서는, 우리의 기도의 삶에 우리의 마음에 너그러움을 넣어주기 원하신다. 우리는 "주님, 그들이 나에게 어떻게 했는지 다 아시죠!"와 같은 태도를 가져서는 안 된다. 그러므로 기도를 드릴 때는 먼저 하나님의 자비하심을 맛보아 알아야 한다. 하나님은 비판적인 태도로 우리를 대하지 않으신다. 하나님께서는 기도로 하나님 앞에 나오는 모든 이들에게 관용을 베푸시기에, 기도하는 모든 사람은 타인에게 관용을 베풀 수 있게 된다.

    최근에 하나님께서는 다음과 같은 표어를 전 세계의 기독교인들에게 주고 계신다. "하나님은 당신을 있는 모습 그대로 사랑하십니다. 그렇지만 그 하나님의 사랑은 너무나도 크고 깊기에, 당신은 있는 모습 그대로 머물러 있지 않게 될 것입니다." 타인을 위한 중보기도는 이것을 반영한다. 타인을 있는 모습 그대로 인정하고 받아주기는 하지만, 동시에 하나님의 자비로 인하여 그 타인이 올바른 사람으로 변화되도록 기도를 드리는 것이다. 개인적으로 나는 이러한 것들을 하나님으로부터 직접 배웠다. 지난 몇 년 동안 마약중독자, 동성연애자, 그리고 많은 깨어진 이들을 위해 중보기도를 드려왔다. 이 경험을 통해, 한편으로는 하나님께서 그들의 삶을 만져주시고 축복해 주시기를 기도드리지만, 다른 한편으로는 "다 자기가 뿌린 씨앗을 자기가 거두어드리고 있는 것뿐이지!"라는 비판적인 생각을 하고 있다는 것을 알게 되었다. 그래서 그럴 때마다 이런 생각을 해보았다. '나 자신은, 실수의 씨앗을 뿌린 것마다 모두 실패의 열매를 거두고 싶은가?' 물론 그러고 싶지 않는다! 그러므로 중보기도 시에는 남을 판단하거나 비판하는 태도를 견지하고, 자비가 넘쳐 흘러나오는 태도를 유지해야 한다.

하나님이 우리의 태도를 문제 삼지 않으시면 우리 대부분은 아마 요나 같은 사람이 될 것이다. 오늘날에도 예언적인 사람들은 그들이 선포한 회개의 메시지가 하나님으로부터 온 것이라는 것이 증명되기를 원한다. 그래서 사람들에게 벌이 가해지는 것을 보고 싶어 한다. 그렇지만 하나님이 주시는 도전적인 말들은 회개를 촉구하는 엄중한 설득이다. 그것이 예언적인 심판경고의 원래 목적이다. 돌이키고 회개하면 하나님은 심판 대신 자비를 베풀어주신다. 그와 동시에 예언자의 임무는 끝이 난다.

야고보서 2장 13절은 "심판은 자비를 베풀지 않는 사람에게는 무자비합니다. 그러나 자비는 심판을 이깁니다."라고 기록되어 있다. 그러므로 믿음직스러운 기도의 그릇이 되려면, 중보의 기도를 드리기 전에 먼저 하나님께 자신의 비판적인 태도나 남을 판단하는 태도를 고쳐달라고 요청해야 한다.

### 4. 동일시

동일시는 우리의 긍휼함의 실제적인 경험이다. 어려움을 당하는 사람을 위해 기도할 때 그 사람의 고통과 어려운 처지에서 보는 것이다. 히브리서 4장 15절에 의하면 예수님은 자신을 인간과 동일시하신 분으로 기록되어 있다.

우리의 대제사장은 우리의 연약함을 동정하지 못하시는 분이 아니다. 그는 모든 점에서 우리와 마찬가지로 시험을 받으셨지만 죄는 범하지 않으셨다.

우리와 같은 위치에 놓이신 예수님의 동일시는 이사야 53장 4-6절에 다음과 같이 묘사되어 있다.

그는 실로 우리가 받아야 할 고통을 대신 받고, 우리가 겪어야 할 슬픔을 대신 겪었다. 그러나 우리는 그가 징벌을 받아서 하나님에게 맞으며 고난을 받는다고 생각하였다. 그러나 그가 찔린 것은 우리의 허물 때문이고, 그가 상처를 받은 것은 우리의 악함 때문이다. 그가 징계를 받음으로써 우리가 평화를 누리고, 그가 매를 맞음으로써 우리의 병이 나았다. 우리는 모두 양처럼 길을 잃고, 각기 제 갈 길로 흩어졌으나, 주께서 우리 모두의 죄악을 그에게 지우셨다.

죄를 알지도 못하시는 예수님이 죄인이 되신 것이 동일시이다. 우리가 죄의 강물에 빠져 익사 직전에 있을 때에, 예수님은 우리 인간의 수준까지 내려오셔서 우리의 손을 잡아 주셨다. 그때 주님은 그의 의로움 안에 머물도록 우리를 건져주셨다.

그러므로 죄의 사슬에 매여 헤매는 누군가를 위해 기도드릴 때 그들의 문제로부터 거리감을 두는 태도로 기도를 드려서는 안 된다. "나는 의인이다. 그리고 저들은 죄인이다."와 같이 구분하고 분리시키는 태도 말이다. 성령 안에서 드리는 동일시함의 기도는 죄인들이 있는 그 낮은 곳까지 이르고, 그렇게 함으로 그들을 구덩이에서 건져 오르게 하는 능력을 발휘한다.

예수님은 여러 모양으로 시험을 받으셨다. 그래서 우리 인간들이 시험받을 적에 어떠한지를 잘 아신다. 동일하게, 신자들도 타인들의 고통을 볼 때 우리의 감정이 그들의 고통을 느낄 수 있도록 마음 문을 열어 놓아야 한다. 그래야만 그들의 필요를 잘 감지할 수 있게 되기 때문이다. 성경은 "기뻐하는 사람들과 함께 기뻐하고, 우는 사람들과 함께 우십시오"(롬 12:15)라고 권하고 있다.

때때로 나는 기도모임 때 사람들이 하나님의 만짐을 받고 타인과 어떠한 상황, 나라를 위해 울며 기도하는 모습을 보게 된다. 기도모임이 끝난 후에 그들과 대화를 나누어보면, 갑자기 연민의 정이 흘러 넘쳐서 자신도 모르게 흐느끼게 되었다고 말한다. 기도자 자신도 놀라게 하는 그런

갑작스럽게 들이닥치는 강한 감정은 성령의 역사이다. 그런 경우에 하나님이 하나님 자신의 감정을 기도자들로 하여금 직접 느끼도록 하시거나, 아니면 고통을 당하는 사람들의 감정을 그대로 느끼게 함으로 그들과 동일시하도록 유도하신다고 나는 생각한다. 어느 쪽이건 간에, 흐느끼며 운다는 것은 슬픈 감정 그 이상이다. 그것은 하나님을 향한 가장 강력한 기도의 한 형태이기 때문이다.

모세는 범죄한 이스라엘 백성들과 자신을 동일시한 놀라운 중보기도자였다. 모세처럼 백만 명의 성도를 가진 교회를 담임하는 목사의 숫자가 얼마나 될지 모르지만, 모세는 40년 동안 100만 명의 성도들과 광야에 갇혀 어디로도 갈 수 없게 되었다. 이스라엘 백성들은 모세를 돌로 때려 죽이려고도 했고 그를 끊임없이 비방했다. 모세가 아닌 다른 지도자를 세워 다시 애굽으로 돌아가는 것이 더 낫다고까지 말했다. 하나님의 산으로 돌아가 하나님과 얼굴을 맞대고 친밀한 교제를 가진 후에 다시 백성에게로 돌아왔을 때, 모세가 목격한 광경은 그들이 금송아지를 숭배하고 있는 모습이었다. 하나님의 백성들이 하나님의 집의 계율을 무너뜨리고 있었다! 하나님은 참을성에 한계를 느끼시고, 이스라엘 백성을 진멸(盡滅)하시겠다고 말씀하셨다. 그동안 당하고 겪은 것들을 감안한다면 아마도 모세는 "아, 하나님! 드디어 바람직한 생각을 하게 되셨군요. 빨리 다 쓸어 없애세요."라며 하나님의 진노 의사에 환영의 뜻을 표했을 수도 있다. 그러나 모세는 반대의견을 피력했다. "하나님, 그렇게 하시면 안 됩니다."

모세가 주께로 돌아가서 아뢰었다. "슬픕니다. 이 백성이 금으로 신상을 만듦으로써 큰 죄를 지었습니다. 그러나 이제 주께서 그들의 죄를 용서하여 주십시오. 그렇게 하지 않으시려면 주께서 기록하신 책에서 저의 이름을 지워 주십시오." -출 32:31-32

참으로 놀라운 기도가 아닌가? 이스라엘 백성과 자신을 동일시한 모세는 이렇게 말한 것이다. "하나님, 주께서 이 백성을 진멸하실 작정이시면 나도 함께 제거하셔야 합니다. 왜냐하면 나는 이 백성과 나의 운명을 함께 하기로 작정했기 때문입니다." 우리 지역, 도시, 나라에 사는 사람들에 대하여 당신도 동일한 입장을 천명할 수 있는가? "하나님께서 우리 지역의 주민들을 심판하실 작정이시면, 나도 치셔야 합니다. 왜냐하면 나는 이들과 운명을 같이 하고 있기 때문입니다." 얼마나 도전적인 말인가!

동일시함은 공감대를 형성하는 것 그 이상이다. 동일시함은 영적인 접속이다. 하나님께서는 동일시함을 이루기 위하여 우리의 다음 2가지 문제의 영역을 다루기 원하신다.

### ▶ 자기본위

기도를 통해 타인의 필요와 동일시하게 되면, 자기만의 세계와 자신의 필요를 넘어서게 된다. 하나님은 우리가 천국의 사고방식으로 살기 원하시며, 우리 자신의 의제를 내세우기보다는 하나님의 의제를 따라 살기 원하신다. 동일시함은 "나의, 나를 위한, 나만의"와 같은 사고방식에서 탈피하여 더욱 고매한 사명과 큰 비전으로 나아가게 해준다.

### ▶ 영적 시기심

기도를 통한 타인과의 동일시함을 터득하게 되면 시기심이나 경쟁심은 종식된다. 나는 라인하르트 본케 목사님과 함께 사역하면서 그러한 동일시함의 원리를 터득하게 되었다. 라인하르트 본케 목사님이 밤낮을 가리지 않고 수백 만의 청중들에게 열성으로 복음을 전할 때에 나는 강단 뒤편에서 계속 기도로 그를 도왔다. 기도하면 할 수록 나는 그와 동일시하게 되었고, 나중에는 내가 그의 곁에 서서 함께 복음을 전하는 것처럼 느껴졌다. 나는 라인하르트 목사님이 선포하는 말씀 하나하나가 청중들의 마음을 파고 들어가 심령 골수를 쪼개는 능력의 말씀이 되도록 열심히 기도했다. 그렇지만 내 자신이 마이크를 잡고 "자 이제는 내가 말씀을 전할 차례이다."라고 말하고 싶은 충동은 일지 않았다. 내가 하든 누가 하든 상관없이, 오직 바라는 것은 하나님께서 역사해 주시기를 바라는 마음뿐이었기 때문이다.

기도로 라인하르트 본케 목사님과 나를 동일시하면서 나는 온전히 그의 사역의 일부가 되어진 것을 느꼈다. 나는 더 이상 구경꾼으로 남아있지 않았고 그의 사역의 동참자가 된 것이다. 라인하르트 목사님의 설교가 마치면 수천 명의 사람들이 예수님을 믿기 위해 앞으로 나아온다. 그때마다 나는 모종의 만족감이나 성취감 같은 것을 느낀다. "할렐루야! 주님, 감사합니다. '우리들'이 드디어 또 해냈습니다!" 비록 나는 단 한 마디의 설교도 하지 않았지만 상관없었다. 누구의 명성이 더 드높아지냐 하는 것은 중요하지 않았기 때문이다. 중요한 것은 "우리가 함께 동역자로" 하나님의 나라를 세우는 일에 협력했다는 것이다. 우리는 교회에서 이러한 동일시의 원리를 실천해야 한다. 목회자가 강단에 서서 설교할 때에 그의 설교의 솜씨를 놓고 비판하는 태도로 대하면 안 된다. 목회의 성공은 목회자가 얼마나 멋들어지게 설교를 잘하느냐에 달려있는 게 아니라, 교회의 성도들이 얼마나 목회자와 파트너로 잘 일하는가에 달려있기 때문이다. 그렇기에 그리스도의 몸 된 지체로서 성도들은 하나 되는 것과 함께 사역하는 법을 익혀야 한다. 사람에게 좋게 보이는 것이 중요한 게 아니라, 예수님이 보시기에 좋도록 우리가 서로 협력하는 것이 중요하기 때문이다.

### 5. 분별력

일단 하나님께서 우리를 향해 가지신 그 사랑에 대한 지식에 뿌리를 내리고, 긍휼히 여기는 마음으로 무장하여, 정죄가 아닌 자비함으로 하나님께 부르짖으면, 하나님께서 타인들의 깊은 마음을 들여다보는 것을 허락하신다고 믿는다. 하나님께서 그러한 것까지 볼 수 있게 허락하시는 이유는, 믿음직스러운 중보기도자는 올바르게 타인의 문제를 다룰 능력이 있다고 인정하시기 때문이다.

깊은 기도와 중보로 시간을 보내다가 "투시"의 은사를 받게 되는 건 당연한 일이다. 때로 하나님은 우리에게 한 사람에 대한 구체적인 계시를 주셔서 그들의 필요를 보다 정확하게 채워주신다. 그렇지만 그러한 영적 비밀을 합당치 않은 사람들에게 누설하게 되면 크나큰 손상을 얻게 된다. 별다른 악의 없이 흘려보내는 경우라도, 영적 계시가 졸지에 험담으로 둔갑하는 불상사가 종종 발생한다. 불행히도 교회에서는 명확한 계시는 받았지만, 그 계시의 무게를 혼자 지탱하지 못해 타인들과 나누다가 교회에 큰 피해를 입히는 중보기도자들이 의외로 많다. 영적인 통찰력이 사람들을 자유하게 하지 못하고 오히려 상처만 남기게 된 비극이다.

중보기도자라면 반드시 배워야 할 것 두 가지 요소는 다음과 같다.

▶ 신뢰를 지키는 것을 배우라

영적 분별력의 은사를 키워갈 때에 하나님은 중보기도자들의 인격의 진실성을 테스트하신다. 영적 능력, 그리고 은사가 강하게 임하면 임할수록 성도의 성품은 시험받게 되어 있다. 아는 것은 힘이다! 그렇지만 하나님께서 당신에게 무엇인가를 보여주실 때에 신뢰성을 지키라. 그의 정보를 호의와 인정을 받고 권력을 장악하려는 것에 이용하지 마라. 심지어는 "성령께서 아무개의 문제를 보여주셨지만 나는 말할 수 없다."와 같은 말을 하는 것도 좋지 못하다. 그것은 마치 "그 사람에게 문제가 생겼어. 나는 이걸 알지만 너에게 말하지 않을 거야."라고 말하는 것과 다름없다. 영력이 있다고 해서 권세를 부리고 권력의 칼을 마구 휘두르는 것은 금물이다. 그러므로 어떠한 경우에라도 하나님과 나만이 아는 비밀은 보장되어야 한다.

▶ 영적 권위를 지켜라

지난 몇 년 동안 내가 범한 실수는 바로 이 영역에서 발생했다. 우리는 하나님께서 보여주신 것들을 다루는 일에 신중(愼重)해야 한다. 한번은 하나님께서 한 부부의 갈등이 무엇이며 부부문제의 실상이 무엇인지 보여주셨다. 나는 그러한 정보를 가지고 당장 그 부부를 접촉하여 이야기를 나누어야 되겠다고 생각하고, 그렇게 했다. 나의 영분별은 100% 정확했기에, 그 날 아침에 그 부부 사이에서 발생한 사건에 대해 조목조목 정확하게 기술할 수 있었다. 세부사항을 상술하는 데는 성공했으나, 문제는 타이밍이었다. 완전히 그릇된 순간을 포착한 것이다. 나는 나와 그들의 관계가 돈독한 것으로 생각했다. 서로 믿고 신뢰하는 관계인 것으로 생각했다는 것이다. 그러나 그들은 내가 하늘로부터 계시를 받았다는 것을 믿지 않았다. 그래서 아내는 남편이 몰래 나에게 전화를 걸어서 가정의 비밀을 누설했다고 주장했고, 남편은 아내가 자기 몰래 나에게 전화를 걸어서 가정의 치부를 들어내는 파렴치한 짓을 했다고 주장했다. 그래서 그들 부부는 서로를 비방했고, 서로에게 배신감을 느끼고 상처를 받았다고 했다. 내가 했던 모든 것은 완전히 잘못된 것이었다.

나는 집으로 돌아와 하나님께 불평을 늘어놓았다. "하나님, 진짜 감사하네요. 하나님 당신이 주신 말씀을 나누었더니, 내가 이런 꼴을 당하고 있네요!" 그런데 하나님은 나에게 이렇게 말씀하셨다. "나는 너에게 그 부부를 찾아가서 내가 너에게 일러준 그 비밀을 털어놓으라고 말하지 않았다. 나는 너보고 가서 그 부부를 상담해 주라고 그런 정보를 허락한 것이 아니다. 나는 단지 네가 나의 친구이고 너를 기도하는 사람으로 믿었기에 그런 정보를 너에게 준 것뿐이다." 이 경험을 통해, 하나님께서 기도의 장소에서 나에게 보여주신 것을 말씀하시기 전에 하나님으로부터의 지시를 기다려야 한다는 중요한 사실을 배웠다.

그러므로 하나님의 말씀을 들은 후 우리는 "다음은 무엇인가요?"라고 물어야 한다. 하나님께서는 그 언어가 풀어지는 정확한 시기를 주시거나 단순히 "기도하라"고 말씀하실 것이다. 하나님은 원하실 때에 원하는 사람에게 원하는 정보를 제공하실 수 있는 분이시다. 하나님은 단지 우리가 기도하기를 원하신다. 하나님께서 우리에게 그런 비밀한 일들(특히 남의 사생활에 관계된 것들)을 보여주셨다는 것을 온 세상에 공포할 이유는 없다. 꼭 기억하기 바란다. 우리는 하나님이 신뢰할 만한 그분의 친구가 되어야 한다. 하나님은 친구인 우리 중보기도자들을 믿으시기에 비밀정보를 주시는 것이다. 우리는 하나님께서 그분의 마음을 우리와 나누실 수 있는 친구가 되어야 한다.

## 기타 인격적 자질들

하나님께서 기도의 그릇으로 쓰시도록 계속 당신 자신을 하나님 앞에 내어 맡기는 동안, 하나님은 당신 안에 다양한 인격적 자질들이 자라나도록 도우실 것이다. 반드시 기억하기 바란다. 기도는 당신의 인생을 바꾸어 놓는다. 그러한 인격적 자질들 중에는 인내함, 믿음, 그리고 하나님의 성품 안에서 자라는 믿음, 어린 아이 같음 등이 있다. 그렇지만 나는 유능한 중보기도자들의 핵심적인 품성은 사랑, 긍휼함, 자비, 타인과 동일시함, 그리고 영적 분별력이라고 생각한다. 이제 다음 장에서는 기도의 한 가지 특징적 형태인 도보기도에 관해 면밀히 살펴보고자 한다.

# 04

# 도보기도: 실질적인 안내
Prayer Walking: A Practical Guide

이번 장에서는 길거리에서 기도를 드리는 기쁨을 소개하고자 한다. 도보기도는 오늘날 기도팀들이 애용하는 기도방법이다. 이 기도는 하나님의 나라가 강력하게 임하기 원하는 지역을 골라 그곳을 직접 오가며 드리는 기도이다. 도보기도에 관해 사람들이 늘 물어오는 2가지 질문이 있다. "도보기도라는 게 뭔가요?", "건물 안에서 기도를 드리는 것보다 야외에서 기도를 드리는 것이 더욱 효과적이라는 말인가요?" 이제 도보기도라는 이슈를 다루면서 하나님의 뜻을 살펴보자.

## 도보기도란 무엇인가?

도보기도(보행기도)란 외적인 환경을 접함으로 기도하고자 하는 동기를 유발시키는 행위이다. 이런 기도는 산책을 하면서 이루어지기도 한다. 강아지를 데리고 산책을 하다가 도시의 어느 부분에 이르러 기도하고 싶은 충동이 갑자기 일어나는 자연발생적 기도를 그 일례로 들 수 있다. 매일 아침 출근하는 길에 지나치는 어느 이웃집을 위해 매일 드리는 축복의 기도도 포함된다. 일단의 기도하는 무리가 정기적으로 모여 특별한 요충지를 위해 기도를 드리는 조직적인 기도도 있다. 나는 지역사회의 지도를 펼쳐놓고 각각의 지역에 관해 조목조목 기도를 드리는 교회도 보았다. 그들은 특히 범죄와 폭력이 난무한 특정 지역을 일정한 시간에 방문하여 그 지역의 평화를 위해 기도드렸다. 영국 동부의 링컨셔라는 도시에서는 교회와 경찰과 교통 안전국이 파트너가 되어 교통사고가 빈번히 발생하는 장소를 위해 기도를 드렸는데, 지난 3년간 그 지점에서의 교통 사고율이 급감했다.

도보기도가 반드시 야외에서 이루어질 필요는 없다. 당신이 일하는 직장이나 가게에서도 할 수 있다. 나에게는 금융회사에서 일하는 친구가 있는데, 그녀는 일주일에 한 번씩 다른 모든 직원들보다 한 시간 일찍 출근하여, 부서의 사무실을 걸어 다니며 직원들과 사무실의 영적 분위기 쇄신을 위해 기도드린다. 여러분들도 사무실에서 나와서 커피 자판기가 있는 곳까지 걸어가면서 직원들을 위해 기도드릴 수 있다.

## 야외에서 기도하는 목적은?

"야외에서 기도하는 것이 실내에서 기도하는 것보다 효과적인가요?" "하나님의 성령은 우리가 어디에서 기도를 하든지 상관치 않으실 텐데 꼭 야외에서 기도해야만 하는 특별한 이유라도 있다는 말인가요?" 일단 길거리를 걸어다니며 기도를 하다 보면 당신의 존재 전체가 기도에 관여한다는 느낌을 받게 될 것이다. 요즘에는 영적 차원과 육적 차원이 하나로 모아지는 데 관심이 많다. 몸과 혼과 마음을 한데로 모아 기도에로 헌신하면 하나의 믿음의 표적을 갖게 된다. 나의 경우, 도보기도로 돌아다닐 때에는 전 존재가 기도에 집중되기에, 믿음도 크게 각성되고, 웬만해서는 마음이 흐트러지지 않는 것을 체험한다. 우리는 주기도문을 암송할 때마다 "뜻이 하늘에서 이루어진 것같이 땅에서도 이루어지게 하시옵소서."라고 기도한다. 도보기도를 드리는 동안, 하늘에서 이루어진 하나님의 뜻과 땅에서 이루어져야 할 하나님의 뜻이 하나로 정렬된다. 나는 마치 내 발로 밟고 다니는 그 땅에 하나님의 목적을 펜으로 그리고 다니는 느낌을 받는다. 나의 발은 땅을 딛고 서 있으나 내 영혼은 하늘과 연결되어 있다. 그래서 도보기도를 드리는 자는 하늘에서 이루어진 하나님의 뜻이라는 번갯불을 어떤 특정 지역으로 떨어트리는 전도(傳導)체와 같다고 할 수 있을 것이다.

> 내가 모세에게 말한 대로 너희 발바닥이 닿는 곳은 어디든지 내가 너희에게 주겠다.        −수 1:3

믿음이 충만한 발로 딛고 다니며 하나님의 임재를 풀어내는 도보기도에는 놀라운 무언가가 있다. 물론 걸어다닌다는 것 자체가 어떤 변화를 창출해내는 건 아니지만, 믿음이 충만하여 발로 밟고 다니며 기도를 드리면 천국의 목적이 그곳에서 효과적으로 역사할 가능성이 높아진다. 그렇기에 발로 사뿐히 밟고 지나치는 것이 아니라, 영적 전사와 같은 권위를 가지고 땅을 쾅쾅 짓밟는 것이 중요하다!

도보기도는 정보와 계시가 동시에 임하는 실제적인 기도이다. 특정한 지역에 관한 많은 통계자료를 면밀히 조사한 경우, 우리는 그 지역에 관해 많이 알게 되었다고 판단하게 된다. 그러나 실제로 그 지역을 방문해 보면 전혀 다른 면모를 보게 되는 경우가 많다. 직접 그 지역에 가서 기도를 드리다 보면 영적인 것과 자연적인 것이 어떻게 서로 상호작용을 하는지 체험하게 된다. 만일 동일한 장소를 각각 낮과 밤에 다녀본다면 전혀 다르다는 것을 체험하게 될 것이다. 밤에는 어두움의 세력들이 몰려나온다! 도보기도는 참으로 실제적인 것이다. 어떤 특정한 지역에 관해 막연히 생각해본다든지 그곳을 가보지 않고 연구해본다든지 하는 것에 비하여, 그 지역을 직접 방문하여 도보기도를 드리는 것은 정보의 습득과 그 지역을 이해하는 차원에서 월등하게 더 나은 느낌과 계시를 얻게 해준다.

도시의 거리를 걸어다녀보면 그 도시의 분위기를 파악할 수 있다. 한 바퀴만 돌아도 안전하고 행복하던 분위기가 갑자기 폭력적이고 겁을 주는 분위기로 돌변하는 것을 감지하기도 한다. 오직 당신이 도시를 걸을 때, 일정 지역의 분위기를 파악할 수 있고 그 지역을 위해 효과적으로 기도할 수 있게 된다.

## 도보기도가 성경에 나오는가?

그렇다. 성경에 언급되어 있다! 하나님과의 친밀함을 유지하며 걸어 다녔던 발자취를 성경에서 발견할 수 있다. 그 예증으로 아담과 에녹을 들 수 있다. 아담은 서늘할 때에 에덴동산을 하나님과 함께 거닐며 친밀한 대화를 나누었다. 또한 "에녹이 하나님과 동행하더니 하나님이 그를 데려가심으로 세상에 있지 아니하였더라."고 성경에 기록되어 있다. 그러므로 당신이 하나님과 걸으며 기도할 때에는, 지인에게 당신이 영원한 세계로 옮겨질 가능성이 있다는 것을 미리 시사하는 것이 좋을듯 싶다.

가장 정확하게 성경에서 도보기도에 관해 언급한 곳은 느헤미야 2장이다.

나는 예루살렘에 이르러 거기에서 사흘 동안 쉬고 나서 밤에 수행원 몇 명을 데리고 순찰을 나섰다. 하나님이 나의 마음을 움직이셔서 예루살렘에서 일하도록 하신 것을 나는 그 때까지 어느 누구에게도 말하지 아니 하였다. 나에게 짐승이라고는 내가 탄 것 밖에 없었다. 밤에 나는 '골짜기 문'을 나섰다. '용 샘'을 지나 '거름 문'에 이르기까지 예루살렘 성벽을 살펴보니, 성벽은 다 허물어지고, 문들도 모두 불에 탄 채로 버려져 있었다. 그 때에 내가 유다 사람들이나, 제사장들이나, 귀족들이나, 관리들이나, 그 밖에 직책을 가진 어느 누구에게도 이것을 말하지 아니하였으므로, 관리들은 내가 어디를 다녀왔는지, 무엇을 하였는지, 아무도 알지 못하였다. 이렇게 돌아보고 난 다음에, 나는 비로소 관리들에게 말하였다. "여러분이 아는 바와 같이, 우리는 지금 어려움에 빠져 있다. 예루살렘은 폐허가 되고 성문들은 불탔습니다. 이제 예루살렘 성벽을 다시 쌓읍시다. 남에게 이런 수모를 받는 일이 다시는 없어야 할 것이다." 나는 또한 나의 하나님이 선하신 손길로 나를 잘 보살펴 주신 일과 왕이 나에게 한 말을 그들에게 말하였다. 그랬더니 그들은 공사를 시작하겠다고 나에게 다짐하였고 힘을 내어 기꺼이 그 보람 있는 일을 시작하였다.        -느 11-18

    느헤미야는 예루살렘에 관한 정보를 간접적으로 들어서 알았으나, 결국은 수행원 몇 명과 함께 밤에 순찰을 다녔다. 그는 변방을 두로 다니며 성벽이 허물어지고 문들이 모두 불탄 것을 목격했다.
    내가 도보기도를 처음으로 시행한 것은 런던에서였다. 런던을 위해 기도하면서 효과적으로 기도할 지혜와 전략을 달라고 하나님께 간구했다. 그러던 어느 날 아침에 일어나 나도 모르게 이런 노래를 흥얼거리기 시작했다. "나는 너의 손을 잡고 런던의 거리를 거닐고 싶다." 무의식중에 부른 노래지만, 그것이 바로 나의 소명이 되어버렸다. 그 당시 나는 아프리카에서 막 돌아온 지라, 복잡한 도시의 거리를 거닌다는 것이 부담이 되었지만, 우연히 알게 된 한 형제와 함께 도보기도를 하게 되었다. 거닐면서 나는 분주하게 다니는 사람들의 얼굴에서 그들의 삶의 고통이 느껴졌다. 어떤 지역의 분위기는 너무나도 어둠침침했고 위협적이었다. 그렇게 나는 런던의 거리를 정기적으로 3개월간 걸어다녔다. 여전히 내가 도울 수 있는 것은 아무것도 없지만 런던은 아직도 내 마음속에 있는 도시이기에, 오늘도 나는 런던을 위해 쉬지 않고 울부짖고 있다.

도보기도에 관한 많은 이야기가 신디 제이콥스의 책인 「대적의 문을 취하라」에 기록되어 있다. 신디는 예배팀의 찬양을 앞세우고 거리에서 기도하던 캘리포니아의 한 교회를 소개했다. 거리에서 드리는 예배가 그 지역에 영향력을 미쳐 예배를 드린 지역마다 평안해지기 시작했다고 한다. 그 거리의 예배는 아주 유명해져서, 범죄율이 높은 지역에 와서 예배를 드려달라고 경찰이 부탁할 정도였다고 한다. 바로 이것이 내가 우리의 이웃 가운데서 보기 원하는 것이다. 나는 믿기로, 우리에게 하나님 나라의 열쇠가 주어졌다고 생각한다. 그 열쇠를 가지고 지역에 평화와 안전이 임하도록 적극적으로 활용해야 할 필요가 있다. 도보기도를 통해 우리는 하나님의 능력과 하나님의 임재를 지역 공동체 안으로 흘려보낼 수 있다.

## 도보기도를 위한 실제적인 준비

도보기도를 계획하는 세 가지의 실질적인 단계들이 있다. 기본적으로 그것들은 도보기도로 나가기 전에 준비해야 할 것들, 도보기도를 하면서 반드시 이행해야 하는 것들, 그리고 도보기도를 마치고 돌아온 후에 해야 할 것들이다.

### 1. 도보기도 전의 사전준비

▶ **목적과 장소를 결정하라**
도보기도를 드리기로 작정하고 실행에 옮기기 직전에 하나님께 도보기도의 참된 목적을 알게 해 달라고 기도하라. 나의 경우에, 하나님께서는 나로 하여금 런던의 거리를 거닐며, 그 도시에 친숙해지고, 도시의 필요를 알게 하셨다고 믿는다. 다음으로 하나님께서 보여주신 지역의 규모에 관해 알게 해달라고 기도하라. 당신이 매일 직장으로 출근하는 길을 하나님께서는 기도보행의 지역으로 설정해주셨을 수도 있다. 아니면 지도를 펴놓고 어느 지역을 당신이 파수하는 지역으로 삼기 원하시는지 기도로 여쭤어 보라. 이사야 62장 6절에는 "예루살렘아, 내가 너의 성벽 위에 파수꾼들을 세웠다. 그들은 밤이나 낮이나 늘 잠잠하지 않을 것이다. 주께서 하신 약속을 늘 주께 상기시켜 드려야 할 너희는 가만히 있어서는 안 된다. 늘 상기시켜 드려야 한다."라고 기록되어 있다. 나는 하나님께서 지역사회의 보초를 서는 직무를 중보기도자들에게 주셨다고 믿는다. 당신도 하나님이 당신을 당신이 기거하는 장소의 "파수꾼"으로 세우셨음을 믿기 바란다. 우리 모두는 하나님의 음성에 귀 기울이고, 밤이나 낮이나 영적 순찰의 임무를 감당해야 한다.

▶ **전략과 방법을 결정하라**

도보기도로 나가기 전에 도보기도에 사용할 전략에 관해 하나님께 먼저 물어보는 것은 많은 도움이 된다. 정해진 지역에 대한 예언들과 약속들에 주위를 기울이는 시간을 가지라. 성경을 읽으며 도보기도를 실시할 특정지역에 관해 주시는 하나님의 마음을 선포하는 말씀을 주시도록 구하라. 예컨대 지역사회에 만연한 폭력의 문제에 대해 기도하게 된다면 폭력에 대한 하나님의 뜻을 담은 성경구절을 준비하는 것이 좋다. 당신이 선포하는 하나님의 말씀은 마치 칠흑 같은 어두움에 비추는 한 줄기 빛과 같다는 것을 늘 기억하라. 도보기도로 영적 전쟁을 벌이려는 지역의 악한 분위기를 파악하고, 그것에 대항하는 하나님의 약속이 담긴 말씀을 선택하여 선포함으로써 정반대의 영적 분위기를 창출해야 한다. 만일 특정 지역에서 구원의 역사를 기대한다면, 구원에 관계된 성경구절을 선택하여 도보기도를 하며, 각각의 집들과 그에 거주하는 사람들에게 선포해야 한다. 또한 당신은 성경말씀을 축복과 영적 전쟁의 무기, 두 가지 모두로 사용할 수 있다. 시편 149편 6-9절은 다음과 같이 기록되어 있다.

> 성도들의 입에는 하나님께 드릴 찬양이 가득하고, 그 손에는 두 날을 가진 칼이 들려 있어 뭇 나라에게 복수하고 뭇 민족을 철저히 심판한다. 그들의 왕들을 족쇄로 채우고 고관들을 쇠사슬로 묶어서 기록된 판결문대로 처형할 것이니 이 영광은 모든 성도들의 것이다.

하나님의 말씀은 양날이 선 검과 같아서 원수의 영역에 치명타를 날리게 되어 있다. 그러한 폭탄과 같은 말씀을 특정지역에 선포함으로 말미암아 우리는 그 지역의 영적 분위기 쇄신에 성공을 거둘 수 있다.

히브리서 4장 12-13절은 살아있는 하나님의 말씀에 담긴 역동적인 능력을 이렇게 설명해 준다.

> 하나님의 말씀은 살아 있고 힘이 있으며, 어떤 양날칼 보다도 날카로워서 사람 속을 꿰뚫어 혼과 영을 갈라내고 관절과 골수를 갈라놓기까지 하며, 마음에 품은 생각과 의향을 가려냅니다. 하나님 앞에

서는 아무 것도 숨길 수 없고 모든 것이 그의 눈앞에 벌거숭이로 드러나 있다. 우리는 그의 앞에 모든 것을 드러내 놓아야 한다.

위의 "살아있고"라는 표현은 '활동적이며, 능력 있고, 효력을 발휘한다'는 뜻이다. 우리가 지역사회에 하나님의 말씀을 선포하고 다닐 때에, 그 말씀은 성령의 능력으로 그 지역사회를 강타하여, 공허한 것으로 돌아오지 않고, 하나님께서 성취하시고자 하는 것을 성취하고 유효한 것으로 돌아온다. 하나님의 말씀으로 기도할 때에는 하나님의 뜻대로 기도하는 것이기 때문에 우리는 하나님의 권위로 기도할 수 있다. 그런 기도는 항상 정곡을 찌르게 되어 있다!

▶ 지참할 물건들을 준비하라

당신이 마음의 준비를 하는 과정 중에 하나님께서는 지역사회를 걸어다니며 행할 실제적인 행동들이 무엇인지 알게 해 주실 것이다. 하나님의 음성을 듣기 위해 마음을 열고 필요한 물건들을 준비하라. 만일 기도보행을 하다가 고지로 올라가서 그 정상에서 성찬식을 행하기 원한다면 빵과 포도주를 준비해야 한다. 만일 도보기도를 드리며 특별한 계시가 임하는 장소를 지도에 표시해두고 싶다면 그 지역의 지도를 지참하고 나가야 한다. 만일 하나님의 약속이 담긴 말뚝을 박고 싶다면 그런 말뚝을 가지고 다녀야 한다. 그러므로 준비하기 바란다!

▶ 정보를 수집하고 분별을 위해 기도하라

지역사회를 기도하며 걷기 전에 영적, 육적으로 "보는" 눈과 "듣는"

귀를 훈련시킬 필요가 있다. 그래야만 하나님이 말씀하시는 것을 보고 들을 수 있게 된다. 그렇기에 그 지역에 관한 정보를 미리 습득하여 공부해 두는 것이 바람직하다. 특정 지역의 역사나 통계자료를 연구하여 그 지역에 관한 기본 정보, 역사적 사실을 파악하라. 또한 지명의 유래나 의미, 그 도시의 모든 특별한 절기, 관습 등을 숙지하라. 그리고 사전지식을 바탕으로 영적 분위기를 분별해내도록 하나님께 간구하라. 하나님께서 그 장소에 관한 "숨겨진" 정보를 밝히 드러내 주시길 기대하고, 당신의 눈과 귀가 상세한 영적 분위기를 감지하도록 지켜야 한다. 또한 공적인 장소에서도 영적 민감성을 발휘하도록 자신을 평소에 영적으로 훈련시켜야 한다. 성령님은 마치 금속 탐지기와도 같다. 문제가 있는 곳으로 가까이 접근해 가면 성령님께서는 당신의 영혼에 경고음을 울리신다. 그런 경우 당신은 경각심을 가지고 하나님이 보여주시는 영적 징후(徵候)가 무엇인지 이해해보려고 노력해야 한다.

## 2. 도보기도를 하는 중 취해야 할 행동과 태도

이제 당신이 도보기도를 하기 위하여 길거리로 나섰다면 어떻게, 그리고 무엇을 해야 하는가?

### ▶ 하나님이 동행하신다는 믿음으로 나아가라

우선 당신이 하나님 나라의 비즈니스에 관련되어 있다는 사실을 기억해야 한다. 도보기도로 나가는 성도는 하늘의 부르심에 응답하여 나아가는 것이며, 하늘로부터 보내진 외교관의 신분으로 그 지역에 파견되는 것이다. 그러므로 하나님이 당신과 함께 하신다는 확신을 가지고, 발로 밟는 곳에 대한 권세를 주셨음을 믿고 걸어다니라. 여호수아 1장 9절에는 다음과 같은 말씀이 기록되어 있다.

"내가 너에게 굳세고 용감하라고 명하지 않았느냐! 너는 두려워하거나 낙담하지 말아라. 네가 어디로 가든지 너의 주, 나 하나님이 함께 있겠다."

믿음으로 걸을 때마다 하나님이 당신을 보호하시고 도와주신다는 것을 기억하고, 두려움이나 겁먹음 없이 마음의 혼란함을 물리쳐야 한다. 하나님이 당신과 함께 하시고 효과적인 기도를 위한 기름을 부어주실 것을 믿고 보행하라.

### ▶ 특정 지역을 향한 "하나님"의 목적을 선포하라

특정 지역을 보행할 때에 당신이 그 특정 지역에 관해 연구 조사한 것을 상기하면서, 그 지역에 관한 하나님의 특별한 뜻을 선포하기 바란다. 나는 헤르트포드셔의 헤멜 헴스테드라는 지역에 수년간 거주했었다. 그런데 그 지명은 독일어에서 유래된 것으로 "하늘의 택지"라는 뜻을 가진 것임을 최근에 발견하였다. 통계적으로 보아도 그 지역에는 멋진 집들이 많다. 그래서 나는 그 지역을 돌며 도보기도를 드릴 때에 집들이 하늘을 반영할 것을 선포했다. 동시에 그 지역에 대한 하나님의 구속의 목적이 이루어질 것도 선포했다. 당신의 지역이 가지는 구속의 목적을 밝혀달라고 성령님께 간구하라. 그리고 하나님의 의제에 그 지역이 온전히 순복할 때 일어날 일들을 말로 선포하기 바란다.

준비하는 과정 중에 하나님께서 허락하신 성경구절을 사용하여 선포하고 그것을 말할 수 있다. 나는 다음 구절을 영국을 향한 하나님의 뜻이라는 확신을 얻었기 때문에 종종 사용한다.

"일어나서 빛을 비추어라. 구원의 빛이 너에게 비치었으며 주의 영광이 아침 해처럼 너의 위에 떠올랐다."  －사 60:1

나는 위의 말씀을 지역마다 선포한다. 기독교적인 전통의 밝은 빛이 다시 한 번 영국에 크게 비추기를 기대하면서 말이다.

▶ 예수님에게 연결되어 있어라

도보기도를 드리는 동안, 예수님과 계속 접속되어 있으며, 경배와 찬양으로 당신을 둘러싸고 있음을 기억해야 한다. 길거리에서 노래 부르며 찬양으로 하나님의 영광을 선포하는 것을 두려워하지 마라. 그리고 반드시 목소리 드높여 소리 지르며 찬양할 필요는 없다. 찬양으로 하는 선포는 마치 날카로운 칼날 같아서 어두움의 세력을 찌를 것이다. 기도하며 마음에 준비한 그 성경구절로 강하게 선포하라. 성경구절이 암송되어 있지 않은 경우라면 종이에 적어서 가지고 다니는 것도 좋다.

▶ 지역사회를 향해 축복을 선언하라

보행하면서 행복한 미소를 머금고 다니기 바란다. 그리고 사람들이 물어오면 언제든지 대답할 준비를 하고, 강렬하거나 너무 종교적으로 보이지 않게 해야 한다. 지나치는 사람들을 보면서 그들을 위해 축복의 기도를 하는데, 단순히 "하나님, 그들을 축복해 주십시오."라고 기도하지 말고 평안과 기쁨 등을 위해 기도하라. 사람들을 접촉할 때마다, 하나님께 그들의 필요를 알게 해달라고 기도하라. 길을 걸어다니며 그 지역 공동체의 사람들을 예수님의 사랑으로 한껏 축복해주라. 나는 당신이 이것을 침묵 가운데 행할 때가 가장 최상이라고 말하고 싶다.

▶ 지역사회를 위해 천사의 보호하심을 간구하라

히브리서의 한 구절을 상기해 보자.

천사들은 모두 구원의 상속자가 될 사람들을 섬기도록 보내심을 받은 영들이 아닙니까?                     -히 1:14

나는 믿기로 모든 구원받은 자들은 하나님께 천사를 보내어달라고 요청할 자격(혹은 권리)이 있다고 생각한다. 특히 지역사회를 위한 선한 사업을 하는 일에 도움을 받기 위해서는 더욱 그럴 것이다. 하나님 나라의 일을 함에 있어서, 하나님은 우리에게 돕는 천사를 파송하셔서 하늘과 땅에서 동일한 뜻이 이루어지도록 조율하신다고 나는 믿는다. 길 위에서 우리의 임무를 보호해 줄 천사라는 안전요원이 우리에게 필요하다.

▶ 지역의 경제적 풍토를 위해 기도하라

도보기도로 지역을 순회하면서 중요한 경제단체들이나 산업기관들을 주의해서 바라보라. 손에 들고 다니는 지도에 주요 건물들이 위치한 곳을 표시하는 것도 좋다. 공장이 문을 닫거나 상가들이 경제적으로 실패했다면, 하나님의 축복이 그 지역의 재정적인 면과 산업에 임해서 그 지역의 산업이 다시금 활발하게 일어나도록 기도하라. 나의 친구들은 뉴욕의 유티카에서 큰 공장 3개가 문을 닫은 후에 그 지역산업의 활성화를 위해 열심히 기도했다. 그 결과 지금은 경제적인 성공을 꿈꾸는 많은 투자가들이 그 지역으로 몰려들게 되었다. 손님들도 모여들기 시작했고, 잃었던 일자리를 되찾고, 가난을 극복해내는 사람들이 늘고 있다고 한다.

▶ 일정 지역에 머물러서 계시를 위해 기도하라

길거리를 걷다가 잠시 걸음을 멈추고 자세히 관찰해보는 시간들을 가져보라! 각양각색의 얼굴들과 많은 건물들과 문들이 보일 것이다. 성령님께서 지식의 은사를 내려주셔서 미래의 그 지역을 돕고 지혜롭게 기도하도록 구하라.

▶ 교회들을 축복하라

길을 걷다가 교회가 눈에 띄면 그 교회들을 축복하기 바란다. 교회의 게시판을 읽어보면서 그 교회의 관심이 무엇이고, 목회자의 이름을 알아내서 그분을 위해 기도하라. 다양한 형태의 기독교를 관찰하면서 하나님께 감사를 드리라. 지역 교회들을 위해 어떻게 기도를 드려야 할지 하나님께 여쭈어보고, 특히 교회들의 성장과 부흥을 위하여 기도를 드리라. 그리고 당신의 지연 안에 있는 다른 종교들 또한 조사하라.

▶ 하나님이 미리 계획하신 일들을 할 준비를 하라

하루는 와포드 타운 센터라는 곳에 내가 도보기도를 드리러 나갔다.

나는 내 나름대로의 계획을 가지고 나갔지만, 길거리에서 5년 전 함께 일하던 직장 동료를 만나게 되었다. 그녀는 갑자기 나의 팔을 잡으며 "레이첼, 믿어지지 않네요. 방금 전에 당신 생각을 하고 있었는데!"라고 말하는 것이었다. 그녀는 자신의 어머니가 병환으로 고생하고 있는데 지금 어머니가 입원한 병원으로 발걸음을 향하고 있다고 했다. 그런데 어머니가 돌아가실지도 모른다는 생각에 매우 불안하다고 했다. 하나님께서는 나에게 그녀와 함께 기도할 기회를 허락하셨다. 오랜만에 친분관계를 회복할 기회도 주셨고, 친구가 상실의 아픔을 견디어나갈 수 있도록 돕는 기회도 허락하신 것이다. 도보기도를 드릴 때는 우연한 기회가 비일비재하기에, 항상 당신이 세운 계획이 변경될 수도 있다는 점을 염두에 두기 바란다!

### 3. 도보기도를 마치고 돌아온 후?

#### ▶ 잠시 휴식을 가지며 감사하라

하나님의 선하심에 대해 묵상하면서 잠시 쉬는 시간을 가지라. 도보기도를 마치고 나면, 받은 계시와 얻은 정보가 차고 넘치기 때문에 휴식시간을 가질 필요가 있다. 그러면서 그날 도보기도를 드렸던 여정을 회상하며, 하나님께서 보여주신 모든 것들에 대해 감사하라. 도보기도를 통해 당장 괄목할 만한 결과를 얻지 못했다 할지라도, 당신의 기도는 반드시 열매 맺게 된다는 것은 믿기 바란다.

#### ▶ 뿌린 씨앗을 보호하라

당신이 드린 기도들 하나하나는 지역사회의 땅에 뿌려진 약속의 씨앗이다. 하나님께서 당신이 뿌린 기도의 "씨앗"들을 잘 보호해 주시도록 기도하라. 많은 경우에 우리는 기도에 대한 즉각적인 응답을 받지 못한다. 그러나 지역의 신문을 살펴보면서 하나님의 응답을 기다리라. 마약 운반책이 구속되었다는 기사, 부정부패와 뇌물수수가 척결되어 간다는 기사들을 접할 때면, "우리 사회에 어두움이 물러가고 빛이 비추게 해 달라고" 간절히 기도하고 선포하라. 위와 같은 기적은 영국의 리버풀에서 나의 친구들이 도보기도를 드린 후에 직접 체험한 것이다. 기도를 하고 그 일에 대하여 책임을 완수해야 할 때도 있다. 그러면 축복이 미래에 풀어질 것이다. 기도한 결과가 당장 나타나 보이지 않는다면, 지금은 기도를 쉬거나 포기할 때가 절대로 아니라는 사실을 기억하기 바란다!

### ▶ 영적 일지에 기록하라

도보기도를 하며 받은 인상들, 떠오른 생각들을 기록해두면 좋다. 그리고 얻은 정보들도 상세히 기록해두는 것이 좋다. 도보기도를 드리며 사회를 관찰하다 보면 더 상세히 조사해보고 싶은 지역도 발견하게 된다. 그러한 일이 발생한다면 반드시 일지에 표시해두는 것이 좋다. 당신이 습득한 정보를 중심으로 영적 지도를 재편성하는 작업도 필요하다. 그 지역에 한 번보다는 여러 번 방문하는 것이 필요하다는 것을 깨닫게 될 것이다. 혼자서가 아니라 그룹으로 도보기도를 드리는 경우라면, 자신이 적은 노트를 다른 사람의 것과 비교해볼 수 있다. 공통된 주제나 계시가 발견된다면, 그 지역에 관한 영적 통찰력이 분명하다는 것이 입증되는 것이다.

▶ 영적 만족의 희열을 즐기라

푹신한 소파에 걸터앉아서 다리를 올려놓고 복음성가를 틀어놓고, 커피 한 잔을 마시면서 하나님의 축복을 마음껏 만끽하라. 서둘러 다음 과업으로 넘어가지 말고 잠시 쉬면서, 당신의 순종에 대하여 축복해 주시는 하나님의 손길에 한껏 감사를 드리라. 잘 하셨다. 당신은 참으로 선한 과업을 잘 완수해내셨다!

## 도보기도의 간증들

좋은 간증처럼 우리를 감동시키는 것도 없다. 몇 년 전에 도보기도에 관한 신선한 간증을 해 주었던 내 친구 캐럴라인 앤더슨에게 감사를 드린다. 그녀는 본서의 내용의 일부분에 지대한 영향을 끼쳤다.

몇 해 전에 캐럴라인 앤더슨은 자신이 거주하는 동네를 돌면서 40일 간의 도보기도를 드리고 싶은 영적 충동을 느꼈다. 그녀는 막다른 골목에 살고 있었는데, 길을 돌아 나오는데 10분이 걸리는 그런 길이었다. 하나님께서는 그녀에게 그 길을 40일 동안 걸으며 기도하라고 하셨다. 10분간 매일 돌아다니며 기도를 드린다는 것이 당신에게는 쉬운 일처럼 들릴 것이다. 그러나 실제로 실행에 옮기면서 캐럴라인은 40일 동안 쉬지 않고 한다는 건 생각보다 도전적인 일임을 깨달았다.

캐럴라인은 성령님께서 2개의 성경구절을 사용하도록 지시하시는 것을 느꼈다. 하나는 말라기 4장 5-6절로서, 아버지의 마음이 자녀에게로 그리고 자녀의 마음이 아버지에게로 향하는 관계의 회복을 예언하는 말씀이었다. 그리고 다른 하나는 빌립보서 2장 10절로 모든 무릎이 예수님 앞에 꿇게 되리라는 예언의 말씀이었다. 캐럴라인과 그녀의 남편은 길을 걸으며, 이웃들의 가정이 회복되고 특히 결혼생활이 행복해지기를 위해 기도드렸다.

도보기도를 시작한 지 20일쯤 되는 시점에 캐럴라인은, 남편과 별거하고 혼자 사는 한 여인의 집을 방문했다. 그런데 캐럴라인이 현관문을 두드리자 그녀의 남편이 문을 열었다. 집안으로 초대되어 들어가 그 여인과 커피를 마시고 담소를 나누면서 캐럴라인은 그녀로부터 다음과 같은 말을 들었다. "사실은, 이제 결혼과 가정이 참으로 소중하다는 믿음이 생기기 시작했어요. 그래서 남편과 나는 다시 합치기로 한 겁니다." 물론 혹자는 이런 일을 우연의 일치라고 말할지도 모른다. 그러나 나는 그러한 인간관계의 회복, 그리고 가정의 회복은 캐럴라인의 도보기도의 직접적인 결과라고 믿는다. 20일 동안을 하루같이 그 별거하고 있는 집 앞을 지나며 인간관계의 회복에 대한 하나님의 말씀을 선포한 결과, 그 가정에 변화의 물결이 일기 시작했던 것이다.

그 도로의 끝 부분에는 기독교 가정에서 자라난 소년이 한 명 있었는데, 그는 평소에 부모에게 반항하는 아이였다. 그런데 40일간의 도보기도를 마칠 즈음에 그의 행동이 현격히 달라졌다. 얼굴빛과 태도가 변하여 예수님께로 다시금 그의 삶을 헌신하게 되었다.

6개월 후 어느 남자가 캐럴라인에게 말하기를, 캐럴라인이 도보기도로 길거리를 돌아다니던 시점에 특별한 이유 없이 그와 그의 아들의 관계가 극적으로 호전되었다고 했다. 이것이 진정한 기도의 행동이다! 도보기도를 통해 사람들이 근본적으로 변화되어 하나님을 선택하게 된 것이다.

## 기타 요령들과 실제적인 도움들

■ 여러 교회에서 모인 성도들이 한 마음으로 지역사회를 위해 기도하며 하나 될 때 능력이 나타난다. 당신의 교회가 위치한 지역에 속한 다른 교회의 성도들이 당신의 도보기도에 참여하고 싶어 하는가?

■ 사람들의 이름을 언급하면서 기도하라. 이웃에 거주하는 사람들의 이름을 알아보라. 그리고 그들의 이름을 부르며 도보기도를 드려보라.

■ 지도에 당신이 지나간 길을 표시하라. 그래야 지나친 길들을 제대로 기억할 수 있게 된다. 지역을 분할하여 각각의 그룹이 지역을 따로 맡을 수도 있다.

■ 언덕의 정상에서나 높은 곳(빌딩의 꼭대기 같은 장소)으로부터 도시를 내려다보게 되면, 시야에 보이는 전 지역을 위해 기도를 드리고 하나님의 말씀을 선포하라. 아래에 기도의 한 실례를 제공한다. 아래의 기도를 토대로 당신의 상황에 맞도록 개정하면 좋다. 이 기도문은 캐럴라인 앤더슨이 작성한 것이다.

하나님 아버지, _____지역에 거주하게 된 남녀노소들로 인해 감사드립니다. 이들 모두가 하나님의 아들이신 예수님과의 좋은 관계로 들어가도록 기도드립니다. 주님, 그들의 삶에 존재하는 모든 종류의 불신앙을 깨뜨려 주시고, 자유롭게 된 그들이 마음껏 신앙생활을 할 수 있도록 축복하여 주옵소서. 하나님의 나라가 임하는 것을 방해하는 모든 종류의 악한 영의 활동을 예수님의 이름으로 묶습니다. _____지역에서 예수님이 주님이심을 선포하며, _____가 예수님의 이름 앞에 무릎을 꿇게 될 것을 선언합니다. 주님, 이 지역사회에서 주님의 나라가 도시의 정의와 자비, 긍휼과 무조건적인 사랑, 진실함과 정직함이 확장되어지기를 기도드립니다. 하나님의 나라가 지금 이 지역에 임하길 기도합니다. 하나님의 나라의 선하고 올바른 가치관들이 이 지역의 정부, 관공서, 병원, 학교, 비즈니스, 사무실, 가정, 공장, 가게, 그리고 교회에 충만하기를 기도드립니다. 이 지역이 천국과 같은 곳으로 변화될 것을 선포하면서, 예수님의 이름으로 기도합니다. 아멘.

■ 당신의 공동체 안에 있는 하나님 나라의 가치를 위해 기도하라. 만일 예수님이 당신이 거주하는 지역의 정부 관료라면 어떤 변화를 가져오시리라 생각하는가? 그분이 발전시키기 원하시는 공동체의 부분은 무엇인가? 당신의 도시에서 예수님이 허락하실 일들과 거부하실 일들은 무엇인가? 그러한 일들에 관해 깊이 생각하며 기도하다가, 그에 관련된 성경구절을 생각하고 그 말씀을 중심으로 더욱 깊이 기도해보라.

■ 당신의 지역사회를 기도 속에 깊이 담근 후에, 영적 돌파가 요구되는 한 가지 문제를 가지고 하나님의 얼굴을 구하라. 그러면 가난한 지역, 학업성적이 부진한 학교 등의 문제를 중심으로 기도를 드릴 수 있을 것이다. 성령님께 하나님의 전략을 알게 해 달라고 끊기 있게 기도하기 시작하라.

## 예언적 행위들과 도보기도

때로는 하나님께서 기도에 어떤 상징적인 행동이 동반되기를 요구하실 때도 있다. 이것을 우리는 예언적 행위라고 부른다. 그 한 예로 구약의 열왕기하 2장 19-22절에 나타난 엘리사가 소금으로 오염된 물을 정화시키는 행위를 들 수 있다.

그 성읍 사람들이 엘리사에게 말하였다. "보십시오, 선생님께서도 보시는 바와 같이 이 성읍이 차지하고 있는 자리는 좋지만 물이 좋지 않아서 이 땅에서는 사람들이 아이를 유산한다." 그러자 그는 새 대접에 소금을 조금 담아 가지고 오라고 하였다. 그들이 그것을 가져오니, 엘리사는 물의 근원이 있는 곳으로 가서, 소금을 그 곳에 뿌리며 말하였다. "주께서 이렇게 말씀하신다. '내가 이 물을 맑게 고쳤으니, 다시는 이곳에서 사람들이 물 때문에 죽거나 유산하는 일이 없을 것이다.'" 그곳의 물은 엘리사가 말한 대로 그 때부터 맑아져서 오늘에 이르렀다.

엘리사는 오염된 물에 소금을 던지는 예언적인 행동을 하였다. 이는 하나님께서 그 물의 근원을 고치실 것이라는 예언을 말씀 대신에 행동으로 표현한 것이다. 이는 일종의 시위이다. 비슷하게 우리도 하나님께서 계시로 보여주신 것들을 표현할 때에, 말이 아닌 예언적 행동으로 나타내 보여야 할 때가 있다. 종종 어떤 이들은 집의 상인방에 기름을 부으며 성령의 임하심을 상징적으로 표현하기도 한다. 다른 이들은 땅에 적포도주나 빨간 포도주스를 부으며, 예수님의 피의 깨끗이 씻기는 능력이 그 땅에 임하기를 소원하는 자들도 있다. 강물에 소금을 던짐으로 영적 분위기가 정결하게 쇄신되기를 기도하는 자들도 있다. 그러나 상징적인 행위에 믿음이 동반되지 않는다면 그것은 어떠한 능력도 가지지 못한다.

기억하라. 도보기도를 드리다가 예언적 행위를 하라는 성령님의 충동을 느끼면, 함께 도보기도를 드리던 사람에게 당신이 그런 상징적 행동을 하는 이유를 먼저 설명함으로 당신은 동의와 믿음, 그리고 하나 됨 안에 거할 수 있다. 만일 종교적 행위를 한다면 어떠한 능력도 없을 것이다. 그러나 믿음과 함께 사용되는 예언적 행위는 중보기도에 있어서 참으로 놀라운 영적 도구로 사용된다.

## 땅에 대한 책임성을 취하라

정신이 번쩍 나게 하는 말씀이 예레미야 12장 11절에 기록되어 있다.

그들이 내 땅을 황무지로 바꾸어 놓았다. 황무지가 된 이 땅이 나를 보고 통곡한다. 온 땅이 이렇게 황무지가 되었는데도 걱정하는 사람이 하나도 없구나.

다른 번역본은 "이렇게 황무지가 되었는데도, 마음에 두는 자가 하나도 없구나."라고 번역하고 있다. 하나님의 말씀이 우리의 마음을 만지도록 늘 허락해야 한다. 우리의 땅의 번영을 돌보아야 하는 책임이 우리에게 있다는 것을 기억해야 한다. 신명기 11장 12절에는 이렇게 기록되어 있다.

주 너희의 하나님이 몸소 돌보시는 땅이고, 주 너희 하나님의 눈길이 해마다 정초부터 섣달 그믐날까지 늘 보살펴 주시는 땅이다.

위의 성경구절은 물론 이스라엘이 약속의 땅에 들어가는 것에 관련된 말씀이다. 그렇지만 나는 이 말씀이 나와 여러분의 지역사회 공동체에도 주시는 말씀이라고 생각한다. 하나님의 눈길은 하나님이 만드신 모든 만물을 향한다. 하나님은 그분이 만드신 피조물을 깊이 돌보신다. 하나님은 지형을 만드셨기에, 그분의 자녀인 우리가 그 지형들을 위해 기도하는 책임을 갖길 원하신다. 또 그 땅을 밟고 걸으며 그 지역에 하나님의 나라가 임하기를 선포하기 원하신다.

사도행전 17장 26절에서 우리의 거주 지역을 하나님이 정하셨다는 말씀을 접한다.

그분은 인류의 모든 족속을 한 혈통으로 만드셔서, 온 땅 위에 살게 하시며 그들이 사는 시대와 거주의 경계를 정하셨다.

하나님이 당신을 지금 당신이 거주하는 특정지역으로 보내신 것에 목적이 있다. 다른 사람들에게 다가가 하나님의 축복을 나누어 주라는 것이다. 지금이 당신이 하늘나라로부터 파견된 대사로서 영적 제복을 입고 거리로 나아가 도보기도를 드릴 때이다! 도보기도를 드리기 시작하면 당신이 거주하는 지역에서 일하시는 하나님의 움직임을 보기 시작할 것이며, 영적 분위기가 바뀌고, 전 지역이 하나님의 영광을 위해 새롭게 되는 역사를 체험하게 될 것이다.

# 05

# 끈기 있는 기도:
# 지금은 포기하기에 적합한 때가 아니다!

Persistent Prayer: Now is Not a Good Time to Give Up!

누구도 갈등을 원하는 사람은 없지만, 자신이 욕심을 내는 부분에 대해서는 확고하게 고집을 부릴 때가 있다. 그런데 불행히도 우리는 옳은 일보다는 그릇된 일에 고집을 부린다. 이러한 완강한 자세를 기도에 사용한다면 불굴의 기도용사가 될 것이다. 하나님은 우리가 기도할 때 경건한 고집, 일종의 영적 고집(tenacity: 끈기, 완강함, 불굴, 집요함)을 갖길 원하신다. 이것이 바로 성경이 말하는 '끈질긴 기도'이다. 많은 이들이 보다 더 깊이 기도를 드리려고 몸부림친다. 여기에서 관건이 되는 것은 '참을성'이라는 덕목이다. 이 단원을 통해 하나님께서 당신을 끈기로 일깨우기 원하며, 그 결과 당신이 영적 도약에 이르기를 바란다. 반드시 기억하라. 지금은 포기하기에 적합한 시기가 아니다.

한번은 워싱턴 주의 시애틀에서 열린 컨퍼런스에서 강연을 한 적이 있다. 그런데 한 여인이 나에게 다가와서는, 시장을 거닐다가 마음에 드는 티셔츠를 하나 발견했는데 하나님께서 그 티셔츠를 누군가에게 선물해 주라고 말씀하시는 것 같다고 했다. 그런데 내 강연회에 참석했다가, "아! 그 티셔츠는 레이첼을 위한 것이었구나!" 하는 확신을 가지게 되었다는 것이다. 그리고 그녀는 나에게 돈을 건네주면서 "그 상점으로 가서 그 티셔츠를 구입할 수 있나요?"라는 부탁의 말을 했다. 나는 그녀의 간곡함에 못 이겨 그녀가 말한 그 티셔츠를 구입했고, 나는 그 옷을 "추수의 자켓"이라고 부른다. 왜냐하면 밀의 이삭이 그려진 옷이기 때문이다. 그 옷에 눈길을 준 순간, 하나님은 나에게 "이 옷은 너에게 예언적 복장이 될 것이다. 네가 이 옷을 입을 때, 지금이 추수할 시기가 되었다는 것을 선포하게 될 것이다."라고 말씀하셨다.

우리 모두는 기도의 열매를 거두기 원한다. 우리가 인내하며 기도의 씨를 뿌리고 때가 무르익으면, 열매를 맺고 추수하게 된다. 굽히지 않는 불굴의 완강한 기도를 통과하면, 결국 추수하게 되리라고 하나님께서 예언적으로 말씀하셨다고 나는 믿는다. 그런 완강함은 실제 변화가 일어나는 것이 확연하게 보이지 않을 때에라도, 기도하고 또 기도하면서 오랜 기간 동안 기도하는 것을 통해 증명된다. 독자들 중에도 그렇게 기도해본 경험들이 있으리라 생각된다. 기도하면 할수록 사태가 호전되기는커녕 도리어 악화되는 것을 경험해 본 적이 있는가? 영적 돌파는 일어나지 않고 "하나님, 하나님은 도대체 무슨 일을 하고 계신 건가요?"라는 의구심의 말만 나올 정도로 거의 불가능한 상황으로 치닫는 것을 경험한 적이 있는가? 만일 그렇다면 하나님께서 당신에게 지금 이 시간 한 가지 불변의 진리를 가르쳐 주기 원하신다. 그것은 "기도한 시간은 쓸데없이 낭비해버린 시간이 아니다."라는 것이다. 당신이 기도하면 반드시 추수가 따라온다. 기도로 씨를 심은 모든 곳에, 특히 눈물로 씨를 뿌린 곳에는 반드시 큰 수확이 있다.

## 기도생활에서 성숙해가기

하나님께서 오늘날 교회들을 성숙함과 기도의 의무를 다하는 곳으로 부르고 계신다고 나는 믿는다. 우리는 "교회들이여 오라, 이제는 성숙함에 도달할 시기이다. 책임을 지고 너의 약속을 이행하라."고 하시는 성령님의 부르짖음을 듣는다. 우리는 하나님의 어린 자녀로 머물면서 어리광을 부리기 원한다. 물론 우리는 항상 하나님의 자녀들이다. 그렇지만 언제까지나 아장아장 걷는 영적 유아로 머물러서는 안 될 것이다. 유아들은 아무 일에도 책임을 지지 않는다.

그러나 이제는 우리의 책임을 다 행하고 자라나야 할 시기이다. 이제는 젖이나 먹으면서 아빠가 모든 것을 대신해주는 것에만 의존할 수 없다! 그렇지만 성숙해져서 책임을 진다는 것이 하나님 아버지와의 친밀감을 잃어버리는 것을 의미하지는 않는다. 나의 딸 니콜라는 18개월 전에 결혼했다. 그러나 아직도 니콜라는 아버지의 귀여운 딸로 머물러 있다. 남편 고든과 니콜라는 아직도 친분이 돈독하다. 니콜라는 이제 우리 집을 떠나, 새로운 삶의 국면에 접하여, 이전과는 다른 종류의 책임을 감당하며 인생을 꾸려가고 있다. 니콜라는 이제 성숙한 성인임에 틀림없다. 그래도 부모의 눈에는 아직도 귀여운 아이이다. 동일하게, 우리 믿는 자들은 우리 아버지의 귀여움을 받는 천국의 자녀들이지만, 동시에 천국의 비즈니스에 책임을 져야 한다. 아버지께서는 우리에게 지금 복음을 지역사회에 전하라는 명령과 사명, 권한을 주신다.

예수님은 오셔서 이 땅에 머무시는 동안 일하셨다. 그분은 사명을 감당하시고 모든 일을 마치신 후에 "다 이루었다."라고 말씀하셨다. 그리고 예수님은 하늘로 올라가셔서 하나님의 우편에 앉으셨고, 그 바톤을 우리에게 넘겨주셨다. 그렇다면 이제 이 땅에 복음을 선포하는 것이 누구의 직무이겠는가? 바로 여러분과 나의 직무이다! 예수님은 우리 앞서 길을 걸어가셨기에, 우리에게 귀감이 되는 모범을 보여주시고 따라 오라 하신다. 그분은 우리에게 이 권한을 주셨다.

하나님께서는 최근에 그 문제에 관한 특별한 명령을 허락하셨다. 그것은 그분의 교회가 일관성을 가지고 책임을 지는 자리로 나오기 바라신다는 것이다. 다른 말로 하자면, 하나님은 우리가 기도의 자리에 늘 견고하게 서 있길 원하신다. 종종 우리는 은혜를 받고 기도하기로 결단하고, 집중하여 기도하는 경우가 있으나, 간혹 장애물을 넘지 못하고 쓰러져 쉽게 포기한다. 과거에 나는 기도 팀을 이끌어본 경험이 많다. 처음에는 큰 열의로 시작하지만, 몇 달이 지난 후에는 사람들이 하나, 둘씩 사라지는 것을 보게 된다. 왜 더 이상 기도의 자리로 나아오지 않느냐는 질문에 그들은 "글쎄요. 나는 더 이상 기도하는 것을 원하지 않는 것 같아요. 내 생각에 또 다른 무언가를 시도해야 할 것 같아요"라고 대답한다. 우리는 기도의 자리에서 자기 자리를 지키며 끈질기게 기도하는 법을 배워야 한다. 우리는 출발선이 좋았던 것처럼 마무리도 잘 하는 법을 배워야 한다. 예수님은 알파와 오메가 되시며 시작과 끝이시다.

헌신함으로 책임을 지는 삶, 그것이 중요하다는 것은 누구나 다 안다. 결혼의 예를 들어보자. 결혼생활에 헌신하겠다는 사람이 가정에 대해 책임을 지는 삶을 살지 않는다면 그것은 모순이다. 나는 아침에 일어나서 오늘 아내로서 살고 싶지 않다고 생각할 수 있다. 나의 경우에는, 다림질을 해야 할 옷이 내 앞에 산더미처럼 쌓여있는 경우에 그런 생각을 하게 된다. "차라리 결혼하지 않고 혼자 살 때가 더 나았는데. 도대체 이 많은 옷들을 언제 다림질할 것인가!" 그러나 싫든 좋든 나는 가정에 헌신하기로 결혼서약을 한 사람이기에, 나에게는 가사에 책임을 질 의무가 있다. 얼마나 많은 부모들이 토요일 아침에 늦잠을 자면서 "오늘은 늦잠을 자며 어린 아이 같아졌으면 좋겠어. 아침 일찍 일어나 아이들의 아침을 챙겨주고 싶지 않아"라고 말하는가? 그러나 당신이 원하든 원치 않든 당신은 자녀를 돌볼 의무가 있는 것이 사실이다.

비슷하게, 이 세상에는 일하기 싫어하는 사람들도 있다. 그들의 일터로 나가는 것을 혐오한다. 그럼에도 불구하고, 그들은 먹고 살기 위해 오늘도 일터로 발걸음을 옮기고 있다. 사실 솔직히 말해서 모든 사람이 하기 좋은 일만 하고 사는 것은 아니다. 그러면 왜 우리는 이렇게 해야 하나? 우리의 갈망과 개인적인 선호 너머에 우리의 책임감을 이해하고 있기 때문이다. 오늘날 교회를 다니는 교인들은 바로 이 점을 보아야 한다. 우리는 우리가 영적인 책임과 우리가 좋아하든 그렇지 않든 지에 상관없이 하나님으로부터 주어진 권한을 가지고 있음을 깨달아야 한다.

## 믿음에 부합된 변함없는 기도

이제 이 시대에 하나님은 시종일관 변함없이 인내로 기도하는 성숙한 기도자들을 부르고 계신다. 이따금 기도는 힘든 중노동처럼 느껴지기도 할 것이다. 왜냐하면 기도란 하나님의 나라를 위하여 근면한 정신으로 끊임없이 정진하는 정례적(定例的) 노력이기 때문이다. 그렇기에 우리는 기름부음을 받았다고 생각하는 순간 뿐만 아니라, 항시 기도해야 한다. 기도는 명령이다. 우리는 이것을 해야 한다. 하나님은 그렇게 확고부동한 결의로 무장된 기도자를 찾고 계신다. 우리는 쉬지 않고 기도하며, 기도의 줄을 꽉 붙잡은채 포기하지 않고 기도해야 한다.

우리는 "하나님, 우리는 다른 데로 갈 데가 없습니다. 오직 주님만 의지하며 주님과 함께 머물기 원합니다."라고 고백하며 하나님의 얼굴을 끊임없이 구해야 한다. 나의 친구인 요한 프레스디는 기도로 하나님께 순종하는 것에 관해 다음과 같은 주장을 한다. 우리 인생을 되돌아보면, 우리가 원하는 것과 전적으로 다를지라도 어렸을 적에 부모님의 반대 때문에 자신의 의지를 꺾고 순종했던 시절이 있다. 그런 경우에 부모님께 순종한 것은 순종하고 싶어서 한 게 아니라, 부모님의 의사를 존중했기 때문이라고 한다. 하나님 나라의 일에 관해서도 비슷한 원리가 적용된다. 당신은 단순히 순종해야 한다. 순종에는 능력이 나타난다. 하나님께서 당신에게 어떤 일을 시키기 원하신다면, 그렇게 하고 싶은 기분이 들 때까지 기다리고 있어서는 안 된다. 당장 결단해야 한다. 하나님이 명령하셨기 때문에 해야 한다.

히브리서 6장 10절의 약속을 읽어보자.

하나님께서는 불의하신 분이 아니시므로, 여러분의 행위와 여러분이 하나님의 이름을 위하여 나타낸 사랑을 잊어버리지 않으십니다. 여러분은 성도들을 섬겼으며, 또 지금도 섬기고 있습니다.

나는 위의 성경구절을 기도로 드리는 봉사라는 면에서 재조명해보고자 한다. 우리가 중보의 기도를 드린다는 것은 타인을 위해 '봉사'한다는 뜻이다. 하나님은 불공평한 분이 아니시다. 그렇기에 하나님은 절대로 그러한 봉사를 잊지 않으신다. 이어지는 히브리서의 말씀을 읽어보자.

우리는 여러분 각 사람이 같은 열성을 끝까지 나타내어서, 소망을 이루시기를 바랍니다. 여러분은 게으른 사람이 되지 말고, 믿음과 인내로 약속을 상속받는 사람들을 본받는 사람이 되어야 합니다.
-히 6:11-12

무언가를 위해 기도를 시작할 때는 열의를 가지고 하지만, 시간이 지남에 따라 열정이 식어진다. 우리는 성실함으로 동일하게 마쳐야 한다. 믿음과 인내가 마지막 날에 승리할 것이다. 지금이 바로 그런 믿음에 기초를 둔 끈질긴 기도를 드릴 시기이다.

어느 날 아침 하나님께서는 이런 계시의 말씀을 주셨다. "레이첼, 대부분의 경우에 기도의 응답을 받지 못하는 것은 기도를 잘 못해서가 아니란다. 기도의 응답을 받지 못하는 주된 요인은 끝까지 기도를 드리지 않고 중도에 포기하기 때문이지!" 우리는 상황이 변화되기를 위해 기도하지만, 상황이 꿈쩍도 하지 않을 때에는 실망하고 포기해 버린다. 그러고는 잘못된 기도를 드렸기에 응답을 받지 못했다고 가정한다. 그러나 많은 경우에 응답을 받지 못하는 것은, 영적 돌파가 일어날 때까지 충분히 오래 기도하지 않았기 때문이다.

**지금은 포기하기에 적합한 때가 아니다!**
갈라디아서 6장 9절의 말씀이다.

선한 일을 하다가 낙심하지 맙시다. 지쳐서 넘어지지 않으면 때가 이를 때에 거두게 될 것입니다.

당신의 기도생활은 아마도 당신이 판단하는 것보다 더 효과적일 수 있다. 그러므로 선한 일을 하다가 지쳐서 낙심하지 마라! 우리의 원수인 사단은, 기도응답이 지체되는 것이 당신이 '올바로 기도하는 법'을 모르거나 당신이 나쁜 사람이기 때문이라고 착각하도록 유도한다. 그것은 진실이 아니다. 당신은 제대로 기도를 드리고 있지만, 기도응답을 받기까지는 좀 더 기다리며 집요하게 기도해야만 한다는 것이다.

기도에 도사리는 매우 흔한 함정은 피로이다. 기도했으나 상황이 변화되지 않는 것을 보면, 우리들 대부분은 "나는 기도했다. 그러나 이제는 지치네요."라는 반응을 보인다. 바로 이것이 혼자 기도하지 말고 팀으로 기도해야 하는 이유이다. 우리는 좋은 기도 그룹이나 기도 파트너가 필요하다. 우리는 우리를 격려하고 응원해 줄 사람이 필요하다. "참 잘하고 있다."라는 격려의 말을 해 줄 사람이 필요하다는 것이다. 기도를 통해 격려함으로 서로 돕는 관계가 형성된다면 기도의 과정을 끝까지 마치는 데 큰 도움이 된다.

　기도의 기적은 영적인 것과 자연적인 것이 연결되는 지점에서 발생한다. 하늘에서 선포된 것이 땅으로 "이끌어져 내려져서" 기도를 통해 이 땅에서 이루어진다는 말이다. 그런 과정이 마무리되면 우리는 기도의 응답을 체험하게 된다. 이것이 바로 사도 바울이 사용한 "때가 찼다" 내지는 "적합한 때가 이르렀다"는 표현이 뜻하는 바이다. 그런 기도의 분량이 차는 시간은 하늘과 땅이 맞닿는 시기(카이로스)이며, 우리가 그렇게도 소원하는 영적 돌파(spiritual breakthrough)가 이루어지는 시간이다. 우리가 기도를 시작하는 시점, 즉 하늘과 땅의 조화가 서로 연합되는 과정은 결국 우리의 기도의 수확을 얻는 "적절한" 시기가 된다. 그러나 영적 돌파가 이루어지기 전까지는 '갈라진 틈새'가 있다는 사실에 유념해야 한다. 영국 지하철에 승차해 본 사람은, 지하철의 문이 열리고 사람들이 내리고 타는 순간에, 확성기에서 흘러나오는 "틈새를 조심하세요. 틈새를 조심하세요."라는 소리를 들었을 것이다. 동일하게 하나님은 그의 중보기도자들에게 "틈새에 유념하라!"고 경고하신다. 왜냐하면 하늘과 땅 사이에는 틈새가 벌어져 있기 때문이다. 하나님께서 하늘에서 선포하여 주시는 그 말씀과 지상에서 벌어지는 현실 사이에는 간격이 있다. 지금 당신의 지역 공동체에서 어떠한 일들이 일어나고 있는지 보라. 하나님이 당신의 공동체에게 원하시는 것과 현실 사이에는 차이(gap: 갈라진 틈, 격차, 간격, 공백, 끊긴 사이)가 있을 것이다. 하늘은 "하나님의 나라가 임하옵시고."라고 공포하지만, 땅의 현실은 그것을 따라가지 못하고 있다. 기도는 마치 영적 개선작업과도 같다. 한 손에는 하늘의 갈망을 들고 다른 손에는 땅의 현실을 들고는, 그 둘이 하나가 되도록 정렬하는 작업이 기도이다. 우리는 "주님, 하나님의 나라가 바로 이곳에 임하소서." 라고 기도드린다. 그러나 하늘과 땅의 현실이 비슷하게 되는 정렬이 일어나는 데는 진정 많은 노력과 수고가 요구된다. 그럼에도 불구하고, 일단 하나님의 음성을 들었다면, 지역사회를 향하여 "이 공동체는 주님의 구원을 보게 될 것이다."라고 선포해야 한다. 하나님의 은혜의 보좌로 담대히 나아가는 자는 하나님의 예언의 말씀을 받아서 이 땅에 선포하게 된다. 우리는 그것을 천국의 선포(heaven's proclamation)라고 한다. 천국의 현실과 땅의 현실 사이에는 분명히 간격이 있다. 중보기도자는 그 간격을 믿음으로 메우는 자들이다.

중보기도자들이 은혜의 보좌로 담대히 나아가 하늘의 현실을 보고, 그것을 이 땅에 임하게 하기 위하여 기도로 노력하다가 중도에 포기한다면 무슨 일이 발생할까? 그렇게도 갈망하던 영적 돌파를 경험하지 못하게 될 것이다. 그러나 인내로 기도하면 기도의 분량이 차고 "때가 이르면" 추수하는 축복이 임하게 된다. 때때로 현실의 상황을 바라보면 "너 자신을 괴롭히지 말고 포기해. 너는 실패할거야."라고 우리에게 속삭이기도 한다. 그러나 그러한 경우라도 넝신의 기도의 자리를 포기하도록 하는 것을 거절하고 영적인 확고함을 가져야 한다. 때때로 "나는 포기하지 않는다."라는 부르짖음이 기도자의 영혼 깊숙한 곳으로부터 울려 퍼져 나와야 한다.

3장에서 이야기했던 교통사고 후에 1984년 11월에 나는 휠체어를 타고 아프리카로부터 내 고향인 영국으로 돌아왔다. 그 당시 나에게는 하나님께서 나의 다리를 고쳐주실 것이라는 불타는 믿음이 있었다. 다양한 종류의 지방 색전이라는 병으로부터 치유를 경험한 직후라, 나의 믿음은 충만해 있었다. 거의 죽을 뻔했다가 기적적으로 살아난 나는 하나님께서 곧 이어 나의 다리를 온전히 치유해주실 것으로 굳게 믿었다. 그러나 한 달이 지난 후에도 별다른 변화가 일어나지 않았다. 도리어 병세는 더욱 악화되었다. 통증은 멈추지 않고 계속되었으며 부스러진 뼈들도 서로 잘 달라붙지 않았다. 나는 병원에 입원했다 퇴원했다하는 것을 수없이 반복하며 병원을 드나들어야 했고, 의사들도 "아무런 변화가 없군요. 당신의 다리는 너무 많이 부서져 뼈가 서로 붙을 정도의 충분한 피가 통하지 않는다."라는 부정적인 말만 되풀이했다.

6개월 동안 석고 깁스를 하고 있었으나 피부경결도 일어나지 않았다. 그래서 의사들은 나에게 발 전문 병원에서 뼈 이식 접합수술을 받을 것을 권했다. 외과 의사들은 내 엉덩이 부분의 뼈를 떼어내어 그 뼛조각을 다리에 심는 수술을 감행하기 원했다. 그런 수술은 한쪽 다리를 시술하는데만도 9개월이 걸린다. 한쪽 다리의 수술을 마치고, 그 다리가 회복되는 시기를 거친 후에 다른 쪽도 수술하게 된다. 그런 조망은 나에게는 상당히 듣기에 불쾌한 것이었다.

그 절망의 시기에 많은 교회들이 나를 위해 기도를 해주었다는 데 대해 나는 하나님께 말로 다할 수 없는 감사를 드린다. 내가 거주했던 헤트포드셔의 4개의 교회들, 헤멜 공동체 교회, 와트포드 공동체 교회, 개스톤 공동체 교회, 그리고 성 알반즈 공동체 교회는 연합하여 "영적 전투의 찬양용사" 팀을 조직했다. 그들은 거듭 나의 병상으로 찾아와 안수하며 나의 다리를 위해 기도해 주었다. 나는 다리의 치유가 급속하기를 기대했지만, 치유는 매우 더디었다. 그러나 그들이 기도할 때마다 뼈가 조금씩 접합되어 가는 것을 느꼈다. 희망적이었던 것은 조금씩이라도 뼈가 붙고 있었다는 것이다! 그들의 일치된 기도 덕분으로 점차 영적 돌파가 일어나기 시작했다!

그러나 잘 진행되던 치유가 갑자기 머뭇거리더니 급기야 퇴행의 길을 걷기 시작했다. 그 시점에 기도자들은 보다 집중적인 기도가 필요하다는 결론에 도달했다. 참으로 부단히 싸워야만 했던 영적 전투였으나, 나의 동역자들은 끈기로 기도의 씨름에 끝까지 매달렸다. 16개월 후에 나는 나의 두 발로 일어설 수 있게 되었다. 석고 깁스를 풀고 다리에 보조 장치만 달고도 걸어다닐 수 있게 되었다. 마침내 내 두 다리로 내 몸무게를 충분히 지탱할 수 있게 되었다는 확신이 들었고, 그 즉시 1986년에 우리들 부부는 아프리카의 짐바브웨로 돌아갔다. 그 당시만 해도 나는 쉽게 걸을 수도 없었고 장시간 보행할 수도 없었다. 사실은 5분만 걸어도 다리의 근육에 피곤이 느껴졌으나, 나는 내가 혼수상태로부터 기적적으로 깨어났을 때 하나님께서 나에게 허락하신 그 말씀을 끝까지 굳게 붙잡았다. 그것은 히브리서 12장 13절에 기초를 둔 계시였다.

똑바로 걸으십시오. 그래서 저는 나리기 삐지 않고 오히려 낫게 하십시오.

나는 위의 말씀이 나를 향한 하나님의 말씀이라는 확신을 가졌다. 그것은 내가 잠시 생각해 본 그런 일순간의 확신이 아니었다. 그것은 단지 "좋은 생각"이 아닌 "하나님의 시작"이었다. 그러나 18개월이 지난 후에 나의 확신은 조금씩 떨어지기 시작했다. 나는 "하나님, 우리는 주님을 위해 봉사하기 원합니다. 아프리카에서 주님을 위해 일하기 원합니다! 그렇다면 나를 고쳐주셔야 하지 않겠습니까?"라고 구했다. 그러나 그 당시 우리에게는 영적 돌파가 없었다.

그러나 상황에 관계없이 우리 부부는 순종하는 마음으로 아프리카로 돌아가서 라인하르트 본케 목사님과 함께 사역하기 시작했다. 내가 자유롭게 걸을 수 없었던 이유 중에 하나는 내 오른쪽 다리가 왼쪽 다리에 비하여 상당히 짧았기 때문이었다. 다리 뒤쪽의 근육이 힘줄에 잡아 당겨져 매여졌기에, 내 오른쪽 발은 땅에 닿지를 않았다. 다른 각도에서 살펴보면, 내 오른쪽 다리가 안쪽으로 심하게 휘어져 있었다. 그래서 계단을 내려가는 것이 힘겨웠고, 몸의 균형을 유지하기도 쉽지 않았다.

아프리카에서 매우 놀라운 치유전도자 라인하르트 본케와 함께 사역하는 동안, 집회 때마다 절뚝발이들이 치유함을 받고, 소경이 눈을 뜨며, 각양각색의 기적이 일어나는 것을 나는 목격했다. 그러나 나는 아직 치유되지 못했다. 사실 내가 타인의 치유를 위해 개인적으로 기도하면 하나님께서 그들의 질병을 치유하셨다. 그렇지만 나의 병은 온전히 치유되지 않았다.

그 당시 나는 임신하기 원했지만, 모든 의사들은 만류했다. 왜냐하면 내 다리가 임신한 몸무게를 지탱해내지 못하리라 판단했기 때문이다. 그러나 나는 "하나님이 나에게 약속을 주셨는데… 저는 다리로 낫게 해 주신다고 했는데."라고 생각했다. 그래서 만일 내가 임신하게 되면, 나에게 몸무게를 떠받칠 다리가 있어야 함을 아시는 그분께서 약속을 신속히 이행하시리라 생각했다. 그래서 나는 두 번째 아기를 임신하게 되었다. 그렇지만 우리 중 얼마나 많은 사람들이 그런 방식으로 하나님을 조종할 수는 없다는 사실을 알고 있을까? 하나님은 은혜를 주시는 분이시기에 임신에 관한 문제는 잘 해결되었으나, 다리는 여전히 치유되지 않았다.

교통사고를 당한 지 4년이 흐른 시점인 1988년에 우리는 필리핀에서 라인하르트 본케 목사와 함께 집회를 인도하게 되었다. 우연히 그곳에서 신유사역으로 유명한 프랜시스와 찰스 헌터 목사님을 만났다. 그 당시 나는 영적으로 충만하지 못했기에, 어떤 의미에서는 마지못해 헌터 목사님의 집회에 참석했다. 나는 가고 싶지 않았으나, 남편이 라인하르트 본케 목사님이 다른 일로 참석할 수 없기에 대신 우리가 대표로 참석해야 한다고 우겼기에 그냥 따라갔던 것이다. 나는 속으로 '내게 또 다른 집회는 필요 없어'고 말했다. 그러나 나는 순종하는 마음으로 그냥 아무 생각 없이 따라 나섰다.

그런데 신유집회에서 찰스 헌터 목사가 나에게 다가오더니 교통사고로 인하여 뭔가 불편하게 된 신체부위가 없느냐는 질문을 해왔다. 나는 "다리가 아픕니다."라고 대답했다. 그 당시 나의 심장은 고동치기 시작했다. "오! 하나님, 드디어 나에게도 치유 받을 순간이 찾아왔군요."라고 외치고 싶은 마음도 들었다. 그러나 실상은 반신반의하고 있었다. 걱정하며 불안에 떠는 나의 마음의 다른 부분은 "하나님, 나를 가지고 장난치지 마세요. 이번에도 치유가 임하지 않는다면 나는 견딜 수 없을 것 같아요. 하나님은 나에게 말씀을 주셨지만, 적어도 지금까지는 놀라운 기적을 체험하지 못하고 있습니다. 주님, 주님의 온전한 치유가 지연되는 이유를 나는 모르겠습니다. 말씀과 현실의 괴리가 너무 커서 나를 괴롭게 합니다. 하나님께서 나에게 처음으로 말씀을 주셨을 때에는 분명했는데, 지금의 상황은 그 말씀을 반영하고 있지 않습니다. 이전에는 희망으로 가득했었습니다. 만약 어떻게 행하실지를 믿는다면 다시 실망하지 않을까요?"

나는 아직도 찰스 헌터 목사님이 내 다리에 손을 얹고 기도해주시던 그 모습을 생생히 기억한다. 나는 뭔가 짜릿한 전기의 흐름 같은 느낌이 오기를 간절히 바랬다. 그러나 아무런 느낌도 오질 않았다. '오, 하나님, 또 아닙니까?'라고 속으로 울부짖었다. 그 집회에는 약 600명 정도의 사람들이 모였는데, 나도 그들 중에 하나로 무언가 일어나기를 간절히 갈망했다. 안수기도를 마치고 찰스 목사님은 나에게 "기도 받기 전에는 할 수 없었던 행동을 하나 해보고 싶습니다"라고 말했다. 나는 이전에는 보조 신발을 신지 않으면 평지에 똑바로 설 수 없었다. 그래서 나는 아주 천천히 신발을 벗었다. 그리고 먼저는 왼쪽 발을, 그 다음에는 오른쪽 발을 땅에 내려놓았다. 나는 그날 밤에 일어난 일을 평생 잊을 수 없다. 내가 차례로 신발을 벗고 두 발을 땅에 내려놓았을 때에, 두 발이 동시에 땅에 닿는 것이었다. 나는 일어서서 흐느껴 울기 시작했다. 오른쪽 다리의 길이가 왼쪽 다리의 길이와 동일하게 길어지는 '영적 돌파'가 일어난 것이다. 나는 완전히 치유되었다.

나는 당신에게 기도의 신비에 관해 말하고 싶다. 하나님의 때라는 것에 관해서는 뭔가 신비에 감춰진 것이 있다. 하나님의 약속과 성취 사이에는 '지연'이 있게 마련이다. 그리고 당신에게 주신 하나님의 구체적인 말씀의 이해함에 더 신비가 있다. 우리 모두는 끝까지 견디는 기도자들이 되어야 한다. 하나님의 약속의 성취가 지연되거나 이해되지 않는다고 해서 당신의 믿음이 틀렸다는 뜻이 아니다. 선한 일을 하다가 피곤해지지 마라. 하나님의 뜻을 분명히 납득했다면, 그 말씀을 끝까지 붙잡으라. 응답이 지연된다고 딴 길로 가지 말기 바란다. 응답이 지연되면 물론 열정도 식어진다. 그러면 사람들은 상황에 맞도록 적당히 타협하는 방향으로 전환하게 된다. 그러나 그것은 잘못된 것이다. 오직 하나님의 말씀만 붙잡으라. 히브리서 기자 말대로, 처음의 열정이 끝까지 가도록 유지하라.

## 믿음으로 기도함

하나님께서 무엇이라도 처음으로 말씀하시면 우리는 믿음으로 천진난만하게 받아들인다. 그렇지만 그 말씀이 삶 속에서 온전히 이루어지게 되려면 많은 믿음의 시련을 통과해 나와야 한다. 하나님의 응답이 바로 오지 않을 적에는 유혹이 찾아와 하나님의 말씀을 교묘하게 바꾸어 버린다. 그러므로 일단 하나님으로부터 말씀을 들었다면, 그 말씀을 분석한다든지, 합리적으로 들어맞도록 개조한다든지 하는 만용을 부리지 말아야 한다. "아니야, 하나님이 그런 뜻으로 말씀하신 게 아니라 다른 뜻이겠지."하면서 하나님의 말씀을 인간의 이성적 판단으로 바꾸어 놓지 말라. 그 대신에, 받은 말씀을 끝까지 꽉 붙잡으라. 사단으로 하여금 당신의 믿음을 소매치기해 가도록 허락해서는 안 된다. 히브리서 11장 6절은 "믿음이 없이는 하나님을 기쁘게 할 수 없다."라고 기록한다. 당신의 기도생활이 활기 찬 믿음과 관련되어 있지 않다면 하나님을 기쁘시게 해 드릴 수 없다. 사단이 가장 즐겨하는 일은 우리의 기도와 믿음을 분리시켜 놓는 것이다. 그러므로 우리는 한결같은 믿음의 분위기에서 기도를 드려야 한다. 11장 6절의 하반부에 기록된 "그러므로 하나님께 나아가는 사람은 하나님이 계신 것과 하나님은 그분을 간절히 찾는 사람들에게 상주시는 분임을 믿어야 한다."와 같은 그런 믿음 말이다.

사단은 당신이 종교적으로 판에 박힌 기도를 드리기 원한다. 그런 기도의 기도문은 그럴싸하게 들리지 몰라도, 기도의 능력은 나타나지 않는다. 기도와 믿음이 단절되었기 때문이다. 믿음이 없이는 우리의 기도가 하나님의 임재 앞에서 기쁜 일이 되지 못한다. 그러므로 하나님은 우리의 기도를 들으시고, 우리의 기도에 상 주심으로 응답해 주기 원하시는 분임을 진심으로 믿으면서 기도를 드려야 한다. 하나님을 '간절히 찾는 이들에게 상 주신다'는 말씀은 우리가 부지런히(diligently), 지속적으로(persistently), 그리고 끊임없이(consistently) 하나님을 찾을 때에 응답해 주신다는 뜻이다. 믿음이 실리지 않은 기도는 단지 종교적인 미사여구(美辭麗句)일 뿐이다. 그러므로 모든 기도자는 믿음을 가지고 씨름해야 하고, 하나님께서는 반드시 우리의 기도를 들어주신다는 그 진실을 굳게 붙잡아야 한다.

그렇기에 나는 기도부탁에 대하여 애증(愛憎)의 마음을 품는다. 종종 사람들이 기도부탁을 하는 이유는, 자신들이 기도하면 아무런 응답이 없다는 두려움 때문에 그들은 기도 제목을 적어서 중보기도팀에 기도부탁을 하지만 정작 자신은 기도하지 않는다. 그들은 기도의 "슈퍼스타"들에게 기도제목을 들이밀고, 그들이 자신들을 대신하여 기도를 드리면 하나님께서 응답해 주시리라는 믿음을 가진 자들이다. 그러나 "믿음이 없이는 하나님을 기쁘시게 해드리지 못한다."라는 말씀을 기억하라. 당신은 믿음으로 하나님의 얼굴을 끊임없이 구하면, 하나님께서는 당신의 기도를 들으시고, 당신에게 상급을 주신다는 그 사실을 믿어야 한다.

당신의 필요를 따라 가장 효과적으로 기도할 수 있는 사람은 당신 자신이다. 당신의 삶에 문제가 몰려올 때에, 급박함을 느끼고 열정적으로 기도할 수 있는 가장 적합한 사람도 당신 자신이다. 당신의 문제에 관해 온 마음을 다하여 하나님께 기도를 드릴 수 있는 사람도 당신 자신이다. 당신이 얼마만큼 선한 사람이냐 하는 것은 이에 무관하다. 당신은 부흥회 강사 내지는 유명 기독교 작가처럼 될 필요도 없다. 단지 당신의 아픈 마음을 하나님께로 가져 가기만 하면 된다. 그러면 하나님께서 들으시고 응답해 주신다. 물론 우리는 하나님의 가족과 함께 모여 기도를 드려야 한다. 그러나 집단으로 기도를 드렸다고 해서 개인적으로 하나님의 얼굴을 구하는 책임을 양도해도 된다는 의미는 아니다.

야고보서 5장은 다음과 같이 기록되어 있다.

그러므로 여러분은 서로 죄를 자백하고, 서로를 위해 기도하십시오. 그래서 여러분이 나음을 받게 하십시오. 의인이 간절히 비는 기도는 큰 효력을 냅니다. 엘리야는 우리와 같은 본성을 가진 사람이지만, 비가 오지 않기를 기도하니, 삼 년 육 개월 동안이나 땅에 비가 오지 않았고.                    -약 5:16-17

참으로 놀랍지 않은가? 당신의 기도는 능력 있고 효과적이다. 나는 "엘리야는 우리와 같은 본성을 가진 사람이지만…"라는 구절을 좋아한다. 엘리야는 참으로 놀라운 업적을 이루어낸 사람이다. 그럼에도 불구하고 야고보 사도는 "엘리야는 당신과 하나도 다를 바가 없다. 엘리야를 슈퍼스타로 만들지 말라. 그는 단지 평범한 인간이었을 뿐이다."라고 말한다. 엘리야가 진심으로 기도하자 무슨 일이 발생했는가? 그의 기도는 기후에 영향을 미쳤고, 그 결과 경제에도 변화를 가져왔다. 그와 마찬가지로 당신의 진실한 기도에도 엄청난 능력이 담겨있다!

수많은 기도들의 자포자기로 인하여 응답받지 못한 기도가 얼마나 많은지 모른다. 현대 교회에는 끝까지 붙들고 있어야 할 기도제목을 무책임하게 놓아버리는 문화가 있다. 때로는 "이 달의 기도제목들" 안에 들어있지 않기에 그냥 더 이상 기도하지 않기도 한다. 그렇기에 이제는 하나님께서 우리에게 부여하신 장기적인 기도에로의 위임을 인지하는 것이 필요하다고 생각한다.

얼마 전까지 견실히 기도해왔는데 이루어지지 않음으로 인하여 중단해버린 기도제목이 있는가? 중도에서 기도의 제목을 내던져버린 적이 있는가? 그렇다면 오늘 그 기도제목의 동산으로 돌아가서 거기에 물을 주기 바란다. 성령님에 대한 참으로 놀라운 사실은 그분의 씨앗이 썩지 않는 씨앗이라는 점이다. 지금까지 당신이 기도에 투자한 모든 것들은 하나도 허비되지 않은 채로 성령 안에 그대로 보관되어 있다. 그렇기에 당신은 그 기도제목의 동산을 다시 방문하여, "주님, 기도하다가 지쳤기에 포기했습니다. 그러나 이제 다시 돌아왔습니다. 이제 이 부분에 다시 기도하도록 내게 새로운 은혜를 채워주소서."라고 말할 수 있다. 그러면 당신은 구원의 반열에 들지 못한 일가친척이나 예수님을 믿다가 낙담한 이들을 위한 기도를 재개할 수 있게 될 것이다. 그러나 기도를 재개하기 위해서는 반드시 새로운 은혜가 필요하다. 당신은 오늘 그런 은혜를 받을 수 있다.

## 심고 거두는 법칙

이 장의 나머지 부분은 우리의 기도생활의 심고 거두는 법칙을 심도 있게 다루고자 한다. 성경에는 심고 거두는 법칙이 명시되어 있는데, 그것은 자연적이고 영적인 모든 국면에 적용된다. 물론 기도에도 적용된다. 바울은 갈라디아서 6장에 이 법칙을 다음과 같이 요약해 놓았다.

> 자기를 속이지 마십시오. 하나님은 조롱을 받으실 분이 아니십니다. 사람은 무엇을 심든지, 심은 대로 거둘 것입니다. 자기 육체의 욕망을 따라 심는 사람은 육체로부터 썩을 것을 거두고, 성령의 뜻을 따라 심는 사람은 성령으로부터 영생을 거둘 것입니다. 선한 일을 하다가, 낙심하지 맙시다. 지쳐서 넘어지지 않으면, 때가 이를 때에 거두게 될 것입니다. —갈 6:7-9

씨를 뿌리는 순간으로부터 추수에까지 이르는 과정은 기도에 대한 좋은 도해(圖解)를 제공한다. 우리의 기도는 파종되는 씨앗과 같다. 뿌려진 씨앗은 흙 속으로 들어가 묻히고 사라진다. 그러면 오랫동안 아무 일도 발생하지 않는 것처럼 보인다. 그래서 우리들은 자칫 '하나님, 어찌 된 일입니까? 나는 마음을 쏟아 부었는데, 나의 기도는 마치 어두움 속으로 사라지거나 땅에 묻혀버린 듯한 느낌을 받습니다. 아무런 변화도 일어나지 않습니다.' 라는 생각을 하게 된다.

그러나 성경은 "속지 마십시오."라고 말씀한다. 왜냐하면 우리는 쉽사리 우리의 기도가 소용이 없는 짓이라는 사단의 거짓말에 쉽게 현혹되어 버리기 때문이다. 그러나 성경은 분명히 말씀한다. "자기를 속이지 마십시오. 하나님은 조롱을 받으실 분이 아니십니다. 사람은 무엇을 기도로 심든지, 때가 되면 심은 대로 거둘 것이다." 이는 기독교인의 모든 삶의 진리이다. 하나님은 우리가 행한 일들을 기억하시고 풍성한 추수를 기다리고 계신다. 멋지지 않은가? 하나님은 우리가 재정적으로 어떻게 헌신했는지 모두 아시고 그에 합당한 추수를 준비하고 계신다. 하나님은 우리가 사랑의 봉사를 어떻게 했는지 다 아시고 그에 합당한 추수를 준비하고 계신다. 우리의 모든 삶의 영역에서 이러한 원리가 통용된다. 심은 대로 거두는 원리 말이다.

물론 동일한 원리원칙이 부정적인 영역에도 작용한다. 위의 8절에는 "자기 육체의 욕망을 따라 심는 사람은 육체로부터 썩을 것을 거두고"라고 기록되어 있다. 남을 헐뜯는 험담을 즐기다 보면 자신도 세간의 구설수에 오르는 자가 될 수 있다. 그러나 성령의 뜻대로 심으면 영원한 영적인 유업을 얻게 될 것이다. 심겨지는 그 씨앗의 종류가 추수의 시기에 거두어들이는 열매를 좌우한다.

법칙은 지구의 어디에서나 작용한다. 아프리카에서 작용하는 자연의 법칙은 미국에서도 작용한다. 성경의 법칙도 마찬가지이다. 심으면 반드시 거둔다. 이 법칙은 언제나 작용한다. 믿은 지 50년 된 사람에게나 지상에서 가장 최근에 믿기 시작한 사람에게나 동일한다. 이 법칙은 누구에게나 작용하는 법칙이기 때문에, 남녀노소 빈부귀천을 가리지 않는다. 그리고 당신에게도 작용한다.

만약 당신이 이것을 이해하지 못하거나 믿지 않을 때에도 이 법칙이 늘 작용함을 깨달아야 한다! 중력의 법칙을 그 한 예로 들어보자. 미국의 엠파이어스테이트 빌딩 꼭대기에 서서, "나는 중력의 법칙을 믿지 않는다."라고 큰 소리로 선포하고는, 한번 뛰어내려보라. 어떤 일이 발생할까? 당신의 불신에도 불구하고 중력의 법칙은 작용할 것이다. "기도에 심고 거두는 법칙이 그대로 작용한다는 것을 나는 믿을 수 없습니다."라고 말하는 많은 사람들을 만나보았다. 그러나 그 법칙은 작용한다! "나는 그런 영적인 법칙이 있다는 사실조차 몰랐습니다. 아무도 나에게 가르쳐주지 않았거든요!"라고 핑계를 대도 소용없다. 법칙에 무지하고 이해력이 부족해도 법칙은 그대로 작용한다.

심고 거두는 법칙은 사회생활에도 작용한다. 사회는 이기적이고, 죄악 된 욕망이라는 씨앗을 심는다. 그 결과 사회가 거두어들이고 있는 게 무엇인가? 사회는 더 많은 자기본위주의, 사악함, 그리고 성적 타락을 거두어드리고 있다. 바로 이것이 교회가 선한 사업에 씨앗을 심는 일에 정진해야만 하는 이유이다. 다음 세대로 선한 열매를 거두게 하려면, 우리 세대가 지금 좋은 일에 많은 씨앗을 심어야 한다.

### 시간의 지연

자연의 현상과 마찬가지로 영적인 세계에서도 씨를 심는 것과 거두는 것 사이에는 시간의 지연이 있다. 우리는 기도의 결과를 즉각 보지 못한다. 씨앗에 따라 각기 발아하는 데 소요되는 시간이 다르듯이, 영적인 세계에서도 기도의 종류에 따라 추수하는 시기가 각기 다르게 되어 있다. 그렇지만 대부분 사람들은 어리석게도 자연과학 프로젝트를 하는 어린 아이처럼, 콩을 심고는 그 다음날 즉시로 싹이 나오기를 바란다! 그러나 씨앗이 자라 오르는 데는 시간이 걸린다! 응답의 지연이 계속되는 어두움의 시기에도, 기도의 씨앗들은 자라나고 있으며, 적합한 때가 되면 하나님께서 풍성한 추수를 가져다주실 것 이다.

누가복음 8장에는 재판관 앞에선 과부에 대한 놀라운 비유의 말씀이 나온다. 그 비유는 이렇게 시작한다.

> 예수께서 그들에게 늘 기도하고 낙심하지 말아야 한다는 뜻으로 비유를 하나 말씀하셨다.     -눅 18:1

예수님께서는 기도하다가 포기하지 말아야 한다는 사실을 우리에게 주지시키기 위해 이 비유를 주셨다. 이 비유는 불의한 재판관에게 자신의 요구를 관철시키려는 한 과부의 이야기이다. 과부는 "내 요구를 들어주세요. 나의 필요를 채워주세요."라고 하면서 재판관의 문을 두드리고 또 두드린다. 결국, 재판관은 귀찮아서 마지못해 "맙소사! 누군가 이 여자의 말을 좀 들어보고, 그녀에게 필요한 것을 주어라"고 한다.

이 비유는 끈질긴 기도를 설명하기 위해 예수님이 사용하신 것이다. 성경은 말하기를, 그 재판관은 품위 있는 사람도 아니고 정직한 사람도 아닌 불의한 자라고 한다. 그러나 우리에게는 의롭고, 정의롭고, 멋진 하늘 아버지가 계시다. 예수님은 "하나님을 무시하는 불의한 재판관도 이렇게 불굴의 요청에 응하는데, 너희가 끈질기게 기도를 드린다면 좋으신 하나님께서 반드시 응답해주시지 않겠느냐? 그러므로 하나님의 얼굴이 너를 향하고 하나님의 손길이 너를 만질 때까지 절대로 포기하지 말고 기도의 자리에 머물러라!"라고 말씀하신다.

이 비유의 맨 마지막 부분에는 비유가 전달하고자 하는 뜻을 명확히 해주는 진술이 나온다.

> 하나님께서 자기에게 밤낮으로 부르짖는 택하신 백성의 권리를 찾

아 주지 않으시고 모른 체하고 오래 그들을 내버려두시겠느냐.

-눅 18:7

하나님께서 당신의 간구에 "모른 척하고" 계신 듯한 느낌을 받은 적은 없는가? 하나님께서 자신을 숨기시고 우리의 사정을 "모른 체하고 오래 내버려두시는" 듯한 시기도 있는 것이 사실이다. 왜 하나님은 그렇게 하시는 것인가? 나는 그것이 우리로 믿음 안에서 씨름하는 법을 터득케 하기 위함이라고 믿는다. 때때로 하나님은 우리의 믿음의 분량을 더 크게 만들기 위하여 영적 훈련을 시키신다. 하나님은 더듬어 잡을 수 있는 정도의 가까운 위치에 문제의 해답을 놓으시고, 기도의 응답을 조금 지연시키신다. 그리고 하나님은 "너는 진정으로 네가 원하는 것이 이루어지기를 바라느냐?"라고 우리를 시험하는 질문을 던지신다. 하나님은 우리가 영적 전투에 가담하여 씨름함으로 우리의 믿음이 더 커지기를 원하신다. 응답의 지연은 당신의 "믿음의 근육"을 발달시킬 것이다. 그러므로 기도 응답의 지연으로 말미암아 마음에 쓴 마음을 품지 말고 도리어 하나님을 더 많이 굳게 신뢰하는 자가 되기를 바란다.

### 기도로 후하게 베풀어줌

심고 거두는 원리는 고린도후서 9장 6-9절에도 나타난다. 사도 바울의 말씀을 들어보자.

요점은 이러합니다. 적게 심는 사람은 적게 거두고, 많이 심는 사람은 많이 거둡니다. 각자 그 마음에 정한대로 해야 하고, 아까워하면서 내거나 마지못해서 하는 일은 없어야 합니다. 하나님께서는 기쁜 마음으로 내는 사람을 사랑하십니다. 하나님께서는 여러분에게 온갖 은혜를 넘치게 주실 수 있습니다. 그러므로 여러분은 모든 일에 여러분이 쓸 것을 언제나 넉넉하게 가지게 되어서, 온갖 선한 일을 얼마든지 할 수 있습니다. 이것은 성경 말씀에 기록된 대로 "그가 가난한 사람들에게 아낌없이 뿌려 주셨으니, 그의 의로우심이 영원하다."한 것과 같습니다.

위의 성경구절은 헌금과 연관되어 자주 인용되는 구절이다. 그렇지만 나는 동일한 원리가 기도에도 적용된다고 믿는다. 기도의 자리에서는 아낌없이 후하게 주어야 한다. 인색하게 심은 것에는 인색하게 거두게 된다. 당신은 기도생활로부터 어떤 열매를 거두기 원하는가? 대부분의 사람들은 풍족한 추수를 바란다. 기도하면서 사람과 상황이 주님의 능력으로 변화되는 것을 보기 원한다. 그리고 동네, 도시, 나라까지도 변화되는 모습을 보기 원한다. 만일 농부가 많은 수확을 거두길 원한다면 무엇을 하는가? 우선 그는 풍성한 수확을 거둘 만큼의 많은 씨앗을 뿌릴 것이다. 마찬가지로 기도의 많은 열매를 거두기 원한다면, 기도의 씨앗을 많이 뿌려야 한다. 한 달에 몇 번 기도하면서 영적 돌파를 기대할 수는 없다. 심은 대로 거두는 것은 이 세상의 법칙일 뿐만 아니라 천국의 법칙이기도 하다.

그런데 이 심고 거두는 영적 법칙의 참으로 멋진 점은 몇 배로 거둔다는 데 있다. 당신의 기도는 하나님에 의하여 배가되어 되돌아온다. 그러므로 크나큰 문제에 직면하여 기도하게 될 때에도, 문제만큼 큰 기도를 드리지 않아도 된다. 꾸준히 작은 기도의 씨앗을 심기만 하면 하나님께서 배가의 법칙을 사용하셔서 크게 응답해 주시기 때문이다.

고린도후서 9장 7절에는 다음과 같이 기록되어 있다.

각자 그 마음에 정한대로 해야 하고, 아까워하면서 내거나 마지못해서 하는 일은 없어야 합니다. 하나님께서는 기쁜 마음으로 내는 사람을 사랑하십니다.

무엇을 위하여 기도하는 일에 헌신할 것인지, 우리 각자는 결정해야 한다. 나는 무슨 기도를 위하여 부르심을 받았는지를, 그리고 그것을 발견한 후에 기쁨으로 기도해야 한다. 불평하고 투덜거리며 기도해서는 안 된다. 기쁨의 제사를 드리며 기도의 자리로 나아가야 한다. 때로는 결단을 내려야 할 때가 있다. "이것을 좋아하지는 않지만 나는 주께 드릴거야. 지속적으로 하나님께 기도하는 시간을 드릴거야."라고 말하면서 말이다. 혹은 하나님을 부르며 이렇게 간구할 수도 있다. "주님, 오늘은 선한 일을 하고 싶지 않습니다. 그러나 주님, 저는 참가하기로 사인을 했습니다. 그래서 가기 싫지만, 그래도 기도의 자리로 나아가겠습니다. 주님, 나에게는 주님의 자비와 은혜를 주시도록 구합니다." 당신의 기도 언어가 완벽하지 않아도 괜찮다. 중요한 것은 하나님 앞에서 진실한 마음을 품는 것이다. 그러면 하나님께서 당신과 동행해 주셔서 기도에 효과가 나타날 것이다. 그러므로 오늘도 기도하기로 결단하라.

잠언 20장 4절에서 우리는 다음과 같은 통찰력을 얻을 수 있다.

게으른 사람은 제 철에 밭을 갈지 않으니, 추수 때에 거두려고 하여도 거둘 것이 없다.

이따금 사람들이 나를 찾아와서 불평하기를, "우리 가족 중에 구원받은 사람이 나 이외에는 하나도 없습니다. 하나님은 나를 위해 아무것도 하지 않으세요." 그러면 나는 이렇게 되묻습니다. "당신은 가족의 구원을 위해 얼마나 자주 기도하시나요?" 그러면 그들은 "저는 그들을 위해 기도하는 것을 포기했습니다. 옛날에는 나도 기도했죠. 그렇지만 이제 그 사람들은 포기했어요." 씨를 뿌리지 않으면서 추수를 기대한다는 것은 비현실적인 기대이다. 뭔가 거두기를 원한다면 반드시 그 거두기를 원하는 종류의 씨앗을 밭에 뿌려야만 한다. 씨앗을 뿌려야만 무언가가 자라난다.

이웃의 정원에는 자두가 수두룩한데 자신의 정원에는 자두 그림자도 없다고 하면서 짜증을 내고 야단법석을 떠는 사람이 있다고 가정하자. 그런데 그 사람의 정원에 자두가 없는 이유가 자두나무를 심은 적이 없기에 그렇게 되었다면, 우리는 그 사람을 멍청한 사람이라고 부를 것이다. 그렇지만 교회에서 그런 일이 종종 발생하는 것을 목격하지 않는가? 우리는 종종 하나님이 다른 이들을 축복해 주실 때 시기질투한다. 그리고 다른 교회를 우리 교회보다 더 축복해 주시는 것 같을 때에도 질투심이 발동한다. 참으로 재정적으로 축복을 받아야 할 어려운 사람은 '나'인데, 나보다 더 풍족한 사람에게 더 부어주시는 것 같이 느껴질 때에도 질투심이 생긴다. 그럴 때마다 스스로 이런 질문을 던져보라. "나는 나의 정원에 어떤 씨앗을 뿌렸는가?" 위의 성경구절에 의하면 심지 않은 곳에서는 추수가 이루어지지 않는다고 말한다. 나는 여러분에 묻고 싶다. 지금 어떤 종류의 씨앗을 뿌리고 있는가?

## 기도하겠다는 약속

마지막으로 나는 기도에 헌신하겠다고 약속하는 문제를 다루고자 한다. 성경의 표현 하나를 빌리자면, 당신은 다른 이에게 기도해주겠다고 "서원"하고 그대로 이행하는가? 전도서 5장 4-5절은 그 문제에 관해 이렇게 조언한다.

> 하나님께 맹세하여서 서원한 것은 미루지 말고 지켜라. 하나님은 어리석은 자를 좋아하지 않으신다. 너는 서원한 것을 지켜라. 서원하고서 지키지 못할 바에는 차라리 서원하지 않는 것이 낫다.

우리는 타인을 위한 기도에 헌신하는 일에 부지런해야 한다. 그리고 기쁜 마음으로 헌신할 필요가 있다. 타인이나 어떤 상황에 대하여 기도하고 싶은 생각이 없다면, 기도해 주겠다는 약속을 하지 마라. 컨퍼런스를 마친 후에 사람들이 나를 찾아와 "구원받지 못한 내 딸을 위한 기도를 부탁드립니다."라고 요청을 하는 경우가 많다. 그러면 나는 "지금 당장 나와 함께 기도를 드립시다. 나의 정기적인 기도 스케줄에 그것을 넣어둘 수 있을지 지금으로서는 불확실합니다. 그 대신 하나님께서 나로 기억나게 하시면 기도할 것을 약속할께요." 약속을 할 때에는 실천 가능한 약속을 하는 것이 바람직하다. 약속을 하고서 지키지 않는 것보다는 차라리 아예 약속을 하지 않는 편이 더 낫다. 우리에게는 이런저런 기도해주겠다는 약속을 남발하고는 거의 전부다 잊어버리는 경향성이 있다.

긍휼의 마음은 우리에게 실제적인 능력을 준다. 그러나 실제로 이행할 수 있는 능력을 넘어선 기도 약속은 주의하라. 기도로 헌신하는 것도 자신의 능력의 한계 내에서 해야 한다. 그러므로 항상 신중하라. 자신의 기도 분량을 살펴보면서 하나님 앞에서 이런 질문을 하는 것이 좋다. "하나님, 제가 감당할 수 있는 정도의 분량인가요?" 재정 관리를 하는 것과 마찬가지로 우리는 "기도로 남에게 봉사하는 것"도 관리할 필요가 있다. 기부금을 내는 것은 좋은 일이지만, 자선을 베풂으로 빚더미 위에 앉게 된다면 그 사람은 재정 관리에 힘쓸 필요가 있는 사람이다. 이 문제에 관해서도 하나님의 음성을 들을 필요가 있다. 믿음은 하나님의 말씀을 들음에서 온다. 믿음을 가지고 기도의 자리에 견고히 서있 으려면, 하나님으로부터 그렇게 하도록 명령을 받았음에 대한 굳건한 확신이 있어야 한다. 그러므로 하나님께 물어보라. 어느 부분에 관한 기도에 집중해야 되는지 말이다.

마지막으로, 전도서 11장 4-6절에 기록된 놀라운 말씀을 하나 소개하고자 한다. 하늘이나 구름을 쳐다보면서 파종할 적당한 시기를 점치지 말라는 말씀이다. 누구의 눈치를 살필 필요도 없고 적당한 때를 기다릴 필요도 없다고 한다. 최고로 적합한 시기는 오지 않는다. 당신은 여전히 씨를 뿌려야 하고 기도해야 한다.

> 바람이 그치기를 기다리다가는 씨를 뿌리지 못한다. 구름이 걷히기를 기다리다가는 거두어들이지 못한다. 바람이 다니는 길을 네

가 모르듯이 임신한 여인의 태에서 아이의 생명이 어떻게 시작되는지 네가 알 수 없듯이, 만물의 창조자 하나님이 하시는 일을 너는 알지 못한다. 아침에 씨를 뿌리고, 저녁에도 부지런히 일하여라. 어떤 것이 잘 될지, 이것이 잘 될지 저것이 잘 될지, 아니면 둘 다 잘 될지를, 알 수 없기 때문이다.

위의 성경구절에 대한 나의 해석은 단순하다. 기도를 드릴 가장 적합한 순간을 기다리지 말라는 것이다. 기도하기에 가장 완벽한 순간은 찾아오지 않는다! 최적의 기도시간은 기도하기에 가장 편리한 시간이 아니다. 오늘처럼 바쁘고 복잡한 세상에서는 항시 마음을 산란하게 하는 일이 발생하여 기도를 방해한다. 바로 이것이 기도의 자리에서 불굴의 의지가 필요한 이유이다. 기도하기에 가장 적당한 시간을 찾는 데 급급한 것이 당신의 태도라면 당신은 기도의 씨앗을 심는 일에 항상 상황에 휘둘림을 당할 것이다. 그러므로 다음과 같은 단호한 결단을 내리기 바란다. "무슨 일이 있어도 나는 기도할 것이다. 기도의 자리에서는 끈질기게 기도하는 사람이 되겠다." 이제는 기도할 때이다. 그러므로 기도하는 것을 기억하고 포기하지 말고 씨를 뿌리라. 풍성한 열매를 거두는 것을 즐기기 바란다!

# 06

# 나의 교회는 기도하는 집이 될 것이다!
## My Church Will Be a House of Prayer!

본서 전반부에서는 개인적인 기도를 주로 살펴보면서, 개인적인 기도가 개발되고 그 질이 강화되는 방법에 초점을 맞추었다. 이제 본 장에서는 그 기도의 범위를 넓혀서 집단적인 기도가 역동적인 모임이 되는 비법을 살펴보고자 한다.

하나님과 일대일의 관계를 증진시키는 일도 중요하지만, 생기 넘치는 공동체 기도 역시 건강한 교회생활의 일부이다. 좋은 공동 기도모임은 기도의 자리에서 끈기 있게 되도록 당신을 격려하는 것이다. 공동 기도모임은 다른 이들도 당신과 동일한 기도의 자리에 있다는 느낌을 받게 해주고, 다른 이들이 당신의 영적 돌파를 바라고 있다는 기대감도 심어준다. 당신과 함께 기도하는 사람들은 당신이 기도생활에서 책임을 완수할 수 있는 기회를 제공함으로 당신의 제자훈련은 진보될 수 있다. 당신이 타인과 연합하여 기도하는 것을 배운다면 그의 백성을 향한 하나님의 마음의 폭넓은 관심사를 알게 될 것이다. 하나님의 마음 씀씀이는 참으로 광대하시다. 혼자서도 개인기도에 장시간 힘쓸 수 있겠으나, 공동으로 모여 기도하는 것에는 참으로 귀중한 영적 보배가 담겨 있다.

그러나 공동기도회는 천국 같은 모임이 되기도 하고 쓸모없는 모임이 되기도 한다. 나는 기독교 가정에서 자라났는데, 기도회라고 모인 그 자리에 앉아 있기는 했으나 참으로 힘들었던 경우가 있었다. 기도회가 너무 길고 지루했기 때문이다. 기도회로 하여금 따분한 모임이 되지 않게 할 방도는 없는 것인가? 살아있고 활력이 넘치는 그런 기도회를 할 수는 없는가? 그런 목표를 성취할 현실적이고 적극적인 대안은 없는가? 나는 그런 비법이 있다고 믿는다. 이 장에서는 공동기도의 실질적이고 전략적인 측면을 다루고자 한다. 보다 장황한 설명으로 들어가기 전에 이 장의 요지를 한 마디로 축약해보고 싶다.

보다 현실적이 되고 종교적이 되지 말자!

## 기도의 삼겹줄 / 기도의 파트너십

우선 성공적인 기도의 삼겹줄(셋이 하나가 됨)을 형성하는 방법부터 살펴보자. "기도의 삼겹줄" 혹은 "기도의 파트너십"은 오늘날 점차 교회의 일부가 되어가고 있다. 최근에는 교회에서 기도의 파트너십을 가지는 것을 흔히 볼 수 있는데, 이는 그것이 영적으로 자라나며 기도를 배우는 가장 강력한 방법 중에 하나이기 때문이다. 기도의 파트너십이란 세 명

내지는 네 명이 한 조가 되어 일정한 시간에 모여 함께 기도하는 모임을 뜻한다. 매주 동일한 시간일 필요는 없지만, 매주 일정한 시간에 모이는 것이 훈련의 목적을 이루는 면에서나 그 효과적인 측면에서나 더 바람직하다고 할 수 있다. '기도의 삼겹줄'은 그 이름 그대로 3명이 모여 기도하는 것이지만 4명에서 5명까지도 모일 수 있다. 왜냐하면 5명까지는 매우 친밀한 관계가 유지할 수 있는 소모임이기 때문이다.

사실 3명이건 소그룹 기도회 건, 그곳에서 습득한 기도의 법칙은 40명에서 50명 정도 모이는 대그룹에도 적용 가능하다. 그렇지만 수백 명 이상이 모이는 기도회에는 완전히 다른 방법과 기술이 요구된다. 내가 이 책에서 다룰 내용들은 주로 지역 교회의 작은 기도회를 위한 것들이다. 이제 소그룹의 기도회를 효과적으로 운영하는 방법을 제시하고자 한다.

### 1. 그룹의 성격과 집중할 내용을 결정하라

당신은 첫 번째로 당신의 소그룹이 왜 기도하기 위해 모였는지 정의해야 한다. 모이기는 모이지만 각자의 이슈가 다를 수 있기 때문이다. 사람들은 주로 자기 자신의 이슈에만 열정을 나타낸다. 어떤 이들은 어린이 사역에 열정을 보이는 반면에, 다른 이들은 해외 선교에 열정을 보인다. 동일한 관심과 열정을 가진 사람들이 모이면 기도에 열기가 더해지기 마련이다. 그러나 반대로, 주요 관심사와 기도의 스타일이 판이하게 다른 사람들이 모이면, 때론 기도가 기쁨이 아니라 고역이 되기도 한다. 예컨대 한쪽에서는 문제 청소년에 대하여 더 깊이 기도하고 싶어 하는데, 다른 쪽에서는 선교에 관해 더 많이 기도하기 원한다면 기도회에 불이 붙지 않는다.

기도의 스타일과 관심사가 비슷한 사람들을 한 기도그룹으로 묶어 놓아보라. 조용히 묵상하는 기도 스타일을 좋아하는 기도자를 통성기도를 드리는 기도그룹에 소속시키면 부적응을 일으킨다. 왜냐하면 그런 기도그룹에 참가해서는 자신이 공헌한다는 느낌을 가지기 어렵기 때문이다. 그러면 기도회를 마친 다음에 서로에 대한 불만이나 불평이 터져 나오게 될 것이다. 그들이 집으로 돌아가면 기도의 좋은 시간을 즐기는 대신 다른 구성원들에 대한 자신의 태도에 대해 회개해야 할지도 모른다. 그러므로 자신의 기도 스타일과 기도 관심사를 분명히 하라.

취향이 맞는 사람들끼리만 어울려 기도를 드린다는 사실에 대하여 죄책감을 느낄 필요는 없다. 왜 그런지는 모르지만, 함께 기도하기 좋은 사람들이 있다. 그런 사람들은 마치 하나님께서 짝지어주신 사람들처럼 느껴진다. 영적 친화력이 있는 것처럼 순식간에 호감이 간다. 나는 기도모임을 시작할 때 서로 상반되는 관계에 있는 사람들을 분리하라고 말하는 것이 아니다. 나는 사람들이 "나와 잘 어울리지 못하는 사람이 있는데, 그 사람과 함께 기도모임을 하면 인간관계가 개선될지도 모르겠다."라고 말하는 것을 안다. 대인관계에 금이 가 있다면 기도그룹을 화해의 장으로 삼지 말고 차라리 식사를 함께 하며 허심탄회하게 이야기를 나누는 것이 더 바람직할 것이다. 기도모임을 당신의 관계를 회복시키는 도구로 사용하려고 하지 마라. 좋은 인간관계가 형성될 가능성이 높은 사람들로 기도팀을 구성하면 당신은 놀랍고도 능력 있는 기도를 할 수 있다!

누구와 함께 기도를 드리면 좋을지 확신이 안 가는 경우라면 하나님의 인도하심을 구하는 기도를 먼저 드려보라. "주로 무슨 주제로 기도를 드려야 하나요? 주님, 누구와 함께 기도를 드리면 좋겠습니까?"라고 진심으로 기도하면 주님께서 좋은 기도팀을 형성하도록 허락하실 것이다. "번득이는 좋은 아이디어"에 의존하지 말고 하나님께서 그분의 마음에 있는 것을 당신에게 말씀하시는 것을 허락하라. 혼자 생각에는 이런 저런 이슈들에 대하여 기도를 드리고 싶기도 하겠지만, 때론 그런 것들이 하나님의 의제가 아닌 경우가 있다.

일단 기도그룹이 형성되면 성령님으로 하여금 그 기도그룹을 인도하시도록 맡기는 것이 중요하다. 기도회의 리더가 창조적인 기도로 교회에 영향력을 행사하려 하면 할수록, 때로는 개인적인 프로젝트를 내세우게 되거나 지나치게 지시적이 될 수도 있다. 그러므로 각각의 시절에 맞는 기도제목이 무엇인지 먼저 하나님께 문의해 볼 필요가 있다.

## 2. 기도의 삼겹줄이라는 훈련 소그룹을 결성하라

앞서 우리는 동일한 마음을 가지고 합심하여 기도드릴 수 있는 기도그룹을 형성하는 게 선결과제라는 걸 배웠다. 그런데 좀 모순된 주장처럼 들릴지 몰라도, 지금부터는 자연적인 회합이 아닌 인위적인 훈련에 관해 설명하고자 한다. 이것은 훈련의 목적이다. 만약 당신의 교회 안에서 기도생활이 질적으로나 양적으로 성장하려면 반드시 훈련할 준비를 해야 한다. 일반적으로 그러한 훈련은 특별히 구성된 소그룹 안에서 행해지는데, 경험이 풍부하고 성숙한 기도의 리더가 기도팀에 가담하고 싶은 새내기 기도자들을 모아 작은 셀에서 훈련시킨다. 이러한 접근 방법은, 성숙한 기도를 드리는 팀에 경험이 부족한 신자를 성공적으로 가담시키는 것을 그 목적으로 한다. 사실 그러한 일은 쉬운 일이 아니다. 미성숙한 기도자를 성숙한 기도의 그룹으로 통합하려는 시도는 종종 좌절감을 유발시킨다. 미성숙한 기도자가 기도모임에 동참했을 경우, 평상시에 함께 나누던 기도제목을 마음대로 나누지 못하게 된다. 왜냐하면 미성숙한 기도자가 감당하지 못할지도 모른다는 우려 때문이다. 역으로 경험이 부족한 기도자의 경우는 주눅이 든 나머지 활동적으로 기도에 동참하지 못하게 될 가능성도 있다. 그렇지만 미성숙하고 경험이 부족한 새내기 기도자를 '안전한' 분위기로 인도하여 훈련시키면 사정이 달라진다.

당신이 성숙한 신자라면, 서로 허심탄회하게 삶을 나누며 상호책임을 질 수 있는 그런 성숙한 신자의 "또래 그룹"으로 기도팀을 구성하는 것이 바람직하다고 생각한다. 당신은 두 세 명의 젊은 그리스도인 혹은 미숙한 기도자로 팀을 만들어 그 팀이 서로 하나가 되도록 해야 한다. 이 팀은 당신의 통찰력에 의해 당신을 위해 기도하도록 만든 것이 아님을 기억하라. 이 팀은 그들을 훈련시키고 또 다른 이들을 인도할 수 있도록 격려하기 위해 만들어졌다. 그 훈련그룹에서 기도 인도자는 중보기도의 은사를 활용하기보다는, 훈련시키는 리더십의 은사를 더 많이 활용해야 한다. 왜냐하면 당신은 그들과 함께 훈련하고 준비해야 하기 때문이다. 교회 안에 성숙한 기도자들이 많이 있다면, 그들 각자가 훈련그룹을 하나씩 맡도록 격려해야 한다. 교회 안에서 차세대 중보기도자들을 키워내는 작업은 참으로 소중한 특권이다. 그 방법으로 하여금 당신은 교회 안에서 잠재력 있는 리더십을 보게 되며 기도의 깊이와 넓이가 점차 증대되는 것을 경험하게 될 것이다.

### 3. 기도의 언어를 단순하게 하라

이것은 젊은 기독교인을 기도하도록 훈련시킬 때 특별히 중요하다.

우리는 실제적이며, 획득할 수 있는 단순한 기도의 언어를 유지해야 한다. 우리의 기도모임은 종종 종교적이 되어, 사람들이 높은 음조로 기도를 시작하는 경우가 많다. 전통에 입각한 거룩한 풍의 기도를 드리는 사람들이 있는가 하면, 종교적으로 특유한 언어를 사용하기를 즐기는 사람도 있다. "오! 천지만물을 창조하시고 생사화복을 주관하시는 아버지, 우리에게 은혜와 긍휼을 베푸소서!" 그렇지만 기도할 때마다 반드시 음색을 바꾸고 종교적인 언어를 사용할 필요는 없다. 중요한 것은 기도의 언어가 진정으로 우리 자신의 실제모습을 반영하는가 하는 것이다. 하나님 앞에서, 하나님을 공경하는 태도로, 믿음을 보이며, 진실한 자신의 모습을 드러내는 것이 중요하다. 자신의 약점(vulnerability: 취약성)까지 모두 하나님 앞에 내어놓는 그런 기도 말이다. 리더가 기도회만 하면 전혀 딴 사람으로 돌변하여 종교적으로 대단히 거룩한 사람처럼 되는 분위기를 자아낸다면, 새로운 기도자들은 위압감을 받고 주눅이 들게 될 것이다. 그러므로 기도의 프로토콜을 이해하지 못하는 새로운 기도자들을 인도하고 격려해 주는 것이 기도훈련의 목적이 되어야 한다.

기도의 주된 목적은 영혼을 추수하는 것임을 기억해야 한다. 잃어버린 영혼을 되찾아 하나님의 나라로 들어오게 하는 것이다. 그런데 새신자가 교회에 와서, 기독교인들이 고풍의 낯선 언어를 사용하며 도저히 이해하지 못할 말들을 중얼거리는 것을 접한다면 그 결과가 어떻겠는가? 그들은 소외감을 느낄 것이며 교회생활에 제대로 동화되어 들어오지 못할 것이다. 그러므로 우리는 새신자라도 마음의 문을 열고 참여할 수 있는 그런 방식으로 기도를 드려야 한다. 그러면 새신자들도 기도에로의 열정을 붙잡을 수 있게 된다.

그리고 교회 안에서는 실수하는 것을 두려워하지 않는 분위기가 조성되어야 한다. 실수를 범한다 해도 공개적으로 비판을 받지 않고 사랑으로 감쌈을 받는다는 안도감이 조성되어야 한다. 어느 한 기도모임에서 나는 한 자매가 진정으로 아름다운 기도를 드리는 것을 들었다. 참으로 가슴 찡하게 하는 감동적인 기도였다. 그런데 기도 중간에 그 자매는 "하나님 감사합니다. 히스기야서에서 하나님께서는 …라고 말씀하셨습니다."라고 했다. 성경 66권 중에 히스기야서라는 것은 없다. 그렇지만 그런 게 뭐 그렇게 중요한가. 그 기도회에 모인 우리는 그 자매가 열왕기하에 나오는 히스기야 왕을 지칭한다고 모두 이해했다. 기도회 시간에는 그런 것을 이해해주는 관용적인 분위기가 필요하다. 그러면 혹시 누군가 실수했다 할지라도 남을 판단하거나 얼굴을 찌푸리는 일이 발생하지 않을 것이다.

기도의 소그룹 안에서는ㄴ 개개인이 자신을 표현하는 법을 배워야 한다. 예언을 받은 내용, 하나님의 마음을 감지한 것들, 실수를 통해 배운 것들도 나누어야 한다. 나는 막 회심한 새신자가 예언의 기도를 드리는 것을 들은 적이 있다. "모세가 건넜던 것처럼, 아니 아브라함이 건넜던 것처럼, 아니, 둘 중에 누군가가 건넜던 것처럼, 나는 내 백성이 건널 수 있도록 그들을 데려오고 있다. 새로운 장소로 옮겨 줄 것이다. 이제 새로운 날이 밝아오고 있다. 속박의 시대가 지나가고 해방의 시대가 움틀 것이다." 비록 그것이 완벽하지는 않았지만 그래도 하나님께서 전달하시고자 하는 뜻은 정확하게 전달되었다. 그 새신자는 성경에 나오는 이야기를 정확하게 기억해내지 못했을 뿐이다. 성경의 인용부분이 부정확하다고 해서 그 새신자의 예언이 무가치해지는 것일까? 그렇지 않다. 그 새신자는 하나님의 부르짖는 음성을 들은 사람이다. 하나님의 마음속으로부터 나오는 계시의 말씀을 듣기는 했으나, 그것을 성경의 이야기와 연결시키는 데 어려움을 겪고 있었을 따름이다.

만약 우리가 사람들의 실수를 절대로 용납하지 않는 사람이라면, 한 번이라도 실수를 범한 사람은 두 번 다시 그 기도회에 참석하지 못하게 될 것이다. 그리고 계속 참석한다 해도 이전처럼 자신감을 가지고 기도회에 공헌하지 못하게 될 것이다. 그러나 만약 당신이 작은 위험과 잘못되는 것을 수용할 준비가 되었다면 모든 것이 바르게 진행되어지는 것으로 인해 놀라게 될 것이다. 나의 경우는, 기도 그룹이 작든지 크든지 상관없이, 기도모임에 참여하기로 신청한 사람의 80퍼센트가 참석할 것을 기대한다. 그러나 만약 대부분의 사람들이 모임 내내 그저 의자에 앉아 있는 것을 볼 때 나는 내가 잘하고 있지 않다고 느껴진다. 모든 사람들이 적극적으로 기도에 참여하도록 하기 위해서 집중해야 한다.

당신이 기도회의 인도자라면 기도회의 진행되는 과정과 기도의 내용이 선명하게 드러나도록 해야 한다. 실질적인 의사소통이 열쇠이다. 기도의 인도자는 성령의 움직임에 민감해야 하기에, 때론 눈을 뜨고 사람들과 그 장소를 관찰해볼 필요가 있다. 만일 성령이 마음을 만져주셔서 신음하거나 소리를 지르며 기도하는 사람들이 나타나고, 그로 인해 기도그룹 안에서 당혹해하거나 어리둥절해하는 다른 기도자들이 생긴다면, 기도회 인도자는 그 상황을 상세히 설명해주어야 할 필요가 있다. 그렇게 하면 모임의 개방성(openness)과 포용성(inclusiveness)이 유지된다. 예컨대, 기도자들의 마음이 인류를 측은히 여기시는 하나님의 마음과 연결되면 그들은 종종 흐느끼며 눈물을 흘리게 될 것이다. 그러면 함께 기도하던 다른 이들은 "지금 무슨 일이 일어나는 거야?"하면서 의아해하게 된다. 그런 경우라면 반드시 설명을 해야 한다. "여기에 성령이 임재하십니다. 지금 몇 분의 기도자들이 하나님 아버지의 긍휼히 여기시는 마음을 감지하고 있습니다. 그리고 그것을 기도로 표현하고 있습니다. 놀라지 말고, 마음을 다해 계속 기도합시다." 영의 움직임에 대하여 잘 설명해주면, 사람들은 소외된 느낌을 받지 않을 것이며, 도리어 더욱 적극적으로 참여할 것이다. 동일한 시간에 이 설명은 그들 가운데 성령께서 움직이고 계심을 그들 스스로 표현하도록 허락하게 된다.

### 4. 장시간의 기도

이 한 가지 문제에 걸려 망쳐버리는 기도회 모임들을 나는 많이 목격한다. 만일 당신이 나처럼 기도를 즐기는 기도자라면 당신은 아마 잘못된 이유 중의 하나일 것이다. 나 역시 그렇다. 왜냐하면 우리가 기도의 열정을 갖고 유창하게 기도할 때 우리가 잠깐의 휴식 없이 얼마나 오래 기도할 수 있는지 깨닫지 못하기 때문이다. 그렇지만 이러한 '은사'는 몇몇의 사람만 받은 것이다. 그래서 다른 이들의 기도할 기회를 박탈해 버린다. 그런 종류의 죄를 짓는 이들은 반드시 나의 말을 기억해야 할 것이다. 기도모임은 내게 설교의 기회를 주지 않는다. 우리는 기도 가운데 서로를 섬겨야 한다. 당신이 매우 오랫동안 기도하는 사람이라면 이 두 가지를 행했을 것이다.

▶ 새내기들로 질리게 한다

믿은 지 얼마 안 되는 새신자들은 유창한 기도에 접하면 "나는 단 한 마디밖에 하지 못하는데! 어떻게 기도해야 하지?"라고 생각한다. 그들은

"주님, 우리 어머니의 마음을 만지고 축복하실 것을 믿고 감사합니다."라고 기도할 수 있다. 그러나 당신의 기도와 비교해 볼 때 자신의 기도는 보잘 것 없다는 생각에 결코 이렇게 기도하지 않을 것이다. 기도회 인도자는, 모든 침묵의 장벽을 깨고, 참여한 모든 이들이 소리 내어 기도할 수 있도록 격려해야 한다. 그러므로 다음과 같은 전략을 사용하여 모든 이들이 기도에 동참하도록 격려하는 것이 좋다. "자, 이제 돌아가면서 단 하나의 문장으로만 기도를 드리겠습니다." 우리는 소리를 내는 것에 대한 두려움의 장벽을 무너뜨려야 한다. 왜냐하면 사람들은 종종 대중들 앞에서 소리 내어 기도하는 것에 대한 두려움을 갖고 있기 때문이다. 또한 단 한 마디의 말로 기도하는 것은 모든 이에게 강력하고 큰 의미를 지닌다는 사실도 잊지 말기 바란다.

### ▶ 다른 사람들이 참여할 여지를 막는다

그룹이 모여 함께 기도하는 곳에서는 상호작용이 일어나게 되어 있다. 바로 그런 역동성(dynamic)을 살려내는 것이 리더의 임무이다. 좋은 기도모임은 혼자 기도하는 경우와 다른 특별한 훈련을 필요로 한다. 다른 이들이 기도할 수 있도록 자리를 내어주어야 한다. 오랫동안 그룹으로 기도를 해온 경험이 풍부한 기도자들은 중간에 공백이 없이 다른 이들의 기도에 연이어 기도하는 기술을 습득한 경우가 많다. 그런 사람들은 여러 사람들의 기도를 하나로 연결시키는 데에도 뛰어나다. 특히 예언의 말씀이 내릴 때에는 그것을 붙잡고 더욱 발전시켜 나가는 능력도 있다. 그렇지만 이것은 다른 이에게 기도할 기회를 주지 않는다. 그렇기에 나는 성숙한 기도의 전사들에게 이전 기도자의 마치는 "아멘" 소리가 있은 직후

적어도 10초 동안 기다렸다가 다른 사람에게 기도할 기회를 주라고 제안하고 싶다. 그래야만 다른 이들도 기도에 공헌할 여지가 생기고, 모든 이들에게 참여할 기회가 주어진다. '함께 모여 기도하자'고 해놓고는, 더 경험이 풍부한 기도자가 때때마다 끼어들어 기도의 줄을 끊어놓고, 그것도 장황한 기도를 늘어놓아 거의 모든 기도의 시간을 장악하는 것만큼 새 신자들을 당혹하게 하는 일도 없을 것이다. 그러므로 공동기도회 때에 기도를 많이 하기를 즐기는 사람들은 다른 이들을 배려하는 훈련을 받아야만 한다. 이는 다른 이들도 기도에 동참하도록 격려하는 비법을 배우는 것이다. 배려의 기술이 잘 활용된 기도모임은 흥미진진하고 역동성이 넘치는 기도회가 된다.

### 5. 계시 받은 것을 나눌 시간을 가져라

하나님께서 계시해주시는 것을 서로 나누는 것은 공동기도의 중요한 국면이며, 기도그룹의 크기와 성숙도에 따라 다르게 취급될 문제이다. 기도의 삼겹줄처럼 깊은 친밀감을 유지할 수 있는 작은 그룹에서는 서로 받은바 계시를 나누는 것이 용이하다. 그렇지만 일단 그룹이 커지다 보면 면밀한 주시가 필요하다. 왜냐하면 너무 많은 사람이 한꺼번에 나누다 보면 기도가 도리어 방해를 받기 때문이다. 우리가 함께 나아갈 때 하나님께서 말씀하시는 것을 깨달아야 한다. 하지만 모든 계시가 공적인 장소에서 주어지지 않음 또한 깨달아야 한다.

공동기도회에 성령께서 주시는 인도와 계시가 있다는 것은 좋은 일이다. 그러면 인간적인 의제가 아니라 하나님의 뜻대로 기도한다는 확신이 생긴다. 그렇지 않으면 기도회에 우리 자신이 선호하는 기도제목만 들고 나와 기도하기 쉽다. 그렇게 되면 믿음에 충실한 철저한 기도가 되지 못하고 이것저것 중구난방으로 기도하는 잡음만이 기도회를 채우게 된다. 기도회가 잡다한 것들을 기도하는 모임이 되어버리면, 보다 전략적인 집중 기도를 통해 뭔가 확실한 무언가를 성취해내지 못하게 된다. 그렇기에 효과적인 기도의 필수요건은 제대로 된 운영(administration: 관리, 행정)이다. 우리는 잘 조직화할 수 있어야 한다.

우선 당신의 기도모임의 명확한 집중점을 설정하되 일정한 주제에 관해 기도한 후에, 하나님께서 주시는 계시를 서로 나누는 시간을 가져보라. 발표하는 방법도 다양하게 이끌 수 있다. 예컨대 배경음악을 틀어놓고 한 사람씩 앞으로 나와 하나님께서 주신 생각들을 발표할 수 있을 것이다. 아니면 플립 차트(한 장씩 넘기게 된 도해용 카드)를 세워놓고 그 위에 받은 계시를 적어보도록 요청할 수도 있을 것이다. 나는 샐리스버리라는 도시에서 개최된 기도회에서 그 방법을 사용해보았다. 기도실의 사방에 플립 차트를 1개씩 설치해놓고 기도자들에게 하나님의 임재를 기다리며 기도하라고 권유했다. 우리는 그 도시의 청소년들을 변화시키기 위해 어떤 영적 전략을 펴야 할지에 관해 하나님의 계시를 기다리고 있었다. 나는 사람들에게 남들이 적은 것을 쳐다보지 말고 각자 자신에게 주신 계시만을 적어보라고 부탁했다. 10분 후에 우리는 각각 다른 플립 차트의 종이에 적혀진 글들을 수집하여 비교해보기로 하였다. 과연 동일한 하나님의 계시가 많은 이들에게 동시에 주어진 것이 드러날 것인지 의아해하면서 말이다.

그런데 가히 놀랄만한 결과가 나타났다. 동일한 종류의 내용들이 모든 종이에서 발견되었고, 동일한 성경구절을 인용한 것까지 발견되었다.

그뿐만 아니라 그 교회의 담임목사는 그 종이들을 모두 모은 후 교회의 리더들을 불러 모아 그 종이에 적힌 계시에 기초하여 전략을 세우고, 그 다음 년도에 실행에 옮기기로 결정하였다. 특히 괄목할 만한 내용은, 모든 종이에 어떤 특정 지역을 중심으로 사역을 펼치라는 말이 들어 있었다는 점이다. 사람들은 하나님의 마음에 선명하게 연결되어 있었다.

성숙한 기도자들 뿐만 아니라 초신자들에게도 그들이 받은 계시를 나누도록 독려하는 것이 좋다. 우리는 종종 오해하기를, 하나님은 오래 믿은 신자들에게만 말씀하신다고 생각한다. 그러나 하나님은 어린 아이에게 말하는 것을 좋아하신다! 물론 완벽하지 않을 수도 있다. 그러나 상관없다. 초신자들이 말하려는 것 배후에 있는 성령의 소리를 듣기 바란다. 그리고 초신자들에게 하나님의 음성에 민감하도록 계속 격려해주라.

### 6. 배울 수 있는 사람이 되라

비록 나는 백인 여성이지만 아프리카에서 기도하는 법을 배웠다. 그래서인지 나는 많은 서양인들과 기도하는 스타일이 매우 다르다. 나는 기도하면서 걸어다니고, 큰 소리로 외치며, 선포하는 것을 매우 좋아한다. 그렇지만 각양 다른 문화, 인종, 국가, 교단의 사람들과 함께 기도할 때에, 나는 내 나름대로 특유한 기도 스타일을 접고, 그들의 스타일에 순응하는 법도 배웠다. 한번은 노르웨이 사람들과 함께 기도하게 되었는데, 그들은 기도 중간에 나를 따로 불러내어 이렇게 말했다. "대단히 죄송한 말씀이지만, 당신의 기도 스타일을 용납하지 못하겠습니다. 제발 그렇게 기도하지 마십시오. 왜냐하면 당신의 기도 스타일은 사람들을 화나게 하기 때문입니다." 다른 이들을 행복하게 해주기 위해 우리 자신의 기도 스타일을 포기해야 하는가? 물론이다! 나는 우리가 그들이 소외당하지 않도록 민감해지는 것을 배울 수 있다고 믿는다. 다른 사람들이 당신의 기도방법에 대해 말할 수 있도록 허락하며 배울 준비가 되어 있어야 한다. 그렇지만 기도모임에서 다른 이들과 사귀어 그들로부터 신용을 얻고, 보다 더 친근하게 되면, 그들은 자연적으로 당신의 기도 스타일을 배우게 될 것이다.

잠언 9장 8절에 보면 "거만한 사람을 책망하지 말아라. 그가 너를 미워할까 두렵다. 지혜로운 사람은 꾸짖어라. 그가 너를 사랑할 것이다."라는 말씀이 나온다. 나는 종종 사람들에게 "나는 여러분들을 너무 사랑하기에 여러분에게 가서 무언가를 이야기하고 싶습니다."라고 말한다. 우리는 서로에게 솔직하게 마음 문을 열어야 한다. 기도의 동지들은 서로 다른 이들의 관점을 들어보고 거룩한 지도(指導)를 받아들일 자세가 되어 있어야 한다. 물론 직선적이 아니라 부드럽게 지적할 필요가 있는 경우도 있을 것이다. 공동의 기도회에서는 자기의 주장만 펴는 완고한 사람이 한두 사람만 있어도 전체 기도회의 분위기가 망쳐지게 되어 있다. 기도회의 리더는, 분열을 일으키는 상황에 직면하여, 전체 분위기를 망치는 것을 바로잡아야 한다. 성령님이 인도하시는 대로 따라가지 않고 자신의 의제만 내세우는 사람을 그리스도의 사랑으로 직면(confront: 대결, 대면)하는 것은 기도회 리더의 당연한 임무이다.

우리는 이러한 상황에 직면하는 것을 좋아하고 배울 필요가 있다. 장기간 기도모임을 유지한다 해도 아무런 열매를 맺지 못한다. 우리는 종종 숨겨진 징조를 대할 때 "주님께서 내게 말씀하셨습니다."와 같은 태도로 대처해야 한다. 그리고 겸손하게 다른 사람의 소리를 들어야 한다. 사람들은 자신의 각종 좌절과 낙망을 기도회에 나와 쏟아 부을 수 있다고들 생각한다. 그러나 절대로 그렇지 않다. 여러분은 리더가 제한을 가할 때에 배우는 자세로 그 지시에 따라야 한다.

## 7. 민감해라

공동 기도모임에서 우리는 성령의 인도하심에 민감해야 한다. 기도회를 인도하는 리더는 성령님의 인도하심에 민감해야 하며, 성령님이 지시하는 대로 기도회의 방향을 잡을 수 있어야 한다. 하나의 예를 들어 설명하자면, 공동 기도모임은 마치 테니스 게임을 하는 것과 마찬가지라 할 수 있다. 어린 아이가 처음 테니스를 배울 때는 벽에다 대고 공을 때리는 연습을 한다. 그런 상황에서는 당신이 좋아하는 공을 잡아 칠 수 있다. 왜냐하면 코트 안에 있는 모든 공은 당신의 것이기 때문이다. 그러나 당신이 누군가와 네트를 사이에 두고 테니스를 시작하면 공은 당신이 기대하지 못했던 장소에 떨어지게 될 것이다. 그리고 성공적인 게임을 위해서는 완전히 다른 기술이 필요하다. 공동 기도모임에서 나누어지는 기도제목은 마치 테니스 공과 같다. 혼자서 기도할 적에는 아무 기도제복이나 자기 마음대로 선택하여 중구난방으로 기도해도 상관없다. 그렇지만 공동기도로 모이면 사정이 달라진다. 그렇기에 기도회 리더는 어떤 종류의 기도의 제목을 떨어뜨리고, 그 떨어진 기도제목을 누가 받아치며, 그 기도제목을 어디로 연결시킬지 잘 선택하여 결정하지 않으면 안 된다. 마치 테니스를 함께 치는 상대방 선수가 항상 힘닿는 데까지 공을 세게 쳐서 코트 밖으로 나가게 한다면 참으로 좌절감을 느끼게 되듯이, 공동 기도모임에서도 한 기도제목에 집중하여 한 마음으로 기도하지 않고 자꾸 다른 곳으로 정신을 흩트려 놓으면 모인 사람들은 좌절을 경험하게 된다.

그러므로 기도회 인도자들은 진로 속으로 돌아가 어디론가 날아간 잘 못된 "공들"을 구하여 가져올 준비를 해야 한다! 기도모임을 인도하는 리더가 좀 더 용기를 가지고 중요한 기도의 제목에 집중하도록 기도자들을 인도한다면 그 기도모임은 반드시 큰 열매를 맺는 기도회가 될 것이다.

## 공동기도모임을 위한 조언들

다음에 제시하는 것들은 공동의 기도모임을 성공적으로 이끄는 데 필요한 기술들이기 때문에 우리 모두는 이것을 배워야 한다. 이는 의사소통을 원활히 하는 데 도움이 되는 조언들이고, 특히 기도회를 궤도로부터 이탈하지 못하도록 방지하는 실질적인 방법들이다.

▶ 기도하는 중에 주제를 끈임 없이 바꾸지 말라

기도회 모임에서 기도를 드릴 때에는 정신집중이 필요하다. 정신집중을 하려면 우선 기도제목이 분명해야 한다. 만약 사람들이 집중해야 할 것을 잃어버렸다면 기도모임 리더는 사람들을 궤도 안으로 이끌 준비가 되어 있어야 한다. 만약 여러 가지 기도제목이 있다면 기도제목을 바꾸기 전에 사람들이 하나하나의 주제에 따라 확실히 기도하도록 해야 한다.

▶ 웅얼거리지 말라

다른 사람들은 당신의 기도를 듣고 그것에 "아멘"이라고 동의하기 원하고 기도를 통해 그들은 당신을 이해하게 된다. 기도모임의 리더는 사람들이 큰 소리로 말하는 것을 격려하거나, 수많은 이들이 모인 연합기도회라면 무선마이크를 돌려가며 사용하는 것이 바람직하다. 한 사람이 기도를 마치면 기도 끝에 "아멘"하는 것이 좋다. 그래야 다음 사람이 기도를 이어받기가 수월하기 때문이다. 이것이 너무 종교적인가? 리더는 "아멘!"이라는 말의 뜻을 설명해주며 기도회의 회원들로 하여금 좋게 받아들이도록 유도할 수 있다.

### ▶ 동의하지 않는다면, 동의하지 않는다고 말하라. 그러나 공적으로 말하지 말라

이것은 기도의 삼겹줄같이 소그룹으로 기도하는 경우, 더 구체적으로 활용할 수 있다. 다른 사람이 기도한 내용에 대하여 동의할 수 없으면 기도를 중단하라. 이것이 동의해서 잔소리하거나 곯게 만드는 것보다 낫다. 상대가 기도한 내용을 또 다른 기도로 교정하려는 시도를 가하지 마라. 나는 기도회 모임에서 서로 자신의 주장이 옳다고 기도로 "경쟁"하는 모습을 보았다. 이는 "주님, 주님의 뜻은 사람들이 생각하는 것 같이 그런 것은 아니겠지요. 주님, 주님의 참 뜻은 …입니다."와 같은 기도를 드림으로, 이전 사람이 기도드린 내용을 교정하려는 시도를 기도로 하는 경우를 말한다. 기도회를 인도하는 리더는 기도회에서 이와 같은 일이 일어나지 않도록 주의해야 한다. 필요하다면, "이런 일은 기도회에서는 할 일이 아니다."라고 말해야 한다. 사람들이 우리의 기도모임 리더 아래서는 안전하다고 느껴야 한다.

▶ 모임에서 안식을 얻기 위해 당신의 기도로 의사소통하려 하지 말라

어떤 사람들은 기도를 통해 다른 사람에 대해 구성원들이 알게 하려고 한다. 예컨대 "오, 하나님 사실 저는 이웃집 아줌마가 오늘 아침에 자기 개를 끌고 산책을 나왔을 때에 그녀와 말다툼을 했습니다. 세상에, 그 아줌마가 나에게 …라고 말하는 게 아니겠어요."와 같은 기도이다. 내가 담임했던 교회에는 불문화된(unwritten: 구두의, 기록해두지 않은) 이상한 규칙이 있었다. 그것은 일단 기도회가 시작되면 사람들이 끝도 없이 기도에 관한 정보를 쏟아내는 것이었다. 그렇지만 차라리 기도를 멈추고 "나의 이웃을 위해 기도해 줄 수 있나요?"라고 말하는 것이 낫다. 반드시 필요하다면 당신이 이것을 멈추고 나눌 수 있도록 여러분의 모임 구성원들이 허락하게 하라. 그 후에 당신은 당신의 필요에 따라 모두 기도할 수 있다.

▶ 다른 성도를 비판(비난)하는 자가 되지 말라

이 문제에 관해 나는 아주 철두철미하다. 기도회에서는 절대로 타인에게 손가락질해서는 안 된다. 아주 교묘하게 숨기면서 자행하는 자들이 많다. 기도회를 빙자하여 어떤 특정인을 비방하거나 그 사람에 대한 부정적인 정보를 흘려보내는 짓은 절대로 하지 말아야 한다. 우리는 판단과 비판이 아닌 사랑과 진정한 긍휼함으로 기도해야 한다. 하나님은 당신이 다른 사람의 잘못에 대해 말하는 것에 관심이 없으시다! 이것은 물론 진리이다. 기도의 삼겹줄과 같은 소모임에서도 고소하는 기도의 함정에 빠져서는 안 된다.

▶ 마음을 지켜라

하나님께서 우리를 하나님의 은밀한 곳으로 인도하면 할수록 우리의 마음을 잘 지켜야 한다(나는 이미 앞서 3장의 영적 분별력에 관해 설명하는 곳에서 이것에 관해 언급했다). 하나님께서 당신에게 무언가 보여주셨다면 그 정보를 지혜롭게 사용하라. 나는 종종 예언을 많이 하는 집회에 참석하곤 한다. 그런데 그들이 말하는 내용 중에는 참으로 민감한 사안들이 많다. 그럴 때마다 나는 그 예언하는 사람을 따로 불러 그것을 나누었을 때 어떤 영향이 있을지에 대해 부드럽게 질문을 한다. 신중하라. 만인 앞에 공개하기 전에 먼저 깊이 기도해보고 확신이 오면 그때 공개해도 늦지 않는다.

▶ 침묵을 두려워 말라

당신의 기도모임에 참석하는 침묵의 시간을 이해하고 편안하도록 기다리는 법을 가르쳐 주라. 침묵이 흐르는 동안 하나님은 그림이나 단어를 누군가에게 주실 것이다. 하나님의 임재 가운데, 침묵 속에 고요히 머물면서 평온한 마음을 유지할 수 있는 것도 큰 축복이다.

▶ 성령의 인도하심을 따르라

기도회가 일정한 방향으로 잘 흘러가도록 기도회의 구조를 잘 짜보라. 그렇지만 반드시 그런 조직이나 계획대로만 해야 한다는 것은 아니다. 이미 경험한 분들이 있으시겠지만, 성령님께서는 우리의 조직이나 계획에 따라 움직이지 않으시는 경우가 많다. 미리 10개의 기도제목을 준비해 갔다고 하자. 그런데 기도의 자리로 나아가 막상 기도제목을 내놓다보면, 예컨대 성령님께서 7번째의 기도제목을 놓고 가장 많은 시간을 할애하여 기도하도록 인도하실 때가 있다는 말이다. 당신은 그 저녁 시간에 단지 한 가지 제목만을 위해 기도하게 되고 다른 것들을 위해서는 전혀 기도하지 못할 수도 있다. 그러나 괜찮다. 재해와 같은 특별한 기간에 해야 할 당신의 기도제목들이 있어도 하나님의 뜻에 따라 기도하라. 그렇다면 기도제목은 왜 준비할까? 그것은 우리의 마음을 준비시키기 위함이다. 나의 경우는, 설교를 준비하는 데 걸리는 시간보다 기도회를 준비하는 데 걸리는 시간이 더 길다. 설교하는 것은 쉽다. 왜냐하면 인간이 알아들을 수 있는 말로 하면 되기 때문이다. 그러나 기도회에서는 '영적 교통'을 통해 기도의 짐을 풀어놓아야 하기에 기도회의 인도는 상당히 어렵다. 준비하면서 하나님께 기도의 제목들을 달라고 기도하다 보면 하나님께서 그림이나 영상을 보여주심으로 하나님의 부르짖음이 빠르게 우리 마음 중심으로 흘러 들어오게 된다. 그때, 사람들이 기도하도록 격려하게 되는 것이다.

　나는 지금이 바로 모든 나라, 세대, 그리고 교단에서 기도의 소리가 크게 울려 퍼져야 할 때라고 믿는다. 이 시대는 평범한 사람들로 구성된 기도부대가, 비범한 하나님의 마음과 지역사회를 연결시키는 기도의 모험을 감행해야 할 때라고 나는 믿는다. 나는 지난 10년간 교회가 다시 기도의 집으로 회복되는 것을 목격하는 스릴을 만끽하고 있다. 이는 참으로 가슴 뛰게 하는 사건이다. 지금이 기도하며 기도를 즐길 때이다.

# 07

## 눈물: 능력의 액체기도
### Tears: The Liquid Prayer of Power

　우리 교회의 기도실에는 공기로 부풀게 할 수 있는 지구본이 하나 있다. 하루는 기도실을 거닐다가 그 지구본을 집어 들었다. 그러자 하나님이 내게 "내 짐이 가볍고 싶다. 너는 나와 함께 너의 손과 가슴으로 온 세상을 돌볼 수 있다."고 말씀하셨다. 즉시로 나는 기도로 온 세상을 떠받치는 것이 가능하다는 것을 실감했다. 그것이 하나님이 명령하신 것이라면 온 세상을 짊어지고 가는 것은 가볍고 쉬운 것이라는 생각이 들었다. 이웃이나 지역사회를 기도로 돌본다고 생각하면 당황하는 경향이 있다. 그러나 하나님께서 손수 짐을 지워 주신다면 이는 가볍고도 쉬운 것이다.

　그저 평범한 사람이 온 세상을 기도로 짊어지고 갈 수 있을까? 당신은 갈수록 짐이 무거워짐에 따라 점차 불가능해질 것이라고 생각할 것이다. 그러나 하나님께서 도와주시면 가능해진다. 하나님께서는 당신의 손 안에 마치 공기를 불어넣어 만든 지구본을 취하듯 당신의 손에 온 세계를 얹어 놓으셨다. 그러므로 전 세계를 위해 기도한다 해도 지탱할 수 없을 정도로 힘겨운 일이 되지 않는다. 하나님께서 은혜를 부어주시기에, 당신은 엎드려지지 않을 것이다.

그렇다면 우리는 어떻게 어떤 특정한 나라를 위해 기도할 수 있을까? 간단하게 대답하자면 이렇다. 하나님께서 그 특정한 나라에 대해 무엇을 느끼고 계신지 성령님께 보여 달라고 부탁드리는 것으로부터 시작할 수 있다. 심지어 "주님, 이 나라를 내 손 위에 올려주세요."라고 기도할 수도 있다. 그러면 하나님께서 초자연적으로 온 세계를 당신의 손에, 당신의 마음에 넣어주신다. 그렇게만 되면 혼자 지나치게 열심히 기도할 필요가 없어지게 된다. 그 이후로 기도하는 것이 쉬워질 것이다.

나는 이 단원을 "눈물: 능력의 액체기도"라 명명했다. 왜냐하면 당신이 기도의 능력으로 충만하여지면 잃어버린 자, 지역사회, 국가들을 향한 하나님의 눈물의 통곡소리를 들을 수 있게 되기 때문이다. 누군가 "The heart of the matter is the matter of the heart"(핵심적인 문제는 마음의 문제이다)라고 한 말이 기억난다. 적어도 기도의 자리에서는 그것이 맞는 말이다. 절망적인 상황이 당신의 마음을 사로잡고 있을 때, 문제의 해결과 풍성한 추수를 갈망하며 기도하면, 성령께서 당신의 마음 깊은 곳을 만지시고 필연적으로 눈물이 흐를 수밖에 없다.

3장에서 우리는 기도로 깊이 들어서면 설수록 하나님이 우리의 태도를 바꾸어주시고 '한없이 측은히 여기는 마음'으로 우리의 마음을 부드럽게 해주신다는 걸 배웠다. 우리는 이미 에스겔 11장 19절의 말씀도 다루었다.

그 때에 내가 그들에게 일치된 마음을 주고, 새로운 영을 그들 속에 넣어 주겠다. 내가 그들의 몸에서 돌같이 굳은 마음을 없애고, 살같이 부드러운 마음을 주겠다.

하나님의 참으로 멋지시다. 그분은 우리의 심령을 수술해낼 수 있으시다. 하나님은 돌같이 굳은 마음을 살같이 부드러운 마음으로 바꾸어 주실 수 있으시다. 돌과 살의 엄연한 차이점은 '돌은 무감각하다'는 데 있다. 그러나 살은 민감한다. 살은 뭔가를 느끼고 반응한다. 그렇다면 중보기도자가 되려는 사람마다 다음과 같은 질문에 긍정적으로 대답해야 할 것이다. "하나님께서 우리의 마음을 부드럽게 해 주시도록, 자신을 하나님께 모두 다 열어 보일 것입니까?" "사람들을 바라 볼 때에 긍휼히 여기는 마음으로 그들의 필요를 느낄 수 있도록 하나님께서 마음을 수술하시도록 허락할 것입니까?" 돌덩이 같이 굳은 마음을 가지고 살면 더 편히 살 수 있을지도 모른다! 굳은 마음으로 살면 타인의 고통이 느껴지지 않고 자신도 상처를 받지 않게 된다. 만약 우리가 하나님과 진정 친밀감을 유지하고 싶다면 우리는 하나님이 느끼시는 것을 느껴야 하고, 하나님이 세상을 바라보고 울부짖는 것 같이 우리도 울부짖어야 한다. 우리는 상처 입을 각오를 하고, 고통을 당하는 자들의 고통을 느끼면서 우는 자들과 함께 울어야 한다.

많은 이들이 상처받지 않으려는 의도에서 돌같이 굳어지는 것을 허락했다. 우리는 상처받는 것을 원치 않는다. 그러나 누가복음 19장 41절에서 예수님께서 어떻게 하셨는지 기억하라.

예수께서 예루살렘 가까이에 오셔서, 그 도시를 보시고 눈물을 흘리시며

예수님은 시끌벅적하고 분주한 도시의 삶 이면을 보시고 그 도시 안에 존재하는 잃어버린 사람들과 소망 없는 사람들을 향한 위대한 긍휼함이 움직였다. 마지막으로 당신이 도시를 걸으며 도시의 "실제"를 본 것이 언제인가? 단순하게 벽돌과 회반죽 같은 허울이 아닌 그 도시의 "실상"을 직시하며, 거주민들의 아픔을 느끼고 기도로 흐느껴본 적이 언제인가? 당신은 미혼모가 유모차를 밀고 걸어가는 그 모습에서, 그녀의 고독감과 우울함과 좌절을 보았다. 당신은 말쑥하게 차려입은 비즈니스맨이 외관상으로는 그럴 듯하게 보이지만 그 이면에 느끼는 인생에 대한 허무감을 보았다. 노숙자들과 그들의 결핍을 보고 기도로 눈물적신 것이 언제인가? 마지막으로 하교 길에 길거리로 쏟아져 나오는 아들의 텅 빈 눈동자를 보고, 욕지거리가 스스럼없이 그들의 입에서 터져 나오는 것을 들으면서 기도로 몸부림친 것이 언제인가?

예수님은 그분의 도시를 바라보고 우셨다. 인류의 탄식소리를 들으신 것이다. 나는 병원 진찰실에서 인상 깊은 포스터를 하나 본 적이 있는데, 아직도 뇌리에서 사라지지 않고 있다. "신생아와 청소년들은 둘 다 깊고 크게 울어 젖힌다. 그러나 어른들은 그런 울부짖음을 제대로 듣지 못한다. 그런 울음에 대해서 부모들은 경각심을 가져야 한다."

신생아의 울음은 그 이유가 보다 분명하다. 아기에게 무엇이 필요한지 그 아기의 부모라면 거의 정확하게 알아맞힐 수 있다. 그러나 당신의 공동체에 부모님의 돌봄을 갈망하는 십대들의 조용한 울부짖음이 있다.

그들의 울부짖음은 내면의 것이기에 쉽사리 간과된다. 그러나 아버지 하나님의 마음은 그들의 울부짖음을 절대로 놓치지 않는다. 우리의 십대 외에도 필요의 충족을 위해 울부짖는 세대가 있다. 당신은 당신이 속한 공동체의 고뇌에 찬 그 신음소리를 들을 수 있는가?

이 시대에 하나님은 무엇보다 우리의 안일함과 쾌감대를 깨부수기 원하신다고 나는 믿는다. 우리 대부분은 이 사회에서 일어나는 일들로부터 보호막을 치고 관계치 않으려 한다. 그러나 우리의 영혼은 이 도시와 지역사회의 신음소리에 일깨워져야 한다. 우리는 기도하면서 하나님이 우리의 마음을 취하시도록 허락해야 한다! 나는 이러한 종류의 기도를 '출산(birthing)의 기도' 혹은 '산고(travailing)의 기도' 라 부른다. 우리의 기도를 통해, 하나님은 우리 영혼의 깊숙한 곳으로 침투해 들어오시며, 우리에게 그의 백성들을 위한 하나님의 갈망과 고뇌를 보이시도록 허락해야 한다. 그렇게 하나님이 그분의 속내를 우리에게 드러내 보이심에 따라, 우리는 주변에 산재하는 사람들의 고통과 고민거리를 부여잡고 중보의 기도로 나아가게 되는 것이다. 이러한 하나님의 계시가 우리의 마음에 떨어짐에 따라, 성령님은 우리 안에 새로운 것을 창조해내신다.

## 당신은 얼마나 절박한가?

나에게 허락해 준다면, 나는 당신의 기분을 언짢게 할 질문으로 당신을 자극하기 원한다. 도전을 줌으로 스스로 자신을 살필 기회를 제공하려는 것이다. 이는 하나님께서 보여주신 계시로 인해 당신이 얼마나 "절박감"을 느끼느냐는 도전이다. 호감이 가는 개념은 아니지만, 성경은 우리가 하나님의 임재 안으로 들어갈 때 "깨어진다"라고 말한다. 전능하신 하나님께 나아와 그분을 대면한다는 것은 우리가 깨어지고 황폐해지는 경험을 하는 것이다. 비슷하게, 하나님은 인생의 어떤 시기에 우리의 삶 속으로 침투하셔서, 잘 정돈되고 괜찮은 일상의 삶을 주변 사람들의 고통스러운 모습으로 강타하고, 그런 이미지들로 우리의 심령을 망연자실하게 한다. 그러면 우리는 참으로 광대한 추수가 이루어지는 영적 밭으로 들어가게 된다. 특히 하나님은 아래의 세 가지 영역에서 우리 자신이 망가져 있는 정도를 성찰하기 원하신다고 나는 믿는다. 이는 우리의 죄, 열매 없음, 그리고 영적 능력의 부재이다.

### 1. 죄의 권세가 당신의 인생을 짓밟았나요?

이사야 6장 5절의 기록이다.

나는 부르짖었다. "재앙이 나에게 닥치겠구나! 이제 나는 죽게 되었구나! 나는 입술이 부정한 사람인데, 입술이 부정한 백성 가운데 살고 있으면서, 왕이신 만군의 주님을 만나 뵙다니!"

우리가 타인에 대한 긍휼함과 부드러운 마음을 가지기 원한다면 죄에 대한 올바른 감각을 가져야 한다. 죄는 우리의 인생을 쑥대밭으로 만든다는 것을 알고 혐오해야 한다. 우리는 예수 그리스도의 십자가에 대한, 십자가에서 그분이 우리를 위해 하신 일에 대한 지각을 가지고 있어야 한다. 우리 모두는 죄인이지만 하나님의 은혜 때문에 구원받았다는 진리를 가져야 한다. 하나님이 우리를 어떠한 방법으로 죄에서 구해주셨다는 것을 진심으로 깨닫는다면, 타인들도 죄로부터의 해방에 이르도록 도와야 한다는 절박감을 느끼게 될 것이다.

이사야 선지자가 하나님의 임재 앞에 섰을 때, 그가 먼저 받은 계시는 백성들의 죄에 대한 것이 아니라 자기 자신의 죄에 대한 것이었다. 이사야는 자신이 진정으로 누구인지 그 실상을 보게 되었다. 그래서 그는 "오, 하나님! 나는 죄인입니다!"라고 탄식했다. 그런 다음에 그는 혼자서만 죄를 지은 사람이 아니라, 자신이 죄를 지은 한 세대의 일원임을 자각했다. 처음에는 자신의 죄에 경악하고 다음에는 주변의 사람들의 죄에 경악했던 것이다. 그 시점에서 그의 눈은 사람들을 그들의 죄에서 구원해 줄 순수하고, 흠이 없으시고, 선하시고 놀라우신 왕을 바라보고 있음을 깨닫게 되었다. 그는 죄 많은 백성들이 하나님이 필요하다는 것을 알게 되었다. 그래서 그는 가서 백성들이 하나님께 다가가도록 준비하였다.

이사야서를 통하여 우리는 하나님의 말씀이 이사야에게 도전적으로 다가오는 것을 목격한다. 주님의 사자가 단에서 취한 핀 숯을 취하여 이사야의 입에 대며 "이것이 너의 입술에 닿았으니, 너의 악은 사라지고, 너의 죄는 사해졌다."(7절)고 선포한 후에 그 도전적인 하나님의 말씀이 임했다.

> 그 때에 나는 주님께서 말씀하시는 음성을 들었습니다. "내가 누구를 보낼까? 누가 우리를 대신하여 갈 것인가?" 내가 아뢰었다. "제가 여기에 있다. 저를 보내어 주십시오."　　　　　　－사 6:8

이사야처럼 하나님으로부터의 "보내심"을 위해 사용되려면 우리는 우리의 공동체를 위해 눈물을 많이 흘려야 할 것이다. 하나님께서는 우리 도시의 죄에 대하여 하나님이 가지는 그 슬픈 감정을 우리의 마음에 넣어 주신다고 나는 믿는다. 그러면 이사야처럼 우리 시대의 죄악상의 처참함을 느끼면서 우리는 울부짖게 될 것이다.

히브리서 1장 9절에 보면 예수님에 대한 이런 기록이 나온다. "주님께서는 정의를 사랑하시고, 불법을 미워하셨다." 주님께서는 정의를 사랑하셨지만, 동시에 불법은 미워하셨다. 그러나 우리는 정의는 사랑하지만, 동일한 강도로 불법은 미워하지 않는다. 여러분들에게 묻고 싶다. 당신은 죄를 혐오하며 당신의 공동체에서 자행되는 죄악상을 싫어하는가? 죄가 사람들을 괴롭히고 그들의 삶을 파괴하는 것에 대하여 당신은 싫어하는가? 이제부터 우리는 큰 열심을 품고 죄를 미워하기 시작해야 한다. 우리는 우리 자신의 삶을 붙들고 있는 죄악들 그리고 우리 사회를 망치고 있는 죄악들을 미워해야 한다. 왜냐하면 그것들이 사람들을 강탈하고 있기 때문이다.

죄가 얼마나 많은 이들의 삶을 파멸로 몰아가고 있는지 올바로 이해한다면 기도로 엎드리지 않을 수 없게 된다. 죄의 권세는 우리 도시를 장악하고 있다. 죄를 미워하는 행위는 우리로 겸손하게 만들어주고 우리의 삶을 단단히 붙잡게 해준다. 조용히 죄를 회개하는 것을 넘어서서, 죄에 대한 격정적인 분노를 가지는 것이 중요하다. 그리고 교회에서는 그 죄들에 대한 울부짖음의 기도들이 드려져야 한다. "오! 하나님, 이 죄악으로 물든 도시를 건져주소서!" 하나님은 눈물의 젖은 기도를 원하신다.

## 2. 영적 황무함이 당신을 초라하게 만들었나요?

이 점에 관해 나는 다음 저서인 「초자연적 돌파 — 변화를 위한 부르짖음」에서 본격적으로 다루려고 준비 중이다. 그러나 여기에서 개요를 조금 다루어보고자 한다. 이 시대에 성령님께서 서구의 기독교인들에게 깨우쳐 주시려 하는 바는 서구사회가 '영적 불모'의 땅이 되었다는 사실이다. 물론 아직도 호주머니에 돈이 들어오는 것 같은 좋은 일이 일어나고 있지만, 하나님께서 쏟아 부어주시는 넘치는 은혜는 사라졌다. 우리는 큰 부흥을 불러올 표적과 기사와 이적을 전혀 목격하지 못하고 있다. 그로 인해, 영적 도약도 일어나지 않고 있다. 우리는 황폐케 되었음에도 불구하고, 수많은 핑계거리를 대며 뒤로 숨으려고 한다.

사무엘상 1장에 나오는 한나의 이야기는 임신 못하는(barren: 불모, 황폐, 메마름) 여인이 그 저주를 끊고자 하는 절박함에서 기도를 드린 이야기이다. 한나는 '엘가나'라는 남자의 두 아내 중 한 사람이다. 그녀의 남편은 분명히 그녀를 깊이 사랑했고 그녀는 남편과 상당한 친밀감을 유지하며 살고 있었다. 그녀는 그런 축복은 받았다. 그녀는 친밀감을 소유했다. 그러나 자녀가 없었다.

이 책의 이전 단원들에서 나는 기도로 하나님과의 친밀감을 구하는 것에 대해 여러 차례 언급했다. 그러나 나는 친밀감으로 충분하지 않다는 결론에 도달했다. 이것은 영원한 만족감을 주지 않을 것이다. 모든 친밀감은 풍성한 열매 맺음(fruitfulness: 다산, 풍작)으로 이어져야 한다. 모든 친밀함은 열매 맺음으로 이끈다. 우리는 풍성히 열매 맺고 만족하도록 만들어졌다. 한나는 남편과 깊은 사랑의 관계를 유지했고, 남편도 한나에게 불변의 사랑을 약속했다. 오늘날 많은 기독교인들의 삶을 보면 한나와 그녀의 남편과의 관계와 유사한 점이 많다. 우리는 아버지와 놀라운 친밀감을 가져야 하고 깊은 만지심과 축복을 경험해야 한다. 하지만 거기에는 그 이상의 것이 있다.

물론 한나는 남편인 엘가나와의 관계를 즐기고 감사했을 것이다. 그렇지만 뭔가 채워지지 않는 결핍이 있었다. 그녀는 자녀로 인해 풍성해지기를 원했다. 그래서 결국 한나는 필사적으로 달려들어 기도하게 되었고, 하나님께서 자녀를 주심으로 축복해주시기까지는 절대로 포기하지 않기로 결심했다. 그렇게 된 데에는 다른 아내인 브닌나의 격동케 함이 있었다. 브닌나는 한나에게 "네가 아무리 남편의 총애를 받아도 소용없다. 너에게는 태의 열매가 없지 않느냐!"고 하며 고의적으로 한나를 괴롭혔다.

지금 이 시대에 하나님은 이와 같은 교회가 자극받는 것을 허락하신다. 하나님은 "브닌나"와 같은 자들을 보내어 교회를 휘젓고, 받은 축복 속에 안주하지 못하도록 도전하실 것이다. 지금이 열매 맺을 때이다. 지금 이 시대에 브닌나와 같이 격동케 하는 자들이 일어나 교회를 모욕하며 "너희가 믿는 하나님이 전능하시다면, 왜 그분은 암을 고치지 않느냐?", "너희가 믿는 하나님이 진정으로 능력 있는 분이라면, 왜 나의 결혼생활에서 구원을 베풀지 않으시느냐?"고 하면서 교회를 비방할 것이다. 물론 그런 말들은 우리를 성나게 하기도 하고 상처를 주기도 한다. 그러나 하나님께서는 우리의 열매 없음을 깨닫도록 그 모든 것을 허락하신다.

이제 교회는 하나님의 능력을 받지 못함에 대한 변명을 넘어서서, 한나처럼, 필사적으로 달려들 때이다. 한나의 그러한 도전적인 마음은 결국 그녀로 하여금 절대 절명의 기도의 자리로 들어가게 했고, 하나님 앞에 자신의 몸을 내던지고, 하나님이 그녀의 기도를 들어주실 때까지 매달리게 했다. 그녀는 이렇게 울부짖기를 마지않았다. "하나님, 하나님과의 친밀감만으로는 부족합니다. 나에게 열매의 풍성함을 허락하여 주소서!" 그러나 사무엘상 1장 8절에 기록된 대로, 한나의 남편인 엘가나는 한나에게 그렇게까지 절박하게 기도로 매달릴 필요가 있겠느냐고 조언했다.

그럴 때마다 남편 엘가나가 한나를 위로하였다. "여보, 왜 울기만 하오? 왜 먹지 않으려 하오? 왜 늘 그렇게 슬퍼만 하는 거요? 당신이 열 아들을 두었다고 해도, 내가 당신에게 하는 만큼 하겠소?"

그러한 남편의 위로에 대해 한나는 묵묵부답이었다. 지나친 번민(煩悶)과 고뇌(苦惱)에 빠진 한나를 주변 사람들은 정신 나간 사람으로 간주하게 된다. 그러나 실상은 한나의 눈물의 시절은 새로운 생명을 잉태시키는 시기였다. 결국 무자함이라는 결박은 부서져나가기 시작했다. 그로 말미암아 한나는 언약의 아들을 잉태하게 되었고, 그것이 그녀의 운명이요 소명이 되었다. 나의 요지는, 절박함이 한나로 하여금 기도의 자리로 들어가게 만들었다는 것이다.

하나님은 교회의 나태와 안일함에 대해 심각하게 도전하기 시작하셨다. 우리는 너무 많은 변명을 늘어놓았다. 우리는 하나님의 임재와 성령님께서 우리 모임 가운데 움직이심을 믿었다. 그렇지만 성령님은 이제 우리에게 "너의 풍성한 열매는 어디 있느냐?"고 물으신다. 하나님과의 친밀함은 열매로 이어져야 한다. 한나의 무자함은 몇 년간 연속되었다. 그녀의 몸은 수년 동안 생명을 향한 갈망을 거부해왔다. 그러나 마지막에 하나님은 브닌나를 통해 한나의 영혼 안에 거룩한 분노를 자아내셨다. 그로 인하여 한나는 기도로 매달리게 되었고, 결국 운명이 바뀌는 길로 나아가게 되었다. 유사하게 교회는 원래 표적과 기사를 동반한 하나님의 능력을 세상 가운데 충만하게 드러내도록 만들어졌다. 그렇지만 오랫동안 교회에는 말만 많았지 능력이 없었다. 그렇기에 수많은 프로그램들이 운영되었지만 열매는 적었던 것이다. 이제 하나님은 우리를 자극하시며 우리 안에 열매 없음을 통감하도록 도전하신다. 하지만 우리가 진짜 절박한 심정으로 기도하기 시작한다면 전 세계를 영적으로 깨우는 영적 돌파가 열방을 휩쓸게 될 것이다.

### 3. 능력의 상실로 망연자실하게 되었나요?

지금은 서구교회가 절실함으로 하나님 앞에서 우리의 황무함을 고백해야 할 때이다. 지구의 다른 지역에 거주하는 그리스도 안에 있는 형제자매들과 비교하여 볼 때, 서구교회의 기독교인들은 헐벗고, 굶주렸으며, 비참하고, 눈 멀었다. 결과적으로 하나님께서는 우리의 눈에 눈물을 넣어주셔서, 모든 거짓을 벗겨내시고, 우리 안에 의기소침과 자기연민 대신에 신성한 필사적 열성을 자아내시기 원하신다. 하나님은 우리가 그럴듯한 이유를 대며 질식시킨 거룩한 숙명을 다시 일깨우기 원하신다. 우리는 힘이 없다. 그러나 우리의 하나님은 그렇지 않으시다. 이제 우리는 모든 안일함을 벗어던지고 하나님이 우리 안에서 크신 능력을 행하시도록 기도해야 할 것이다.

마태복음 10장 7절에 기록된 예수님의 말씀을 상기해보자.

**다니면서 "하늘나라가 가까이 왔다"고 선포하여라.**

예수님은 하나님 나라의 복음을 어떻게 전하셨는가? 예수님은 우리가 어떻게 하기를 기대하실까? 우리를 향한 예수님의 명령을 들어보자.

"앓는 사람을 고쳐 주며, 죽은 사람을 살리며, 나병 환자를 깨끗하게 하며, 귀신을 내쫓아라. 너희가 거저 받았으니, 거저 주어라."

－마 10:8

"과학만능주의로 물든 서구사회는 제외다."라고 예수님께서 말씀하실 것 같은가? 그렇지 않다. '의료시설과 사회보장제도가 잘 발달되어 있는 지역에서는 신유의 은사가 필요 없다' 는 언급 따위는 없다. 예수님의 말씀은 하나님의 나라가 가까이 다가오는 곳마다 표적과 기사는 발생한다는 것을 보여준다. 그것은 하나님의 나라가 가깝다는 명백한 증거로 작용할 것이다. 천국이 땅을 침노하는 장소는 세상 가운데 명백하게 드러난다. 왜냐하면 천국이 침투해오는 곳마다 암이 치유되고, 죽은 자들이 살아나며, 각양각색의 병자들이 치유함을 받고, 악마적인 두려움으로부터 건짐을 받으며, 억눌림으로부터 해방되는 역사가 일어나기 때문이다.

이제 요엘 선지자의 예언은 오늘날 현실이 되어 우리의 가슴을 때릴 것이다.

너희는 시온에서 뿔 나팔을 불어라. 거룩한 금식을 선포하고, 성회를 열어라. 백성을 한 곳에 모으고, 회중을 거룩하게 구별하여라. 장로들을 불러 모으고, 어린아이들과 젖먹이들도 불러 모아라. 신랑도 신방에서 나오게 하고, 신부도 침실에서 나오게 하여라. 주님을 섬기는 제사장들은 성전 현관과 번제단 사이에서, 울면서 호소하여라. "주님, 주의 백성을 불쌍히 여겨 주십시오. 주의 소유인 이 백성이 이방인들에게 통치를 받는 수모를 당하지 않게 하여 주십시오. 세계 만민이 '그들의 하나님이 어디에 있느냐?' 하면서 조롱하지 못하게 하여 주십시오."  −욜 2:15-17

"당신의 하나님은 어디 있습니까?"라고 하면서 이의를 제기하는 자들도 많다. 솔직히 말해서 나는 유럽, 미국, 캐나다에서 그런 말을 듣는 데 신물이 나 있다. 그들은 이렇게 말한다. "당신의 하나님이 활동하신다는 것은 알겠습니다. 그런데 그들의 하나님은 어디에 계신가요?" 그들이 그렇게 말하는 데는 그만한 이유가 있다. 그들이 속한 공동체나 교회에서 하나님의 능력의 나타남을 체험하지 못하기 때문이다. 이것이 바로 요엘이 지적한 바이다. 지금은 나팔을 불고, 금식을 선포하고, 성회를 열고, 하나님의 백성들을 불러 모아야 할 때이다. 왜냐하면 지금은 비상사태가 돌발한 위기상황이기 때문이다. 이제는 우리가 한데 모여 하나님 앞에서 "하나님, 이 나라를 구해주세요. 우리를 도와주소서."라고 울부짖을 때이다.

요엘 선지자는 말한다. "번제단 사이에서 울면서 호소하여라." 우리는 지옥으로 들어가고 있는 세상을 위해 울어야 한다. 우리는 "하나님의 자비를 우리에게 베풀어 주소서"라고 울부짖어야 한다. 자만심과 건방짐이 벗겨지기 위해서는 하나님 앞에 엎드려져야 한다. 눈물로 회개하며, 하나님께서 연약한 우리에게 힘을 불어넣으셔서, 타인을 위해 진심으로 기도할 수 있는 사람으로 거듭나도록 도움을 청해야 한다.

웰쉬 부흥회의 주역 에반 로버츠처럼 우리도 "주님, 우리의 교만한 목을 숙이게 하소서. 주님, 우리들을 깨뜨려 주소서."라고 진심으로 기도해야 한다. 물론 기품 있는 기도처럼 들리지는 않을 것이다. 그렇지만 이는 절박한 심정으로 마음 깊숙한 곳으로부터 우러나오는 기도이다. 그러한 기도에 하늘과 땅을 연결시키는 능력이 있다.

　하나님께서 우리를 긴급한 곳으로 몰아넣을 실 때 우리는 하나님의 심장의 고동을 느끼며 흐느껴 울게 된다. 이제 하나님은 기도자들의 눈을 열어 세상의 고통을 보게 하시고 기도자들의 귀를 열어 세상의 탄성을 듣게 하실 것이다. 그리고 우리의 공동체 가운데 하나님의 고통소리의 메아리를 가져오기 시작하실 것이다.

### 타인을 위한 하나님의 울부짖음을 배우기

　지금은 영적 전쟁을 벌이며 울부짖는 시절이다. 지금은 만용을 부리면서 "자 봐라. 내가 왔다."와 같은 태도를 보일 수 있는 때가 아니다. 그 성공적인 영적 전쟁은 깨어짐으로부터 발생한다. 그래서 나의 기도는 "하나님, 우리는 당신이 정말 필요합니다. 하나님이 우리와 함께 하시지 않으시면 우리는 끝입니다"와 같은 마음에서 나온다.

　지금 현대의 상황에 딱 들어맞는 기도가 예레미야 애가 2장에 기록되어 있다.

　　도성 시온의 성벽아, 큰소리로 주께 부르짖어라. 밤낮으로 눈물을
　　강물처럼 흘려라. 쉬지 말고 울부짖어라. 네 눈에서 눈물이 그치게

하지 말라. 온 밤 내내 시간을 알릴 때마다 일어나 부르짖어라. 물을 쏟아 놓듯, 주님 앞에 네 마음을 쏟아 놓아라. 거리 어귀어귀에서 굶주려 쓰러진 네 아이들을 살려 달라고, 그분에게 손을 들어 빌어라.  －애 2:18-19

최근에 나는 "차고 넘치는 강물"이라는 찬양을 부르는 집회에 참석한 적이 있다. 우리는 오직 축복의 강이라는 하나님의 강물에 대한 로맨틱한 생각을 가지고 있다. 그렇지만 나는 교회에 넘치도록 흘러야 하는 하나님의 강물 중의 하나는 '눈물의 강물'로 표현되어야 한다고 생각한다.

우리는 타인의 삶을 위해 하나님께 부르짖는 것을 배워야 한다. 우리의 지역, 도시, 공동체, 이웃들을 위한 기도 말이다. 일반적으로 서구사회에서는 앞의 구절처럼 아이들을 위해 기도하는 경우가 드물다. 서구사회에서 자라나는 아이들은 아프리카의 어린이들처럼 기아선상에 놓여 있지 않다. 그렇지만 육체적인 면을 보듯이 영적인 면에서 보면, 서구사회의 아이들은 기아선상에서 허덕이는 아프리카의 어린이들보다 더 못 먹고 여윈 모습을 하고 있다. 영적으로 보나 정서적으로 보나, 서구의 어린이들은 영양실조에 걸려 있다. 길거리로 나아가서 어린이들의 눈동자를 뚫어져라 쳐다보라. 당신이 예언의 은사를 가진 사람이라면, 그들 안에 들어있는 두려움과 고뇌를 역력히 보게 될 것이다. 두려움에 대한 치료제는 무엇인가? 사랑이다! 하나님의 사랑으로 그 아이들을 사랑할 의무가 우리에게 있다. 이 시대의 어린이들은 다음 세대에 어머니와 아버지가 될 자들이기에, 그들을 사랑으로 잘 키워내는 것은 참으로 중요한 일이다.

눈물로 통곡하는 기도를 드리는 일은 여자들만 해야 하는 일이 아니다. 성령님께서는 남자들도 하나님께 매달려 애걸하며 눈물로 기도하도록 인도하신다. 예레미야 30장 6-7절의 말씀이다.

너희는 남자도 해산을 하는지 물어 보아라. 어찌하여 남자들이 모조리 해산하는 여인처럼 배를 손으로 움켜잡고 있으며, 모두 얼굴빛이 창백하게 변하였느냐? 슬프다, 그 날이여! 무엇과도 비교할 수 없는 무서운 날이다. 야곱이 당하는 환난의 때이다. 그러나 야곱은 구원을 받을 것이다.

남성들이여 이 말을 잘 들어보라. 당신도 임신을 하고 해산도 한다. 성경은 모든 멍에가 인간의 어깨로부터 부서져 내려가고 결국 해방이 동터오는 그 날을 예언하고 있다. 나는 믿기로, 교회에 영적 돌파가 일어나는 날은 남성들이 부르짖으며, 흐느끼며 기도하는 날이 될 것이라고 예상한다. 남성들의 마음속에 이 세대를 향한 하나님의 긍휼의 마음이 들어가서 기도의 부담감이 생성되면, 그들은 절박함으로 기도하게 될 것이다. 오늘날 하나님은 수많은 남성들을 기도의 자리로 인도하고 계신다.

하나님은 남성과 여성이 서로 협력하여 어깨에 어깨를 맞대고 일하도록 부르고 계신다. 왜냐하면 우리의 국가들이 아픔과 고통을 겪고 있기 때문이다. 여성들은 영적 전사로 불림을 받고 있고, 남성들은 긍휼의 마음을 품고 눈물의 기도를 드리는 기도자들로 불림을 받고 있다. 이제는 "남자는 울지 않는다."는 격언은 폐기되어야 할 때이다. 쓸모없는 말이다. 하나님은 남성들이 그들의 감정과 다시 한 번 연결되길 원하시지, 그들의 감정을 상자 안에 넣고 그들의 남성다움과 연결되지 않는 것을 원하지 않는다. 왜냐하면 우리는 우리의 공동체를 위한 열정을 가진 아버지들이 필요하기 때문이다.

우리 공동체를 향한 하나님 마음의 울부짖음에 부응하는 방법 중에 하나는 타인을 위한 기도의 부담감을 짊어지는 것이다. 갈라디아서 6장 2절은 이렇게 명령하신다.

여러분은 서로 남의 짐을 져 주십시오. 이런 방법으로 그리스도의 법을 성취하십시오.

"짐"이라는 말의 헬라어는 "바로스"(baros)인데, 축어적으로는 "들기에 벅찰 정도로 무거운 것"이라는 뜻이다. 그렇기에 하나님 임재 앞에서 상당히 무거운 짐을 짊어지는 것 같은 느낌을 받게 되는 것이다. 타인이 짊어지고 가는 그 "짐"의 무게를 느끼는 사람들에게는 특히 그런 현상이 나타난다. 이것이 영적 부담감이다.

하나님은 당신이 지역사회, 도시, 그리고 세계를 위한 그런 영적 부담감을 느끼기 원하신다. 임신한 여인이 태아가 자궁 안에 있으면 거동이 불편하듯, 영적 부담감을 가지는 것도 삶에 불편함을 초래한다. 그렇지만 자신이 편안하고자 영적 부담감을 내팽개쳐버릴 수는 없는 노릇이다. 출산이 될 때까지 기다려야 한다. 하나님은 그 무거운 짐이 우리의 영혼에 얼마간 머물도록 하실 것이다. 하나님은 지금도 기도의 자리로 나아와 지역사회의 짐을 짊어질 교회들을 찾고 계신다.

## 영적 부담감에 발맞추기

지금까지 성령님께서 현재 교회를 각성시키시는 것에 관해 예언적으로 살펴보았다. 이것을 단 한마디로 요약하자면 하나님께서는 우리가 "책임지는 삶"을 살기 원하신다는 것이다. 이는 성령님께서 우리에게 부가하시는 영적 부담감을 짊어지고, 주변에 있는 사람들의 삶을 기도로 책임지는 것이다. 이 장의 후반부에서 나는 우리가 짊어져야 하는 다양한 종류의 영적 부담감을 인지하고 다루는 실천적인 방안들을 제시하고자 한다. 때론 주님께서 타인을 위해 단 한 마디의 기도만 드리도록 요청하실 것이다. 하지만 지역사회의 고질적인 병폐를 놓고 장기간 꾸준히 기도하도록 하나님이 요구하실 때도 있다. 그러한 다양한 기도의 부담감을 가지고 기도자들이 연합하여 기도를 드리는 데에는 다양한 방법들을 사용할 수 있다. 나는 당신이 당신의 기도의 삶에서 성장했던 것과 같이 이와 같은 방법들을 찾게 될 것을 신뢰한다.

## 다른 종류의 부담감에 부합하기

### 1. 급박하고 순간적인 부담감

어떤 영적 부담감들은 우리의 영에 순간적으로 다가오는데, 그런 부담감은 즉각 알아차릴 수 있다. 그렇지만 기도를 드리고 나면 그 부담감은 즉시로 사라져 버린다. 하나님께서 우리를 한밤중에 깨우셔서 마음에 급박감을 넣으시고 선교사나 혹은 어떤 특정한 나라를 위해 긴급기도를 드리게 인도하신다는 것은 이미 여러 다른 책에서 읽어서 여러분도 익히 알고 있으리라 생각한다. 비록 자신이 무슨 기도를 드리는지 구체적으로 인지하지 못하더라도, 기도를 드리고 나면 그 기도의 부담감이 덜어지는 경우가 있다. 왜 하나님께서 그 특정한 시간에 기도하도록 인도했는지, 아마도 그 다음 날이든지 그 다음 주든지, 이해에 도움이 되는 전화나 편지를 받게 될 것이다. 그러면 왜 위급한 상황에서 기도로 보호하고 도와주는 일이 반드시 필요했었는지 이해하게 될 것이다.

그러한 영적 부담감은 대체 어디로부터 오는지 알 수 없는 경우가 많다. 그러나 급작스러운 영적 부담감이 몰려오는 것은 성령님께서 비상사태를 선포하시는 경보이다. 이는 우리로 하여금 당장 행동을 취하라는 외침이다. 성령님은 긴급한 상황에서 비상전화를 돌리시며 "기도자들이여 깨어나라!"고 하시는 것이다. 그때 "주님, 제가 여기 있습니다. 나를 사용해주세요."라고 응답하면 된다. 그분은 당신을 신뢰하신다. 성령님께서는 지역사회를 불꽃같은 눈으로 살펴보시다가 문제가 발견되면, 당신에게 비상전화를 거신다. 하나님은 문제의 틈새에 서서 중보의 자리에 설 기도자를 늘 찾고 계신다. 성령님께서 우리를 그러한 하늘의 기도제목으로 이끄실 때에 우리는 그 기도제목에 우선권을 부여해야 한다.

나는 런던 북부의 와트포드에서 남편 고든과 함께 한 지역교회를 섬겼던 목회현장에서 그런 체험을 한 적이 있다. 그 사건은 내가 다리미질을 할 시점에 발생했다. 그 당시 우리는 그 교회를 담임하고 있었는데, 레베카(가명)라는 여인이 우리 교회에 등록하게 되었다. 그녀는 비참한 환경에서 자란 여인이었고, 그 당시는 알코올중독과 마약중독에 걸려 있었다. 그렇기에 남편 고든과 또 다른 여성 성도가 그녀를 도왔고, 감사하게

도 거의 중독증에서 빠져 나오게 되었다. 그런데 하루는 내가 다리미질을 하고 있는 중에 레베카로부터 전화가 걸려왔다.

"나를 좀 도와주실 수 있나요?"라고 레베카가 물어왔다.

"물론이죠. 내가 어떻게 도울 수 있죠?"

그러자 그녀는 그녀의 딸이 그날 오후 하교시간에 학교버스에서 내리면 데려가 줄 수 있냐고 물어왔다. "그 정도라면 아무 문제없다."라고 나는 대답했다. 그리고 나는 "아이는 내가 데리고 있을 수 있는데, 레베카는 몇 시에 우리 집에서 아이를 데리고 갈 건가요?"라고 물어보았다. 그러자 레베카는 정확하게 몇 시까지 올지 모른다고 하면서 자신이 돌아올 때까지만 데리고 있어 달라고 부탁했다. 그래서 나는 그렇게 하겠노라고 말하고는 전화를 끊었다.

전화 수화기를 놓자마자 성령님께서는 나에게 이렇게 명확하게 말씀하셨다. "레베카는 자살하려고 한다." 전화의 내용을 미루어 짐작해보면 전혀 자살충동의 기미가 엿보이지 않았으나, 성령님께서 그렇게 말씀하심으로 나는 중보의 기도를 드렸다. 나는 교회 사무실에서 근무하고 있었던 남편 고든에게 전화를 걸어 그 문제에 관해 대화를 나누고 싶었으나 전화가 계속 통화중이었다. 그러자 성령님께서는 "구급차를 불러라."고 말씀하셨다. 나는 속으로 '아니, 아무런 일도 발생하지 않았는데, 무슨 구급차까지 부르라고 하시나?'고 생각했다. 그렇지만 어떤 긴박함을 느낀 나머지 나는 응급실 서비스에 전화를 걸어서 "자살을 시도하려는 한 여인이 있다. 주소는 여기인데, 그곳으로 가 보실 수 있으시겠어요?"라고 했다. 응급실에서는 나에게 레베카의 집으로 오라고 했지만, 나에게는 교통수단이 없었다.

응급실과의 통화를 끝내고 고든에게 전화를 걸었을 때는 다행히도 고든과 통화가 되었다. 나는 고든에게 레베카가 자살할 가능성이 있어서 구급차를 레베카의 집으로 보내달라고 했다고 말했다. 그러자 고든은 "레베카가 자살한다는 사실을 어떻게 알았어요?"라고 내게 물어왔다. "아 그거요. 성령님이 알려주셨어요."라고 나는 대답했다.

나의 말에 반신반의했으나 일단 구급차를 불러논 상태이므로 고든은 즉시 레베카의 집으로 질주했다. 얼마나 빨리 달렸는지, 고든은 구급차와 동시에 레베카의 집에 도착했다. 그러나 아파트의 문이 잠겨 있었기에 그들은 경찰을 불렀다. 도착하자마자 경찰은 문을 부수고 집안으로 들어갔다. 방안에는 치사량의 약물을 섭취한 레베카가 쓰러져 있었다. 그렇지만 응급구조대원들은 위장으로부터 약물을 흡입하여 빨아내었고, 결국 생명을 건져내었다. 구조대원들은 5분만 늦었더라도 생명이 위독하게 되었을 것이라고 했다. 특히 간과 신장이 회복불능으로 망가졌을 것이라고 했다. 조금만 늦었다면 사망했을 것이라고 말했다.

회상하며 시간을 계산해보니, 레베카가 약물을 과다섭취하기 이전에 성령님께서는 나에게 레베카가 자살할 것을 알려주셨다는 사실을 깨닫게 되었다. 성령님께서는 레베카가 약을 먹을 것을 미리 아신 것이다. 하나님은 현재 귀한 여성 레베카를 놀랍게 사용하고 계신다. 하나님의 전능의 손이 그녀와 함께 하시고 그녀는 능력의 찬양과 경배 인도자로 사역하고 있다. 레베카가 하나님의 손에 사용되는 놀라운 영적 무기가 될 것을 미리 감지한 원수 마귀는 그녀의 생명을 앗아가기로 작정했던 것이다. 하나님의 계획은 언제나 마귀의 것보다 우세하다.

하나님께서 오늘도 우리 인간에게 말씀하신다는 것은 사실이다. 그러나 극적으로 확연하게 나타나지 않는 경우도 많다. 그러나 우리는 하나님의 미세한 음성을 듣고 성령님의 인도하심에 민감하게 반응하면서 그분의 지시를 존중하고 신뢰하는 법도 배워야 한다. 나는 하나님께서 내게 분명히 말씀하셨는데도 그것을 놓쳐버린 때가 많다. 그리고 나중에 기억하고서야 그러한 하나님의 지시에 제대로 제때에 반응을 보이지 못한 것을 후회하곤 한다. 성령님께서 보고 계신 것을 우리가 전부 다 볼 수 없기 때문에 우리는 우리의 부담감에 반응해야 한다.

영적 부담감이 우리 안에 머무는 기간이 사건의 중요성에 반드시 비례하는 것은 아니다. 나의 요점은 얼마나 긴 시간동안 기도하느냐가 중대사안이 아니라는 말이다. 그것이 3시간이 되었건 3분이 되었건 관계없이 중요한 건 일을 마치는 것이다. 나는 두 아기를 출산했는데, 첫째는 37분 만에 분만했고 둘째는 7분 만에 분만했다. 분만시간이 짧다고 해서 아기를 출산하는데 어떤 문제가 있었던 것은 아니다. 분만시간이야 어찌되었건 중요한 것은 건강한 아기를 잘 낳았다는 것이다. 분만시간이 길다고 해서, 분만시간이 짧은 출산보다 더 중요한 출산도 아닐 것이다. 기도란, 일을 성사시킴에 있어서 성령님께 협력하는 것이다. 그렇기에 영적 부담감이 작다 하더라도 그것이 생명을 얻기까지 기도해야 한다.

일단 영적 부담감을 느끼기 시작하면 우리는 무엇을 해야 하는가?

**성령 안에서 예배하고 기도하기 시작하라.** 우선 먼저 하나님께 집중하기 바란다. 그리고 하나님의 인도를 구하라. 기도의 언어를 사용하라. 찬양음악을 틀어놓아도 좋을 것이다. 영적 부담감이라는 것이 왜 오는지 알 수 없는 경우가 있다. "느낌"뿐이지, 어디에서 왜 그런 영적 부담감이 오는지 도무지 알 수 없는 경우가 있다.

**적당한 장소를 찾아서 영적 부담감을 기도로 풀어 놓아라.** 기도하고자 하는 급박감이 한밤중에 몰려오면, 일단 자리에서 일어나 다른 사람의 수면을 방해하지 않는 장소로 옮겨 기도하기 시작해야 한다. 그런 일이 낮에 발생하면, 하던 일을 멈추고 조용한 곳으로 가서 기도하기 시작해야 한다. 다른 모든 일들을 약간 뒤로 미루고, 즉석에서 신속하게 기도해야 한다. 이제 아기를 막 출산해야 하는 산모가 "분만하는 일을 좀 미룰 수 없을까요? 제가 미장원에 약속해 놓은 것이 있어서요."라고 말하는 경우가 있는가? 만일 산모가 그런 말을 한다면 산파는 "죄송하지만, 일단 아기를 출산하고 나서 다른 볼일을 보셔야 하겠습니다."라고 말할 것이다. 출산의 순간은 다른 모든 우선권을 소멸시켜 버린다. 성령께서 주신 기도의 부담감도 마찬가지이다.

**기도로 수고하고, 긍휼의 태도를 유지하라.**

**부담감이 사라질 때까지 기다려라.** 기다리라는 것은 무엇을 뜻하는 것일까? 그것은 결국 상황이 바뀐다는 것을 의미한다. 영적 부담감은 왔다가, 일단 처리하면 사라진다. 그러므로 부담감이 사라지면 기도의 짐도 내려놓을 수 있게 된다. 기도해야 한다는 중압감이 사라졌는데도 억지로 계속 기도한다는 것은 참으로 사람을 피곤하게 하는 일이다. 어떤 경우는 왜 기도했는지조차 알 수 없는 경우도 있다. 또 어떤 경우는 차후에 알게 된다. 하나님께서는 우리와 하늘의 비밀들을 공유하기 원하시기에, 우리에게 중보할 것을 요청하신다.

### 2. 장기적인 부담감들

단기적인 부담감이 있는가 하면 장기적인 부담감도 있다. 대부분의 기도자들은 이러한 종류의 영적 부담감을 인지한다. 하나님께서 장기간에 걸쳐 동일한 주제를 놓고 기도하도록 요청하신다. 예컨대 도시, 지역사회, 청소년 문제, 경제 문제 같은 것 말이다. 자기도 모르게 자꾸 동일한 문제를 놓고 반복해서 기도하게 된다면, 그것은 하나님께서 그 문제에 관해서 장기적인 기도를 요구하신다는 걸 뜻한다. 그런 경우 누군가 당신에게 그 동일한 문제를 거론만 해도 마음에 동요를 느끼면서 기도에로의 부담감이 발동하는 것을 감지하게 될 것이다. 장기적인 기도에로의 부담감은 아버지, 어머니, 아니면 자녀들의 구원문제가 될 수 있다. 그들을 생각만 해도 당신은 기도해야 한다는 중압감을 느낄 것이다. 당신은 이 부분이 당신의 기도의 자리에서 책임져야 할 부분임을 알고 있다.

동일한 문제를 가지고 오랜 기간동안 기도해 온 사람이라면 기도의 효과에 관해 의아스럽게 생각하게 될 것이다. 즉, "도대체 이 기도를 통해 뭐가 성취되는 걸까?"라는 의문이 제기된다. 그런 의문을 풀기 위해 열왕기상 18장에 비가 오기를 기도하던 엘리야를 살펴보자. 42-45절에 기록된 대로 엘리야는 갈멜산 꼭대기로 올라가 엎드려 몸을 땅에 대고 그의 얼굴을 무릎 사이에 넣었다. 이런 기도하는 모습이 '출산의 자세'라는 걸 고대 동양인들이라면 누구나 다 알았을 것이다. 이는 자신의 나라의 영적 돌파를 위해 출산의 자세로 꿇어 엎드린 한 남자의 모습이다. 엘리야는 매순간 기도했다. 그는 뭔가 변화를 감지하고는, 고개를 들고 그의 시종에게 바다 쪽을 살펴보라고 명령했다. 비가 오기 시작했는가?

엘리야는 위와 같은 행동을 여러 번 반복했다. 엘리야가 계속 고개를 든 것이 솟구치는 의심 때문일까? 아니다. 엘리야는 성숙한 예언자였다. 그는 하나님을 알았다. 그는 하나님께서 뭔가 결정적으로 행하시는 시점을 영으로 감지할 수 있었다. 그래서 그는 머리를 땅에 대고 기도하다가, 영적인 세계에서의 변화가 감지될 때마다, 고개를 든 것이다. 그리고는 시종을 보내어 어떤 변화가 일어났는지 실제 눈으로 확인시켰다. 그렇지만 아무런 가시적인 변화가 없었기에 엘리야는 또 다시 머리를 숙이고 기도로 돌아가곤 했다. 그는 이런 일을 7번이나 반복했다. 성경에서 일곱이라는 숫자는 충분한 시간, 적합한 시간, 그리고 완결된 시간을 의미한다. 즉, 기도의 분량이 찼다는 뜻이다. 바로 이것이 장기적인 부담감을 가질 때에 우리가 보일 행동이다. 우리는 일정기간 머리를 숙이고 기도하다가 상황이 변화됐는지 알아본다. 만일 아무런 변화가 없으면 다시 머리를 숙이고 기도하는 것이다. 그렇게 기도드리기를 영적 부담감을 통해 출산이라는 결과가 이루어지기까지 해야 한다.

우리가 기도하면, 하나님은 우리가 볼 수 없는 영적 영역에서 변화를 창출해내신다. 비록 눈으로 보이지 않는다 해도 우리는 계속 기도로 '잉태의 과정'을 이행해야 한다.

남편 고든의 친형제 중에 한 명인 브라이언이 이단에 빠진 적이 있었다. 슬픈 일은 브라이언을 이단으로 인도힌 사람이 바로 고든이었다는 사실이다. 고든은 열다섯 살 때 브라이언을 이단으로 인도했으나, 자기 자신은 대학 시절에 기독교로 개종하고 현재까지 정통 기독교 운동에 몸담고 있다. 당신은 그 후로부터 브라이언에 대한 고든의 영적 부담감을 상상할 수 있을 것이다. 쉬지 않고 기도했다. 결국 열매를 맺어 브라이언은 예수님을 바로 알게 되었고, 지금은 이스라엘에서 선교사로 일하고 있다.

한참 전에 하나님께서는 나에게 이사야 62장 10절의 말씀을 주시면서 장기적인 기도에 전념할 때에 영적 영역에서 무슨 일이 발생하는지 보여주셨다.

나아가거라. 성 바깥으로 나아가거라. 백성이 돌아올 길을 만들어라. 큰 길을 닦고 돌들을 없애어라. 뭇 민족이 보도록 깃발을 올려라.

중보기도라는 것은 타인을 위하여 무너진 곳을 막아서고 하나님과 벌어진 틈새를 메우는 작업이다. 당신이 틈을 메우고 기도하면 하나님과 사람 또는 상황과의 빈 공간을 메우게 될 것이다. 당신의 아버지는 당신이 문제에 직면한 사람들과 하나님 사이에 다리를 놔주기 원하신다. 하나님은 당신을 만지시고, 당신을 하나님과 사람과의 갈라진 틈에 세우실 것이다. 하나님과 곤경을 당한 사람과의 사이에 서서 그리고 당신은 하나님과 그 사람 사이에 결정적인 결합이 이루어지도록 한다.

그렇게 하기 위해서는 반드시 "원수가 진치고 있는 그 성문"을 통과해 나가야 한다. 다른 말로 하자면, 기도를 통해 원수의 반대세력을 공략하는 것이다. 그 세력은 종종 너무나 강하게 진치고 있기에 무너뜨리기가 수월하지 않다. 기도 가운데 우리는 문제를 당한 사람과 하나님 사이를 가로막고 있는 돌들, 장애물들, 파편 조각들을 제거해낸다. 그러면 승리의 깃발이 이 상황을 넘어 하나님의 승리를 선포하게 된다.

친형제인 브라이언을 위해 기도의 자리에서 통곡하고 부르짖는 노고를 통해, 고든은 브라이언이 하나님께로 순조로이 나아갈 수 있는 고속도로를 형성시켰다. 뭔가 영적인 영역에서의 움직임이 있었다. 그래서 결국은 하늘과 땅이 연결된 것이다. 엘리야는 7번이나 기도했다. 우리는 많은 경우에 한 번 기도한다. 때로는 두 번 세 번까지 기도한다. 혹자는 네 번,

다섯 번, 그리고 여섯 번까지 기도하는 사람도 있다. 그렇지만 그러다가 포기해버린다. 하나님께서 우리에게 성경을 통해 주시는 말씀은 이렇다. "포기하지 말라! 장구한 세월동안 기도했고 그 동안 아무런 기도 응답이 없었더라도, 어느 날 기도의 분량이 차면, 갑자기 영적 돌파를 경험하게 될 것이다."

고든은 그의 형제를 위해 32년간 기도했다. 결국 그의 기도가 응답되는 기쁨의 순간을 맞이하게 되었다. 나는 아직도 그날 그 저녁을 생생히 기억한다. 그날 우리는 교회에서 기도회를 하고 있었다. 특별히 굉장한 일이 일어난 기도회도 아니었다. 사실 나는 "언제 기도회를 마칠까?"하면서 시계를 쳐다보고 있었다. 나는 사람들에게 소그룹을 만들어 그룹원 중에 혹시 가족이나 친척이 구원을 받지 못한 사람이 있으면 잃은 자를 위해 특별히 집중하여 기도하자고 제안했다. 나는 속으로 생각하기를 "아마도 한 15분 정도 기도한 후 기도회를 마치고 집에 가야지"라고 계산했다. 기도회를 마친 후에 나는 고든에게 "당신은 누구를 위해 기도했나요?"라고 물어보았다. 그랬더니 "브라이언"이라고 대답했다. 나도 "하나님으로부터 브라이언을 위해 기도하라는 음성을 들었어요."라고 대답했다. 그날 밤 집으로 들어서자마자 우리는 전화의 자동응답기에서 불이 깜박이는 것을 보았다. 고든이 자동응답기를 작동시키자, "고든, 브라이언이야. 형하고 이야기하고 싶은데, 꼭 나 좀 만나주세요."라는 음성이 흘러나왔다. 그래서 고든은 브라이언에게 전화를 걸었고 둘이 만나게 되었다. 긴 이야기를 간단하게 줄이자면, 고든이 브라이언을 만난 그 밤에 하늘과 땅이 만나는 역사가 이뤄졌다는 것이다.

결론적으로 말하자면, 32년간 기도의 부담감을 가지고 기도의 장소에서 수고한 보람이 있어, 결국 꿈이 성취되는 시간을 맞이한 것이다. 여러분 중에도 오랜 기간 기도의 무거운 짐을 지고 가는 분들이 있을 것이다. 그런 분들에게 드리는 격려의 말씀이다. 완성의 시간이 결국은 도래할 것이며, 그 날이 이르면 그동안 수고한 것들에 대한 보람을 만끽하게 될 것이다. 오랜 산고의 고통을 겪은 후에 아기를 손에 안게 되면, 그동안의 고통이 깨끗이 잊혀진다. 왜냐하면 새 생명의 탄생이라는 놀라운 기적에 압도당하기 때문이다. 기도의 응답을 받는 순간, 기쁨이 생긴다. 그간 흘렸던 눈물 한 방울 한 방울이 모두 소중했다는 생각이 들 것이다. 꿈이 현실로 나타났으며 당신의 사명은 완수된 것이다!

하나님은 우리를 풍성함의 시절로 인도하실 것이다. 불모의 토지는 비옥한 땅으로 변화될 것이며, 기독교인들은 도시를 탈환하게 될 것이다. 그렇지만 그런 영적 돌파에 이르기 위해서는 우리가 절박함으로 부르짖는 자들이 되어야 한다. 흔쾌히 기도로 남의 짐을 지고 세상의 필요를 채우는 그런 기도자들이 되어야 한다.

# 08

# 평범한 사람들을 위한 영적 전쟁

Spiritual Warfare for the Ordinary Person

영적 전쟁이라는 것은 거대한 주제이기에 이에 관련된 수많은 전문서적, 매뉴얼, CD, DVD가 판매되고 있는 것이 사실이다. 그런데 기도에 관한 입문서인 본서에서 영적 전쟁이라는 방대한 주제를 포괄적으로 다룬다는 것은 불가능한 일이다. 그렇기에 여기에서는 모든 기도 용사들에게 불가결한 요소만을 간추려서 제시해보고자 한다.

- 매일 일상의 삶에서 직면하는 영적 전쟁에는 어떤 것들이 있나?
- 영적 전쟁이 나의 삶에 끼치는 영향은 무엇이며 그것에 대한 나의 의무는 무엇인가?
- 영적 전쟁은 특별한 사람들만이 하는 것인가 아니면 보통 사람들도 가담해야만 하는 일인가?

성령님께서 성경을 통해 교회에 주시는 두 가지 기본그림이 있는데, 나는 그 그림들이 영적 전쟁을 이해하는 것을 도울 것이라 생각한다. 첫째는 '가정'이라는 그림이다. 우리는 성경을 통해서 하나님은 우리의 아버지이며, 우리는 그분의 자녀이고, 우리는 모두 그리스도 안에서 형제자매들이라는 것을 배운다. 우리 모두는 가족관계를 형성하고 있다. 두 번째 그림은 '군대'이다. 그 군대의 지휘관은 주님이시다. 그분은 만군의 주님이시다. 여호수아 5장에 따르면, 여호수아는 여리고 근처에서 어떤 사람이 자기 앞에 칼을 들고 서 있는 모습을 보았다. 여호수아가 그에게 "당신은 우리 편이요 아니면 적의 편이요?"라고 물으니 그는 "나는 누구의 편도 아니다. 여호와의 군대 사령관으로 왔다"(수 5:14)라고 대답했다.

요한계시록 전체를 통해 예수님은 위풍당당한 전사이자 왕으로 묘사되어 있다. 사상 최대의 전쟁 쪽으로 역사가 치달을 때에 전사이신 예수님은 말을 타고 전쟁터로 나아가신다. 사도 바울은 에베소서 6장에서 공중의 권세를 잡은 악령들과 대항하여 싸우는 신자들에게 하나님의 전신갑주를 입으라고 권고한다.

우리는 가족이다. 또한 가족은 군대로서의 기능을 발휘할 수 있도록 배워야 한다. 왜냐하면 지금은 전시(戰時)이기 때문이다! 우리는 교회라는 구조 안에서 안전하고 평안한 가정 같은 곳을 경험하는 것에 더욱 편히 여긴다. 그렇지만 영적 세계의 실재를 파악하고 하나님의 경륜에 대한 전체적인 스펙트럼을 고려하면 '가정'과 '전쟁'이라는 그 두 이미지를 결합시키지 않을 수 없다. 우리는 소극적 안일주의와 안전위주의 수동성을 극복하고 전사(戰士)이신 하늘 왕을 쳐다보아야 할 때이다. 물론 아침에 부시시한 모습으로 일어나면 당신 자신이 전사라는 사실이 믿어지지 않을 수도 있다. 그러나 성령님께 자신을 맡기고, 그분의 전투적인 성품이 당신에게 영향을 미치게 하면 확연한 변화를 체험하게 될 것이다.

우리는 하나님을 아버지로서 대할 시기와 사령관으로 대할 시기를 분별해내어야 한다. 어떤 경우는 예배에 풍덩 빠져서 참으로 친근한 "아빠" 같은 그런 하나님을 만나야 한다. 그렇지만 하늘의 '군대장관'으로서의 하나님을 대해야 하는 시기도 있다. 그런 경우라면 군대에 차출된 사병처럼 순종하는 마음으로 하나님을 대해야 할 것이다. 우리는 하나님의 명령을 받고 그것을 수행하기 위해 하나님의 존전(尊前)으로 나아가는 군사들이기 때문이다.

나는 남편 고든과 결혼하기 전에는 군대생활에 관해 전혀 아는 바가 없었다. 남편의 가족은 군인가족이다. 그래서 지금은 내 자신을 군대의 일부처럼 생각하게 되었다. 고든의 아버지는 육군 대령이었으며, 고든도 내가 그를 만날 당시는 군의 지휘관이었다. 고든과 처음 사귈 때에 고든에 대하여 흥미로운 점이 있었는데, 그것은 고든이 자기 아버지를 '아빠'처럼 대하기보다는 군대의 '상사'로 대하는 모습이었다. 물론 나를 사귀면서 그의 태도는 바뀌기 시작했지만 말이다. 그렇지만 나는 고든의 그런 모습을 보면서, 군대의 지휘관 앞에서 보여야만 하는 합당한 태도에 관해 배운 바가 많다.

고든은 샌드허스트 사관학교를 졸업했다. 그는 육군사관학교 졸업식에서 왕의 포병연대의 최우수 장교로 뽑혀 상을 받았다. 졸업식 퍼레이드에는 장교들이 연대장 앞으로 나오는 순서가 있다. 사실 내가 이제 말하려는 일은 실제로는 일어나지 않았지만, 한번 그렇다고 가정해보자. 고든의 졸업식을 주관한 연대장이 고든의 아버지였는데, 고든이 수백 명의 장교들이 보는 앞에서 아버지에게로 달려나가 아버지를 껴안고 "아빠, 멋지지요. 나 상 받았어!"라고 했다고 하자. 사실 그런 행위는 부적절한 행위가 아닌가? 그것은 진정으로 온당치 않은 행위일 것이다! 졸업식장에서는 예식을 심각하게 생각하고, 모인 이들을 존중하는 태도를 유지하며, 절차에 합당한 태도를 취해야 한다. 상을 받으러 연대장 앞에 설 때에는 군인으로서의 품위를 유지하며 정중하게 경례하고, "네, 감사합니다!"라고 한 후에, 한 걸음 뒤로 물러나는 예식 절차를 지켜야 할 것이다.

우리는 하나님의 임재 안에서 마치 연약한 어린애처럼 굴 때가 있다. 하늘의 사령관은 우리에게 "자, 이제 일어나라. 고개를 빳빳이 들고 어깨를 쫙 펴고, 행진하며 진군하자."고 명령하신다. 그러나 우리는 "아빠, 나는 가기 싫어요. 나는 그냥 당신과 집에 조용히 머물래요."라고 대답한다. 하나님은 "가라!"라고 계속 명령하신다. 그래도 우리는 놀고만 싶어 한다!

하나님은 우리를 불굴의 전사로 부르신다. 하나님은 전쟁터에 나가 싸울 사람으로 우리를 훈련시키기 원하신다. 당신이 속한 공동체를 바라볼 때에, 원수 마귀가 훔쳐가고, 속여 빼앗아가고, 약탈해 가는 것들이 보이지 않는가? 어슬렁거리며 거리를 배회하며 사회를 교란시키고, 가정을 파괴하는 원수 마귀의 세력이 지금 활동 중이다. 당신 내부에서 발끈하는 마음이 일어나서 "이건 아니다! 이젠 참을 만큼 참았다!"라고 소리를 지르게 되는 경우도 있을 것이다. 하늘에 계신 하늘 아버지도 그러한 종류의 '의분(義憤)'을 느낀다는 생각이 들지 않는가? 예수님은 십자가에 매달리셨다. 이 얼마나 전투적인 상징인가? 온 지옥의 권세들은 "봐라, 우리가 이겼지!"라고 말하며 크게 웃었을 것이다. 그러나 졸지에 무덤에서 우르릉거리는 소리가 나며 지옥의 문을 강타했다! 그것은 다음과 같은 외침이며 선포이다. "나는 죽음을 이기고 정복했다!" 하나님의 백성들이여, 우리는 지금 전쟁 중이다!

시편 18편 32-39절에서 우리는 전투용사인 다윗 왕의 경배하는 말씀을 듣는다.

하나님께서 나에게 용기를 북돋우어 주시며, 하나님께서 나의 길을 안전하게 지켜 주십니다. 하나님께서는 나의 발을 암사슴의 발처럼 튼튼하게 만드시고, 나를 높은 곳에 안전하게 세워 주십니다. 하나님께서 나에게 전투 훈련을 시키시니, 나의 팔이 놋쇠로 된 강한 활을 당깁니다. 주께서는 주께서 쓰시는 구원의 방패를 나의 손에 들려 주셨고, 주께서는 오른손으로 나를 강하게 붙들어 주셨습니다. 주께서 이토록 보살펴 주시니, 나는 기고야 말겠습니다. 내가 발걸음을 당당하게 내딛도록 주께서 힘을 주시고, 발을 잘못 디디는 일이 없게 하셨습니다. 나는 원수를 뒤쫓아 가서 다 죽였으며, 그들을 전멸시키기까지 돌아서지 않았습니다. 그들이 나의 발아래에 쓰러져서 다시는 일어서지 못하도록, 그들을 내가 무찔렀습니다. 주께서 내게 싸우러 나갈 용기를 북돋우어 주시고, 나를 치려고 일어선 자들을 나의 발아래에서 무릎 꿇게 하셨습니다.

위의 시편은 더할 나위 없는 투쟁적인 언어를 사용하고 있다. 잃은 자들에게 접근하기 위하여 기독교인들이 자비를 베풀어야 함은 추호의 의심도 없는 진리이다. 그러나 동시에 우리는 악한 자의 계략에 맞서는 거룩한 분노를 품어야 한다. 우리는 예수님의 얼굴의 양면성을 그대로 반영해야 한다. 예수님의 얼굴은 '유다의 사자'의 얼굴임과 동시에 '어린 양의 얼굴이다! 우리는 죄와 사악함을 조장하는 자를 미워해야 한다. 우리는 악한 자와 그가 행하는 모든 것을 증오해야 한다. 그러한 종류의 전투정신이 우리의 영혼 안에 흘러야 한다고 나는 믿는다.

## 깨우시는 성령의 부르심

성령님께서 교회를 깨우고 계신다. 싫든 좋든 우리는 전쟁터의 한복판에 서 있다. 그럼에도 불구하고 우리는 지역사회와 국가의 문제들에 대하여 어떠한 반응도 보이지 않고 얼어붙은 채로 앉아 있다. 뒷짐을 지고 앉아서 강 건너 불구경하듯 "내가 알 바가 아니다."라는 태도를 보이는 것이다. 우리는 몸을 사리고 관대한 척했지만, 죄를 완강히 거부하고 세상을 변혁시키는 촉매의 역할은 감당치 못했다. 깨우시는 성령님의 부르심은 당신의 일이다. 참여하고 싶든 아니든, 당신은 참여하지 않을 수 없다. 하나님의 나라를 진척시키는 일이 불가결하기 때문이다.

지금 나라들을 장악하려는 전투가 한창이다. 하나님의 기준과 악한 영의 기준이 서로 대결구도를 이루고 있다. 때론 어두움의 세력이 막강하게 몰아붙이면 하나님의 자녀들이 패배하는 것처럼 느껴지기도 한다. 특히 성적 순결에 대한 싸움이 맹렬하다. 결혼 서약을 지키는 전쟁이 벌어지고 있다. 진실공방도 대단하다. 다양한 종류의 전투에 대비하기 위해 교회에는 잘 훈련되고 무장된 군사들이 필요하다. 하나님은 우리를 깨우셔서, 다윗처럼 "하나님께서 나에게 전투 훈련을 시키시니, 나의 팔이 놋쇠로 된 강한 활을 당깁니다. 주께서는 주께서 쓰시는 구원의 방패를 나의 손에 들려 주셨고, 주께서는 오른손으로 나를 강하게 붙들어 주셨습니다. 주께서 이토록 보살펴 주시니, 나는 이기고야 말겠습니다."라고 부르짖게 만드실 것이다.

## 전시의 우선권

전시에는 우선권이 평소와 완연히 달라진다. 전투 중에는 평소에 중요하던 것들이 하찮게 되고, 비상시에 불가결한 이슈들이 새로이 등장하게 된다. 여기에 우리가 갖게 되는 다섯 가지 마음이 있다.

### 1. 전시에는 갑자기 하나로 뭉치게 되어 있다

정부는 파벌 싸움으로 인해 사분 오열되고 혼란스러워질 수 있다. 그런 경우 각 파벌은 자신들의 입장을 변호하기에 급급할 것이다. 그렇지만 그 나라에 전쟁이 발발하고 온 나라가 위협을 받게 되면 졸지에 하나로 뭉치게 된다. 예로 미국의 9/11사태를 보라. 각양각색의 인종들과 사회적 지위가 다른 이들이 하나로 뭉쳤던 것을 본다.

우리가 원수 마귀에 일체적 공세를 편다면 영적 단결은 문제가 되지 않는다고 생각한다. 사단-마귀라는 악령에 대한 영적 전쟁에 집중하게 되면 모든 교회들은 그 과업의 완수를 위해 하나로 뭉치게 될 것이다. 적들의 공격을 받는 상황에 처해 있다는 사실을 감지하게 되면 사실 근소한 신학적 차이들은 문제가 되지 않을 것이다. 그렇지만 아직도 우리는 우리가 영적 전쟁이라는 소용돌이 한복판에 있다는 사실을 인정하지 않고 있다. 원수 마귀는 우리의 도시를 마구 노략질하고 있는데, 우리는 평화 시기라고 착각하면서 게임을 즐기고 있지는 않은지 생각해 보아야 한다.

## 2. 전시에는 팀웍과 협력이 승리를 좌우한다

개인 혼자서 원수 마귀와 대항하여 싸운다는 것은 불가능한 일이다. 이러한 종류의 전쟁은 힘을 합해야 한다. 전 세계에 널리 퍼져있는 예언자들은 오늘날 "어깨와 어깨를 맞대고"라든지 "네트워킹"같은 개념들을 내세우고 있다. 그러한 예언을 통해 하나님은 우리가 하나로 세워지기 원하신다고 믿는다. 하나님은 지역교회의 신자들만 통합시키시는 것이 아니라, 세대간의 격차, 남자와 여자, 그리고 교파 간의 차이를 넘어선 연합을 시도하신다. 하나님은 국가를 초월하여 기도의 용사들을 불러내어 하나가 되게 하시고 있다. 기도의 군대를 하나로 결집시키시는 것이다!

## 3. 전시에는 개인적인 취향이 무시된다

군대에서는 먹으라는 것을 먹고, 입으라는 것을 입으며, 명령이 떨어지면 일어나서 움직여야 하고, 가라는 곳으로 가야 한다. 거주지도 자기 마음대로 정하는 것이 아니라 머물라고 하는 곳에 머물러야 한다. 제2차 세계대전 당시를 회고해 보라. 심지어는 어린이들조차 자기 집에서 강제 이주되어 안전하다고 사려되는 곳으로 대피시켜졌다. 그렇지만 불평할 수 없는 것은, 전시에는 개인의 취향이 고려되지 않기 때문이다. 더 중요한 것 때문에 우선순위에서 밀려난다.

### 4. 전시에는 즉각적인 순종이 요구된다

병사는 일단 명령을 받으면 즉시 그 요구에 응해야 한다. 지휘관에게 "지금은 제 형편상 그 명령을 수행할 수가 없습니다. 나중에 시간이 나면 하지요."라고 대답할 수 없다. 그런 병사는 군사재판에 회부될 것이다. 전쟁은 심각한 사건이다.

### 5. 전시에는 쾌락과 여가시간의 우선권이 상실된다

생존과 승리는 전쟁에서 최우선이기 때문에 다른 것들은 뒤로 제쳐둔다.

## 전사(戰士)의 열렬한 외침

사람들은 전쟁으로 나오라는 부르심에 흔쾌히 응답하지 못한다. 왜냐하면 일상생활에서 우리가 중요하다고 생각하는 것들을 끊어내야 하기 때문이다. 요엘 2장 1절은 다음과 같은 말씀을 전한다.

> 너희는 시온에서 뿔 나팔을 불어라. 하나님의 거룩한 산에서 경보를 울려라. 유다 땅에 사는 백성아, 모두 떨어라. 주의 날이 오고 있다. 그 날이 다가오고 있다.

시온은 교회를 상징하는데, 하나님이 나팔을 불며 큰 전투를 위한 군대를 불러 모으고 있는 모습을 묘사하고 있다. 하나님은 우리의 주위를 환기시키려 하고 계신다. 비상경보의 나팔을 불면서 말이다. 나는 교회가 예언적인 목소리를 성가신 경보장치의 울림처럼 취급해 버릴 수 있다고 믿는다. 물론 경보장치는 사람을 짜증나게 하고 불안하게 만들 목적으로 고안된 것이다. 그래서 안락한 자리에 있는 사람의 마음을 휘저어 움직이도록 만든다. 그러나 보통 우리는 어떻게 반응하는가? "알람 좀 꺼죠!"

그렇기에 당신에게 예언적 은사가 있어 하나님이 교회를 깨우라고 말씀하실 때 사람들이 전혀 반응을 보이지 않는다 해도 시험에 들지 말기 바란다. 당신은 아침에 울리는 자명종처럼 시끄럽게 하면서 영적으로 잠자는 자들을 깨우는 사람이다. 울리는 자명종을 끌 수 없다면 아마도 그들은 자명종을 창문 밖으로 내던져 버리기까지 할 것이다. 그렇지만 염려하지 마라. 하나님은 또 다른 자명종을 그들에게 보낼 것이다. 왜냐하면 잠자는 교회를 깨우고자 하는 하나님의 결심은 단호하기 때문이다!

흔히 우리는 교회의 부흥에 관해 낭만적인 생각을 가지고 있다. 그러나 성경은 큰 부흥이 몰려오는 "주님의 날"을 무시무시한 사건들이 벌어지는 날로 묘사하고 있다. 그 날은 빛이 어두움과 정면충돌하는 날이다. 그 날은 '하나님의 의'와 '사악함'이 만나 권력대결을 하는 날이다. 요엘 선지자의 예언에 따르면 그 날은 '혹독한 고난'이 임할 날이라고 한다. 생각만 해도 소름끼치는 '주님의 날'에 대비한 교회의 사명에 대해 요엘 선지자는 다음과 같이 예언했다. 요엘 2장 15-17절에 기록된 예언자의 통찰력으로부터 영적 지혜를 얻어 보자.

> 너희는 시온에서 뿔 나팔을 불어라. 거룩한 금식을 선포하고, 성회를 열어라. 백성을 한 곳에 모으고, 회중을 거룩하게 구별하여라. 장로들을 불러 모으고, 어린아이들과 젖먹이들도 불러 모아라. 신

랑도 신방에서 나오게 하고, 신부도 침실에서 나오게 하여라. 주님을 섬기는 제사장들은 성전 현관과 번제단 사이에서, 울면서 호소하여라. "주님, 주의 백성을 불쌍히 여겨 주십시오. 주의 소유인 이 백성이 이방인들에게 통치를 받는 수모를 당하지 않게 하여 주십시오. 세계 만민이 '그들의 하나님이 어디에 있느냐?' 하면서 조롱하지 못하게 하여 주십시오."

요엘 선지자를 통해 하나님은 우리에게 "거룩한 금식"을 선포하라고 하신다. 전쟁의 시기는 희생의 시기이다. 우리는 대가를 치러야 한다. 이 세상에서도 전쟁비용을 감당하려면 정부가 세금을 올려야 한다. 전쟁이란 참으로 비용이 많이 들어가는 사건이다. 그렇기에 나라를 강타하는 악령의 세력에 대항하여 교회가 전쟁을 벌이려면 많은 희생을 치러야 하고, 많은 자원을 투자해야만 한다. 특히 영적 전쟁의 최전선에서 사투를 벌이는 용사들에게 지원을 아끼지 말아야 한다. 우리는 영적 전쟁을 벌이는 기도사역과 자비를 베푸는 구제사역을 하는 사람들에게 아낌없는 지원을 해주어야 한다. 전쟁은 대가를 치른다.

주님은 선지자 요엘을 통해 우리에게 또한 회중을 한데로 모아 "거룩한 성회"를 열라고 명령하신다. 물론 나는 컨퍼런스를 위해 믿는 사람들이 함께 하는 것을 말하는 것이 아니다. 하나님은 신자들이 한 마음, 한 뜻, 한 비전으로 정기적으로 모여 성령의 부르심에 함께 응답하며, 기도로 뭉쳐 하나님의 뜻을 성취해낼 것을 바라고 계신다.

요엘 3장 9-11절의 말씀을 읽어보자.

너희는 모든 민족에게 이렇게 선포하여라. "전쟁을 준비하여라! 용사들을 무장시켜라. 군인들을 모두 소집하여 진군을 개시하여라! 보습을 쳐서 칼을 만들고, 낫을 쳐서 창을 만들어라. 병약한 사람도 용사라고 외치고 나서라. 사방의 모든 민족아, 너희는 모두 서둘러 오너라. 이 평원으로 모여라." 주님, 주의 군대를 보내셔서, 그들을 치십시오!

일단 교회가 깨어나서 영적 전쟁을 치를 준비를 한다면, 열방에 외칠 뭔가 중요한 메시지가 생길 것이다. 지금까지 스스로 연약하다고 생각했던 사람들도 이제는 더 이상 "나는 전쟁에 휘말리기 싫다. 집에서 조용히 쉬겠다."라고 말하지 않게 될 것이다. 스스로 연약하다고 느끼는 사람들은 하나님 안에서 강인해질 수 있다.

위의 말씀 중에서 "보습을 쳐서 칼을 만들고, 낫을 쳐서 창을 만들어라."는 말씀에 주의를 기울이라. 보습이란 농기구로서, 수확기에 곡물을 거두어들이는 데 사용했던 공구이다. 하나님은 수확을 위해 우리의 추수의 도구들을 바꾸어야 한다고 말씀하고 계신다. 영적 전쟁을 치름으로 대가를 지불할 때 영적 수확을 얻을 수 있다고 말씀하신다. 전도프로그램에 막대한 자원을 투자하여 몇 명의 개종자를 얻었는데, 얼마 안 가서 모두 믿음을 잃고 교회를 떠나버리는 것을 경험한 적이 있는가? 왜 그런 일이 발생했을까? 왜냐하면 원수 마귀를 완전히 몰아내지 못했기에, 원수가 잠시 그 세력이 약화되는 듯하다가 다시 침투하여 추수한 곡물들을 약탈해 갔기 때문이다.

나는 전투의 시절이 있고 또한 수확의 시절도 있다고 믿는다. 지금은 바로 전투의 상황이다. 하나님은 교회에게 "영적 전쟁에서 승리하기 전까지는 큰 수확을 기대하지 말라! 먼저 땅을 깨끗이 하고 지역을 점령한 후에 씨를 뿌리면 결국은 수확하게 될 것이다."라고 말씀하고 계신다. 때가 무르익으면 마침내 반드시 수확기가 올 것이다. 우리는 이사야 2장 4절에서 요엘을 통해 주신 예언이 반전되는 현상을 본다.

주께서 민족들 사이의 분쟁을 판결하시고, 뭇 백성 사이의 갈등을 해결하실 것이니, 그들이 칼을 쳐서 보습을 만들고 창을 쳐서 낫을 만들 것이며, 나라와 나라가 칼을 들고 서로를 치지 않을 것이며, 다시는 군사훈련도 하지 않을 것이다.

이는 또 하나의 다른 날에 대한 예언이다. 그날은 영적 돌파의 날이며, 하나님의 임재가 명백히 나타나는 날이다. 그날은 새 술이 부어지는 날로서, 원수 마귀의 짓누르던 멍에가 부서지고 악령의 영향력이 괴멸되는 날이다. 그 날에는 더 이상 영적 무기를 사용할 필요가 없어질 것이다. 그냥 거두어들이기만 하면 된다.

## 각개전투(各個戰鬪)

모든 신자들은 각자 새로운 운명으로 나아가도록 부름을 받고 있다고 믿는다. 하나님은 당신을 새로운 시절로, 새로운 날들로 부르고 계신다. 그렇지만 영적 돌파를 모색하며 하나님과의 관계에서 새로운 깊이를 추구하면, 높은 강도의 반대를 경험하게 된다. 하나님은 당신의 삶을 위한 계획을 가지고 계신다. 그렇지만 사단(마귀)도 역시 당신의 삶을 향한 계획을 가지고 있다. 하나님께서 당신에게 부여하신 가능성을 최대한으로 발휘하려면, 당신의 삶을 망쳐놓으려는 사단(마귀)의 계획에 맞서 싸우는 법을 배워야 한다.

하나님께서 더 높은 계시의 단계로 당신을 부르실 때마다 사단은 더 강하게 당신을 잡아끌어 내리려고 한다. 주님이 역사하셔서 뭔가 일이 제대로 돌아간다는 확신이 들 때, 갑자가 이상하게 문제 구덩이 속으로 빠지게 되는 경험을 한 적이 있는가? 원수 마귀가 우리를 공격하기 때문이다. 무슨 일이 발생하는 것일까? 새로운 단계로 옮길 때마다 사단(마귀)은 방해공작을 편다. 그 순간은 결국 영적 전투를 벌일 시간이다.

이것이 우리가 주님과 함께 동행하며 더 높은 영적 단계로 도약할 때마다, 우리가 영적 전투의 새로운 기술을 연마해야 하는 이유이다. 하나님께서 당신을 영적 전투의 하사관으로 부르셨다면 영적 전투의 이등병과 같은 수준에 머물러 있지 말아야 한다. 하나님의 군대 장교로 부름을 받은 사람이라면 장교로서 전쟁하는 법을 배워야 한다. 디모데전서 6장 12절의 말씀을 들어보자.

> 믿음의 선한 싸움을 싸우십시오. 영원한 생명을 얻으십시오. 하나님께서는 영생을 얻게 하시려고 그대를 부르셨고, 또 그대는 많은 증인들 앞에서 훌륭하게 신앙을 고백하였습니다.

위의 성경구절이 말하는 바는 무엇인가? 하나님이 새로운 운명으로 우리를 부르시고 있다는 사실은 분명하지만, 그것을 이루어내려면 전투를 치러야 한다는 뜻이다. 그렇지만 너무나도 많은 기독교인들이 영적 전투에 가담하고 싶어 하지 않는다. 그렇지만 당신이 전쟁에 가담하지 않으면, 원수 마귀는 자동적으로 승리를 거두게 된다. 전쟁에 휘말려들지 않은데 대하여 안도의 한숨을 쉴 수는 있겠으나, 종국적으로 당신은 영적 패배자가 될 것이다. 당신은 반드시 믿음의 선한 싸움을 싸워야 하며 영적 승리자가 되어야 한다. 그러면 승리의 평화가 무엇인지 알게 된다. 전쟁에서 기권하면 속박과 굴욕이라는 결과가 초래될 뿐이다. 그러나 싸워서 쟁취하는 자에게는 평화가 찾아온다.

많은 기독교인들이 주께서 그들에게 허락하신 약속의 땅에 들어가지 못하고 있다. 하나님께서 허락하신 그 운명을 이루어내지 못하고 있다는 말이다. 왜 그런가? 조금만 상황이 거칠어져도, 뒤로 물러나 겁먹고 사단(마귀)의 협박에 굴복하기 때문이다. 그러나 그렇게 해서는 안 된다. 하나님께서 허락하신 것이라면 당신은 반드시 취해야 한다. 사도 바울이 영적 자녀인 디모데에게 선한 싸움을 싸우는 그 자리에 머물러 있으라고 했던 것을 주의해서 생각해보라. 이미 우리는 한 가지 예를 읽었는데, 이제는 다른 권고를 읽어보겠다.

> 나의 아들 디모데여, 이전에 그대에게 주어진 예언을 따라 내가 이 명령을 그대에게 내립니다. 그대는 그 예언대로 선한 싸움을 싸우고.
> —딤전 1:18

위의 말씀을 보면, 성취하기 위한 선한 싸움을 싸우라는 디모데에게 내려진 예언의 말씀을 사도 바울이 상기시키고 있는 것을 볼 수 있다. 바울은 이렇게 촉구한다. "너의 인생을 향한 예언적 숙명이 있다. 게으르게 가만히 앉아 있지 말아라. 밀고 나가라! 천국을 소유할 때까지 밀어붙여라. 선한 싸움으로 투쟁하며 절대로 포기하지 말라."

하나님은 우리를 무장시키시며, 우리의 연약함(혹은 겸손함)을 통해 그분의 크신 능력을 나타내신다. 그러므로 우리는 싸우기로 결심해야 한다.

## 영적 전쟁에 관한 오해들

나는 여기에서 영적 전쟁에 관해 성도들이 가지는 오해를 풀고자 한다. 다음은 내 주변의 많은 분들로부터 자주 듣는 이야기들이다.

**1. "나는 영적 전쟁에 말려들고 싶지 않다."**

혹자는 영적 전쟁을, 가담해도 되고 안 해도 되는 선택권이 주어진 일로 간주한다. 그들은 "내가 사단을 성가시게 하시 않는 힌, 시단도 나를 가만 놔둘 것이다."라는 논리를 가지고 있다. 그러나 그런 사고방식은 매우 위험하다. 원수 마귀에게는 원칙이란 게 없다! 당신이 사단을 무시해도 사단은 당신을 무시하지 않는다. 우리에게는 진짜 원수가 존재하기에 지금은 전쟁 중이다. 그러므로 누구라도 영적 전쟁을 선택할 선택권이 없다. 미국이 영국에 전쟁을 선포했다면, 당신 개인이 아무리 평화주의자라 할지라도, 당신에게는 전쟁에 휘말려들지 않을 재간이 없다. 이와 같이 이미 영적 전쟁은 선포되었다! 십자가에서 예수님이 모든 악한 세력에게 전쟁을 선포하신 것이다. 그 이후로 지금까지 예수님은 사단과 평화협정을 체결한 적이 없다. 우리가 하나님의 나라에 속한 성도라면 우리는 어두움의 나라와의 전쟁에 연관되어 있다. 하나님 나라에 속했다는 것은 사단의 나라와의 전쟁에 가담하고 있다는 것을 의미한다. 그러한 결정은 이미 내려진 결정이다!

### 2. "나는 전투적인 사람이 아니다. 나 같은 사람이 어떻게 싸우겠나?"

어떤 이들은 그 기질 상 남들보다 수동적인 사람이 있다. 자비를 베푸는 사역은 좋아하지만, 중독증에 빠진 사람을 회복시키는 영적 전쟁에는 가담하는 것을 싫어한다. 혹자는 "영적 전쟁은 '싸움 박질'을 좋아하는 사람이나 하는 것이다."라고 말하기도 한다. 그러나 우리에게 선택의 여지가 있는가? 영적 전쟁이라는 것이 해도 되고 안 해도 되는 것인가? 종종 교회에서 사람들은 사단에 대해서는 양처럼 순한 모습으로 대하고, 사람들에게는 사자처럼 으르렁거리는 모습으로 대한다. 그러나 하나님은 우리가 유다의 사자처럼 으르렁거리며 고함치는 태도로 사단을 대적하기 원하신다. 우리는 모두 우리의 땅에서 전사의 영을 소유할 수 있다. 왜냐하면 우리 모두는, 하나님의 가족원일 뿐만 아니라, 하나님의 군대의 일원이기 때문이다. 그렇기에 이 전사 정신은 우리의 개인적인 성격에 기인한 것이 아니라, 하나님의 성품의 반영이라고 할 수 있다. 여성들 중에는 기도를 드릴 때 "전투적"이 되기를 원치 않는 분들도 있다. 그렇지만 내가 경험한 바에 의하면, 모든 여성 안에는 호랑이가 한 마리씩 들어 있다고 생각한다. 우리는 하나님께 원수 마귀들이 우리의 가정과 지역사회를 망쳐놓으려고 어떤 획책을 하고 있는지를 물어야 한다. 악마가 우리의 영역 안으로 침투하여 약한 사람들을 괴롭히는 것을 그냥 보고 있을 수만은 없다. 만일 당신 자신이 영적 전사와 같은 사람이 아니라고 생각할지라도 하나님께서 당신 안에 잠자고 있는 전사의 정신을 일깨워 달라고 기도해 보라.

잠언 28장 1절은 이렇게 말씀한다.

악인은 뒤쫓는 사람이 없어도 달아나지만, 의인은 사자처럼 담대하다.

위와 같은 담대함은 그리스도 안에 있는 당신의 정체성을 인정하는 것으로부터 나온다. 당신의 자연적 성격과는 관계없다. 오직 하나님 안에서 당신이 어떠한 존재인지에 관한 문제이다! 하나님께서 전사이심으로 (삿 3:1-3), 그러한 하나님의 속성이 우리에게 전가되는 것뿐이다. 아직도 이 땅에 원수 마귀들이 날뛰도록 하나님께서 그들을 남겨 놓은 이유는, 우리 신자들에게 전투하는 법을 가르쳐주시기 위함이다. 그러므로 준비하라. 하나님께서는 반드시 당신을 담대한 전사로 훈련시켜 주실 것이다.

3. "영적 전투는 기도모임에서만 하는 것이다."

영적 전쟁에 관해 이상한 견해를 피력하는 사람들이 있다. 그들은 영적 전쟁을 마치 스위치를 켰다 껐다 하듯 마음대로 할 수 있는 것으로 착각한다. 예컨대 '이번 금요 기도모임에서는 영적 전쟁에 가담하기로 선택했다'는 것같은 사고방식 말이다. 만일 당신의 나라에 전쟁이 발발했다면, 편리한 시간에 맞추어 전투를 벌이는 것같은 일은 발생하지 않을 것이다. 마찬가지로 영적 전쟁은 필요에 따라 자기 마음대로 했다 안 했다 할 수 있는 성질의 것이 아니다. 영적 전쟁은 기도회 때만 하는 그런 것도 아니다. 우리는 영적 전쟁은 매일의 삶에 벌어지고 있다는 것을 깨달아야 한다.

몇 해 전에 나는 크게 깨달은 바가 하나 있다. 내가 아는 많은 기독교인들이 휴가를 갔을 때 오히려 재난을 당했다고 한다. 그간 오랫동안 기다려온 모처럼의 휴가에 큰 기대를 걸고 떠났으나, 돌아올 때에는 오히려 지친 몸과 피곤한 마음을 끌고 왔다. 비행기의 연결이 지연되고, 잠자리가 불편하고, 음식이 맛이 없었으며, 부부싸움이 일어나고, 아이들이 불평하고 다투고 하는 일들이 발생했기 때문이라고 했다.

'왜 그런 일이 발생했지?' 라고 속으로 생각해 보았는데, 즉시로 그 해답이 내 마음에 떠올랐다. 우리에게는 목회사역과 여가시간을 분리시키려는 경향성이 있다. 그러고는 '자, 이제 내 시간이다. 휴가 기간 동안에는 내 맘대로 살아야지. 내 좋은 대로 먹고 보고 읽고 그리고 살자.' 라고 생각한다. 그래서 휴가 동안에는 기도도 하지 않고 말씀도 읽지 않으며, 그런 종교적인 행위들이 마치 목회사역의 일부였던 것처럼 간주한다. 만약 우리가 우리의 평상시 기도시간을 관찰하지 않는다면 우리는 휴가를 결정하고 침대에 머물러 있을 것이다.

내가 말하고자 하는 요점은 우리가 한시도 마음 놓고 쉴 수 없다는 것이 아니다. 요지는 "지금은 전쟁 중이라는 사실을 잊지 말자."는 것이다. 원수 마귀가 정신없이 먹거리를 찾아 헤매는 이때, 성도가 한눈팔고 있을 수 없다. 그러므로 안일한 마음을 떨쳐 버려야 한다. 우리가 일방적으로 기도를 방학한다 해도 원수 마귀는 쉬지 않는다! 원수 마귀는 마치 테러리스트와 같기에, 우리는 경각심을 늦출 수 없다.

### 4. "버럭버럭 소리도 지르고 큰 소리로 기도했으나 아무 일도 일어나지 않았다."

기도 시간에 무리가 모여 시끌벅적하게 기도를 드리면 마치 영적 전쟁에서 승리한 양 그렇게 평가하는 이들도 있다. 그들은 소리를 더 크게 지를수록 좋다고 생각한다. 그러나 영적 전쟁의 효과는 고함치는 소리나 공격적인 잡음의 크기와 무관하다. 효과적인 기도는 오직 올바른 태도로부터 습득된 권위에 달려있다. 그렇기에 영적 전쟁터에서 당신의 최고의 무기는 의로움, 겸손함, 그리고 희생정신이다.

우리는 영적 전쟁에서 이 시대의 영과는 반대된 영으로 맞서는 것을 배워야 한다. 영적 전쟁은 어두움에 빛을 비추는 작업이다. 로마서 12장 20절에 사도 바울은 놀라운 말씀을 남겼다.

반대로, "네 원수가 주리거든 먹을 것을 주고, 그가 목말라 하거든 마실 것을 주어라. 그렇게 하는 것은, 네가 그의 머리 위에다가, 숯불을 쌓는 것이 될 것이다" 하였다.

바울의 가르침은 "정 반대로"라는 표현으로 시작된다. 즉, 세상이 기대하는 것과 정 반대로 행동하라는 것이다. 사단이 어떠한 모습으로 다가오든 당신은 그가 하나님의 은혜와는 정 반대의 일을 자행하는 것을 목격할 수 있다. 당신을 혐오하는 사람을 사랑해야만 할 때에 당신은 영적 전쟁에 가담하게 된다. 당신을 저주하는 자를 축복하게 될 때에도 당신은 영적 전쟁에 가담하게 된다. 교만함 대신 겸손함으로 나아가라. 두려움 대신에 담대함으로, 이기심을 내세우는 대신 섬기는 종의 자세로 나아가라. 열등의식을 버리고 베푸는 행위로 나아가라. 예수 그리스도를 닮은 태도에는 악단을 대항하는 능력과 권위가 있다. 소리를 지르는 것에 능력이 있는 것은 아니다. 우리의 말은 하나님과 하나 되는 영적인 삶의 방식으로부터 나와야 한다. 도시의 음란함에 대하여 고함치는 기도를 드리면서, 자신이 음란한 영화에 탐닉한다면 그런 기도에는 능력이 나타나지 않을 것이다. 나는 기도할 때 소리치는 것을 두려워하지 않는다. 그리고 권위를 가진 하나님의 말씀을 큰 소리로 담대히 선포해야 한다고 믿는다. 특히 하나님의 의분(義憤)을 느끼게 되면 원수마귀에게 큰 소리치며 하나님의 말씀으로 대적하게 된다.

### 5. "나는 매 순간 악마와 싸우는 것 같다. 이는 건강한 것인가?"

일반적으로 대부분의 기독교인들은 지역을 장악하고 있는 악령 혹은 정사와 권세들을 대적하는 영적 전쟁은 벌이지 않는다. 그렇지만 모든 사람은 우리의 두 귀 사이에서 벌어지는 일에 대하여 늘 영적 전쟁을 하고 있다. 영적 전쟁의 전쟁터는 주로 우리의 마음이다. 원수 마귀는 끊임없이 의심과 불신앙을 우리의 마음에 심어준다. 그렇기에 기독교인들은 마음에서 벌어지는 전쟁에서 승리하도록 효과적으로 싸우는 기술을 습득할 필요가 있다.

많은 사람들은 자신에게 발생하는 불리한 상황들이 모두 사단의 장난에 기인한 것으로 즉각적으로 판단하기도 한다. 그런 사람들이 범하는 실

수 중에 하나는 자신들이 상상하는 사단들이 항상 자신을 둘러싸고 있다는 것에만 집중하고 있다는 것이다. 그들은 그리스도의 능력과 은혜에는 덜 집중하는 듯하다. 사단을 잡으려고 하지 마라. 그 대신 예수님에게만 초점을 맞추라. 나는 우리가 부정적이고 긍정적인 영적 분위기를 모두 경험해야 한다고 생각한다. 때로는 악령의 임재를 느끼게 되는 경우가 있다. 그러면 사단의 분위기를 몰아내기 위한 기도를 드려야 한다. 영적 영역에 진치고 있는 사단의 강력한 요새를 무너트리는 기도가 필요하다. 나는 이것이 모든 기독교인의 임무라고 믿는다. 그렇지만, 너무 사단에게 집중하여 우리 삶에서 예수님의 관점을 잃어버리는 일이 없도록 해야 한다. 그러므로 악령이 정신을 사납게 만들어 하나님의 선하심과 인자하심을 즐기지 못하도록 유도하는 그런 술수에 말려들지 말아야 한다.

사도 바울은 이러한 현상을 고린도후서 10장 3-5절에서 다음과 같이 표현했다.

우리가 육신을 입고 살고 있지만 육정을 따라 싸우는 것은 아닙니다. 싸움에서 쓰는 우리의 무기는, 육체의 무기가 아니라, 견고한 요새라도 무너뜨리는 하나님의 강한 무기입니다. 우리는 궤변을 무찌르고, 하나님을 아는 지식을 가로막는 모든 교만을 쳐부수고, 모든 생각을 사로잡아서, 그리스도께 복종시킵니다.

그리고 고린도후서 4장 4절에서는 다음과 같이 표현했다.

그들의 경우를 두고 말하면, 이 세상의 신이 그 믿지 않는 자들의 마음을 어둡게 해서, 하나님의 형상이신 그리스도의 영광을 선포하는 복음의 빛을 보지 못하게 한 것입니다.

마음에서 일어나고 있는 영적 전쟁을 감지하고 그것으로부터 승리를 얻으면, 그때로부터 인생에는 진정한 승리가 찾아온다. 사단은 인간의 생각에 악하고 부정적인 생각 하나를 심음으로써 인간의 마음을 점령해 간다. 그렇기에 사도 바울은 고린도후서 10장에서 "모든 생각을 사로잡아서"라고 말한 것이다. 그렇게 하지 않으면, 사단은 생각의 벽돌들을 하나씩 계속 모아서 하나님과 우리 사이를 가로 막는 두꺼운 벽을 쌓아가게 될 것이다.

## 원수들의 계략

매일 벌어지는 영적 전쟁에서 승리하려면 원수의 음모를 아는 것이 중요하다. 그러면 그들의 술책에 맞서 대응할 수 있다. 원수가 신자들을 거꾸러뜨리는 주요 책략은 아래 세 가지이다. 신자들이 원수 마귀의 책략을 바로 깨달으면 그에 상응하는 적합한 대처를 할 수 있게 된다.

### 1. 두려움과 겁먹게 함

원수들은 종종 우리를 겁먹게 함으로 한 발자국도 더 앞으로 나아가지 못하도록 만들어 놓는다. 그런데 그러한 두려움은 어디에 기생할까? 우리의 마음이다. 그러므로 두려움이 엄습할 때면 직접 대면하여 물리쳐야 한다. "하나님 아버지, 각종 두려움에서 나를 구하여 주소서."라고 기도하라. 그리고 성령님께서 당신의 마음을 만져주시고 새롭게 변화시켜 주시도록 허락하라.

### 2. 죄책감과 비난

원수 마귀는 항상 우리가 과거에 저지른 실수를 들춰내서 우리를 조롱한다. 그러나 우리는 용서받은 존재이므로, 허리를 펴고 고개를 들고 정정당당하게 걸어다니는 것을 배워야 한다. 양심의 가책과 유죄의 선고 사이에는 큰 차이가 있다. 양심의 가책은 구체적인 죄에 대해 성령님이 우리의 마음을 구체적으로 찌르시는 것이고, 유죄의 선고(정죄)는 비난하는 악령인 마귀가 우리의 마음을 찌르는 것이다. 그러므로 마귀로부터 오는 규탄은 받아들이지 말고, 자유롭게 걸으라.

### 3. 상처받음과 용서하지 않음

원수의 세 번째 책략에 수많은 기독교인들이 걸려 넘어지고 있다. 상대방에 대하여 쓴 뿌리를 오랫동안 품어왔던 사람이 그 상대를 용서하는 순간, 병에서 놓임을 받고 회복되는 것을 나는 무수히 목격하고 있다. 용서가 바로 치유의 열쇠이다! 상처받음과 용서하지 않음은 바로 가정과 결혼생활을 분열시키는 마귀의 최대 전략이다. 그러므로 원한 맺힌 감정이나 원망하는 마음은 반드시, 그리고 빨리 하나님 앞으로 가져가야 한다. 용서에는 놀라운 능력이 담겨 있다.

## 싸움터를 알아차리는 법

그래서 나는 백성 가운데서 얼마를 가문별로, 칼과 창과 활로 무장시켜서, 성벽 뒤 낮은 빈터에 배치하였다. 백성이 두려워하는 것을 보고, 나는 귀족들과 관리들과 그 밖의 백성들을 격려하였다. "그들을 두려워하지 말라. 위대하고 두려운 주님을 기억하고, 형제자매와 자식과 아내와 가정을 지켜야 하니 싸워라." -느 4:13-14

본서의 마지막 두 단원은 집단적으로 이루어지는 영적 전쟁인 도시를 위한 전략적 기도에 할애될 것이다. 그러나 그러한 광대한 전쟁터로 나아가기 전에 근거리에 있는 전투장소인 가정을 먼저 살펴보자. 나는 믿기로 오늘날 하나님께서 교회를 깨우시는 이유 중에 하나는 기도로 가정을 보호할 필요성에 기인한다고 생각한다. 하나님은 우리가 이웃의 가정을 지키는 파수꾼의 역할을 감당하기 원하신다. 우리 모두는 도둑이 들어오지 못하도록 집을 지키는 일에 분주하다. 그러나 얼마나 많은 이들이 과연 영적 침입자가 가정으로 들어오지 못하도록 경계하는 일에 힘쓰고 있는가?

우리는 지역을 지켜내는 파수꾼들이 되어야 한다. 가정과 아들과 딸들, 남편과 아내들, 형제와 자매들을 위해 효과적으로 그리고 전략적으로 기도하는 법을 습득해야 한다. 하나님은 당신의 삶에 영적 권위를 부여하셨고, 그리스도로 옷 입히셨으며, 영적 전투에서 승리하도록 전신갑주를 주셨다.

# 09

# 도시들을 겨냥한 전략적 기도 – 1부
## Strategic Prayer for Cities - Part 1

긴급함을 알리는 새로운 소리가 오늘날 교회에 울려 퍼지고 있다. 이는 우리의 도시를 재탈환하자는 소리이다! 지금은 지역사회가 하나님 나라의 능력으로 변화되는 것을 목격할 시기이다. 그러한 이유로, 이제 본서의 마지막 두 단원을 통해서 도시를 위한 전략적이고 실질적인 기도를 다루어보고자 한다. 우리는 구약의 느헤미야서를 살펴볼 것인데, 이는 느헤미야서의 내용이 도시를 재건하고 영향력을 행사하는 주제와 맞물려 있기 때문이다.

느헤미야서는 에스라서와 더불어 읽어야 한다. 우리가 여기에서 특별히 살펴보고자 하는 것은 에스라의 예언적 은사와 느헤미야의 건축가로서의 은사가 합쳐져 도시가 재건되었다는 점이다. 에스라는 예언자였다. 오늘날로 말하면 그는 전국을 돌아다니며 예언적 집회를 하는 목회자와 같은 사람이다. 반면에 느헤미야는 왕에게 술을 따르는 사람으로, 오늘날로 말하면 오전 9시에서 오후 5시까지 일하는 회사원과 흡사하다. 그렇지만 그들은 협력함으로 도시를 변화시켰다. 바로 이것이 오늘날 하나님께서 한 번 더 하시고자 하는 일이다. 하나님은 오늘날 교회의 지도자들과 경제계의 지도자들을 한데 모으시고 연합하여 도시를 향한 하나님의 뜻을 이루려 하신다. 우리는 앞으로 나아가야 할 방향들을 함께 논의하게 될 것이다.

나는 하나님께서 경제계의 지도자들과 종교계의 지도자들 사이에 파트너십을 확립하길 원하시고, 그렇게 될 때 우리는 우리의 도시들에 큰 영향을 끼치게 될 것이라 믿는다. 우리는 도시들이 과연 어떻게 하나님의 임재에 영향을 받고 변화받을 것인지 그 구도를 이해할 필요가 있다. 도시들은 결국 하나님의 완전무결하고 고결한 모습을 닮게 될 것이다. 영적으로 도시를 장악하는 일에 평범한 사람들이 가담해야 하는 이유가 바로 여기에 있다. 우리들 개개인 모두에게는 책임이 있고 맡아서 해야 할 일이 있다. 거대한 도시를 변화시키는 일은 하나의 대형교회나 유명한 한 사람의 설교자가 감당할 수 있는 일이 아니기 때문이다.

느헤미야는 신학교에 다니거나 큰 교회를 방문하거나, 큰 사역을 하지 않았다. 그는 왕의 술 따르는 자였다. 그는 요리에 관련된 일을 하는 사람이었다! 그리고 하나님은 갑자기 그의 평범한 세상을 완전히 뒤집으셨다.

## 질문을 던질 시간

어느 날 아침 느닷없이 느헤미야를 방문한 사람들로 인하여 느헤미야의 일생이 바뀌게 되었다. 그 방문객은 유다로부터 느헤미야를 찾아온 이스라엘 사람들이었다.

> 하가랴의 아들 느헤미야가 한 말이다. 이십년 기슬르월, 내가 도성 수산에 있을 때에, 나의 형제 가운데 하나인 하나니가 다른 사람들과 함께 유다에서 왔기에, 이리로 사로잡혀 오지 않고, 그 곳에 남아 있는 유다 사람들은 어떠한지, 예루살렘의 형편은 어떠한지를 물어 보았다. －느 1:1-2

졸지에 느헤미야는 예루살렘의 실상을 파악하게 되었고, 성령님으로 인하여 그의 삶이 요동치게 된다. 수년간 반복해 온 동일한 일을 그 날도 반복했지만, 그 날은 매우 달랐다. 그 순간부터 느헤미야는 예루살렘을 향한 다른 마음을 품게 되었다. 느헤미야는 그의 백성들과 그 도시에 관한 질문을 던지기 시작한다. 동일하게, 나는 성령님께서 이 시대의 교인들의 마음도 거룩한 질문들로 뒤흔들리게 하신다고 생각한다. 성령께서 우리의 마음에 무언가를 휘젓고 계시기 때문에 우리는 질문하기 시작한다. "레이첼, 너는 너의 도시를 보고 있느냐? 이 도시에서는 지금 무슨 일이 벌어지고 있느냐?"는 질문과 같이 우리에게도 동일하게 물으신다. 우리의 시야는 매우 좁기에 일상의 삶 이외에는 바라보지 못한다. 그때문에 우리는 주변에서 벌어지는 일들을 제대로 감지하지도 못하고 염두에 두

지도 못한다. 우리는 교회에 가서 설교를 듣고, 집으로 돌아가고, 자기 볼일을 보지만, 우리의 삶은 지역사회 공동체와 단절되어 있었다. 지금 성령님께서 진짜 세상과 연결되도록 교회를 휘저으시며 우리에게 도전하신다. 그 결과 기독교인들은 다음과 같은 질문을 하기 시작했다. "나의 삶과 교회와의 진정한 관련성은 무엇인가? 비기독교인들이 우리를 인정할까? 나는 다른 무언가를 만들어 내고 있는가? 하나님께서는 우리 지역사회를 어떤 바람직한 방향으로 바꾸실 것인가? 우리 지역사회 이웃들의 필요는 과연 무엇인가?"

때때로 우리는 리더로서 이러한 질문을 받으면 위협을 느끼기도 한다. 그러나 우리는 이것이 반항의 영에 의해서 제기된 것이 아니라 거룩한 영에 의해 제기된 질문이라는 점을 이해해야 한다. 기분을 언짢게 만드는 질문들은 우리를 재촉하여, 현상유지나 하려는 태도에 도전을 주고, 하나님이 주시는 새로운 의제(議題)로 깨어나게 한다. 그러면 그런 의문들은 하나님이 이 시대를 향해 주시는 새로운 계획과 새로운 집중점이 될 것이다.

느헤미야는 두 가지 측면에서 위와 비슷한 질문을 던졌다. 첫째로 느헤미야는 그 백성인 유대인들에 관한 문의를 하였다. 유대 나라는 교회를 상징한다. 즉, 하나님의 백성이라는 뜻이다. 오늘 이 시대에 하나님은 우리 마음속에 교회(하나님 백성의 무리)에 관한 새로운 관심을 불러일으키고 계신다. 성령님께서는 개인주의의 장벽을 넘어 공동체로 향하는 운동을 일으키고 계신다. 그 결과 개 교회들은 한 도시에 거주하는 모든 하나님의 백성들과의 연합으로 눈을 돌리고 있다. 그래서 주변의 교회에서 신앙생활하는 성도들이 잘 지내는지에 대해 관심들을 가지기 시작하고 있다. 교회들이 서로 돕기 위해 어떤 협력을 할 수 있을까? 이제는 그런 이슈들이 점차 큰 고려의 대상이 되고 있는 것을 볼 수 있다.

둘째로 느헤미야는 도시인 예루살렘의 상황에 대한 질문을 했다. 당신이 거주하는 도시의 실상을 알고 싶어서 안달이 난 적은 없는가? 범죄율은 얼마나 되는지 아는가? 가정들이 당하는 곤경과 스트레스의 정도, 그리고 결혼생활의 만족도 등에 관한 정보를 가지고 있는가? 경찰이 가장 큰 곤욕을 치르는 일은 무엇일까? 도시의 역사는 어떻게 되며, 도시를 차지하는 구조물 중에 특별히 의미심장한 것은 어떤 것일까?

만일 위와 같은 의문들이 당신 마음속을 계속 맴돈다면 그것은 성령님께서 당신의 마음을 움직이셔서, 도시를 위해 기도하고, 도시를 위해 사역하도록 부르신다는 증거이다. 나는 여러분들에게 감히 도전한다. 위와 같은 의문점들을 그냥 무시해버리지 마라. 하나님께서는 당신이 안일한 상태로부터 벗어나 문제의식을 가지고 세상의 현실을 보기 원하신다! 당신이 거주하는 도시에 관한 모든 의문사항은 당신과 지역사회를 영적으로 연결시키는 계기가 될 것이다.

느헤미야는 그를 방문한 사람에게 예루살렘에 관한 자세한 사항을 알려줄 것을 부탁했다. 그들이 예루살렘의 형편을 알려준 사항이 느헤미야 1장 3절에 나온다.

그들이 나에게 대답하였다. "사로잡혀 오지 않고 그 지방에 남은 사람들은, 거기에서 고생이 아주 심한다. 업신여김을 받습니다. 예루살렘 성벽은 허물어지고, 성문들은 다 불에 탔습니다." −느 1:3

느헤미야는 상황보고를 받고 실망했다. 그런데 위와 동일한 상황보고가 지금 유럽, 미국, 캐나다로부터 들어오고 있다. 많은 나라에서 기독교는 면목을 잃고 망신을 당하고 있다. 하나님은 열심히 일하시지만, 서구사회에서 교회의 위상은 땅에 떨어졌다. 성적 문란이 교회에 판치고, 재정도 바닥을 치고, 선교에로의 열정은 식어지고, 내부 분열과 비판정신만이 기치를 드높이는 실정이다. 그 결과 그리스도의 참된 사랑이 교회로부터 사회 전체로 흘러나가고 있지 못하다. 현대 교회에 대한 보고서는 참담한 실정이다. 길거리에 지나가는 사람을 붙잡고 서구교회의 실상에 대하여 평가를 부탁한다면, 그들은 이구동성으로 이 세상에서 가장 비효율적인 단체가 교회라고 할지도 모른다. 세상 사람들을 미혹하는 사단을 우리는 쉽게 비난할 수 없다. 우리는 솔직하게 현실을 현실로 인정하고 거기에 대하여 책임을 지는 자세를 보여야 할 것이다.

최근에 나는 비행기 안에서 나의 직업을 물어오는 승객을 접한 적이 있다. "강연회 강사입니다."라고 대답했더니 그는 "당신은 무엇을 전문으로 강의하시는 분인가요?"라고 물어왔다. 그래서 나는 "초자연적 커뮤니케이션입니다."라고 대답했다. 나는 믿지 않는 사람에게 내가 '기도'를 전문적으로 강의한다고 하는 것보다 이렇게 말하는 것을 더 좋아한다. 왜냐하면 이것이 그들의 삶의 문을 열어주기 때문이다. 초자연적인 것과의 접속에 관해서는 많은 이들이 관심을 가지고 있다. 서구사회의 서점에 가보면 점치는 것으로부터 시작해서 미래에 대한 예언에 이르기까지 초자연적인 세계에 대한 책들이 즐비하다. 개인적인 삶을 넘어선 보다 큰 힘에 의존하고 싶은 인간의 열망을 대변하는 것이 아닌가 싶다.

나는 비행기 안에서 그 남자와 '초자연적 커뮤니케이션'에 관해 흥미진진한 대화를 나누었다. 나는 성령을 통한 초자연적 세계와의 연결에 대한 가능성을 시사했다. 대화의 끝부분에 그 사업가는 "그래서 당신은 교회도 다니시나요?"라고 내게 물어왔다. "나는 예수님을 믿는 일에 열심인 사람입니다. 물론 교회도 사랑합니다."라고 나는 말했다. 그랬더니 그 남자는 "그래요? 난 교회라면 포기한지 오랩니다."라고 대답했다. 그래서 나는 그 남자에게 교회에 대해 왜 그렇게 거부반응을 보이냐고 물어보았다. 그 남자의 대답은 다음과 같았다. "우리 어머니가 돌아가시고 나서 나는 마음이 무척 아팠기에 교회를 찾았습니다. 나는 목사님 그리고 성도들로부터 위로를 받기 원했지요. 그렇지만 그들은 나를 피했습니다. 그 당시 나는 여자친구와 동거를 하고 있었는데, 우리는 아직 결혼할 마음의 채비를 갖추지 않은 상태였어요. 그래서 나는 교회가 이렇게 사람을 판단하고 정죄하는 곳이라면 교회를 가까이 할 수 없다는 결론에 도달했습니다. 나는 참으로 어려운 시간들을 통과하고 있었는데, 단지 내가 교회에서 세운 결혼에 관한 규범을 따르지 않는다는 이유 하나만으로 그들로부터 배척을 당해야 한다는 것은 나로서는 이해할 수 없는 일이었기 때문입니다."

이 이야기를 듣고 나는 많은 것을 느꼈다. 특히 교회가 교회밖에 있는 사람들에게 그릇된 인상을 주고 있다는 사실을 발견했다. 우리는 종종 교회 밖의 사람들이 어떤 어려운 삶의 과정을 겪고 있는지 관심도 보이지 않고 오직 교회의 내부 "규정과 관례"만 내세우는 경향성이 있다. 현실은 우리의 가슴을 아프게 하고 불편하게도 한다. 그러나 교회 밖의 사람들이 교회에 대해 어떤 견해를 가지고 있는지에 대한 현실을 파악하는 것은 참으로 중요하다. 많은 사람들은 교회에게 "당신은 불명예스럽습니다. 우리는 당신을 위해 줄 시간이 없습니다"라고 쓸지 모른다.

느헤미야는 실상을 알고 일이 잘못되도 한참 잘못된 것을 보고 느헤미야는 깊은 실의에 빠졌다. 하나님의 백성과 그분의 집이 엉망진창이 된 것을 실감하게 되었다. 그렇다면 그 당시 예루살렘이라는 도시의 상황은 어떠했을까? 느헤미야에게 보고한 사람은 이런 식으로 말한 것 같다. "도시가 고통을 당하고 있습니다. 공동체는 와해되어 갑니다. 보호와 안전을 보장해 주는 도시의 성벽은 무너졌습니다. 그로 인해 안정감이 부재합니다. 밤에는 무서워서 걸어 다니지도 못합니다. 범죄가 증가하고, 노인에 대한 공경도 사라졌습니다."

느헤미야가 받은 보고는 오늘날 많은 현대의 도시에 대한 보고와 일치하는 점이 많다. 90세의 노인이 5불을 갈취하는 청소년에게 매를 맞았다는 신문기사를 접할 때면 우리는 도시를 지키는 성곽이 무너진 것과 비슷한 감정을 가지게 된다. 그 도시 공동체의 삶에는 뭔가 심각한 문제가 발생한 것이다.

느헤미야가 받은 상황보고에 따르면 도시의 문들이 불타버렸다고 한다. 문들은 "권위"를 상징한다. 현대 노시들도 권위에 대한 존중과 겸의를 잃어버렸다. 줄을 서서 서로를 기다려주고, 어려운 이를 위해 가던 길을 멈추고 도와주고, 타인을 위해 문을 열어주는 그런 미덕이 점차 사라져간다. 매너와 예의범절이 상실되어 가는 시대에 살고 있다는 말이다. 영국의 공립학교에는 제멋대로 구는 통제 불능의 10살 박이 아이들 때문에 골머리를 앓고 있는 교사들이 수두룩하다. 그런 아이들은 도시에만 있는 것이 아니다. 안하무인(眼下無人)의 문화가 있는 영국이라는 나라 전역에 만연하다. 권위를 인정하지 않는 청소년들이 학교 안을 주름잡고 다니며 협박을 일삼고 있다. 그러므로 우리의 '성문'도 재건되어야 한다.

우리 도시에 관한 실상을 인정하고, 그것이 우리의 마음을 움직이도록 하는 일에 우선권을 두자. 성령이 함께 하시면 실상을 보고 깨닫고 인정하는 일이 발생할 것이고, 그로부터 도시는 재건되는 길로 나아가게 될 것이다.

## 상황에 관한 통계적 정보를 수집하라

효과적인 중보기도를 위해서는 역사적인 자료 등의 정확한 정보가 필요하다는 사실이 최근에 발견되기 시작했다. 그래서 중보기도자들은 상세한 역사적 사실이나 정확한 통계자료를 제공해주는 연구원들로부터 도움을 받고 있다. 오늘날 많은 중보기도자들은 기도를 드리는 지역의 역사적 배경을 알아내기 위하여 다량의 책을 읽는다. 독자들 중에는 학창시절에 역사시간을 아주 싫어했던 분들도 있을 것이다. 그러나 이제 새로운 흥미와 급박감을 가지고 당신 자신이 거주하는 지역의 역사를 알아보기 바란다. 이는 성령의 역사를 효과적으로 체험하는 길이다. 하나님은 잠자는 우리를 깨우시기 원하며, 특히 미국이 원래 청교도정신으로 시작한 곳으로부터 현재 얼마나 멀리 떨어져 나갔는지 우리가 직시하기 원하신다. 경건한 전통과 거룩한 가치들이 이제는 쓰레기 같이 되어버렸다. 하나님은 우리도 느헤미야처럼 실상을 보기 원하신다.

나는 하나님께서 교회가 "정탐꾼"의 사역을 하도록 인도하신다고 생각한다. 이스라엘 백성이 약속의 땅을 정탐하러 갔던 이야기를 기억하는가? 모세의 지시는 정탐꾼에게 그 땅을 살피고 결과 보고를 하라는 것이었다. 모세는 긍정적인 보고와 부정적인 보고 둘 다 듣고 싶어 했다. 그래야만 균형 잡힌 보고를 들을 수 있기 때문이다. 정탐꾼의 보고는 그들이 본 땅이 하나님이 약속하신 대로 좋은 땅이라는 게 아니었는가? 그들에게 이미 약속된 땅을 차지하기 위해 그들이 치러야 할 대가는 무엇이었는가? 유대인의 경우처럼, 하나님께서는 이미 교회에 "약속의 땅"을 주시리라는 말씀을 많이 해주셨다. 그러므로 우리는 현재 우리가 살고 있는 땅을 보고 하나님의 약속을 기억해야 한다.

느헤미야가 받은 보고는 결단코 긍정적인 것이 아니었다. 그렇지만 우리는 균형을 유지해야 한다. 모든 도시에는 좋은 것, 나쁜 것, 추한 것들이 섞여 있다! 중요한 것은 도시에 대하여 조사할 때에는 전체적인 국면을 모두 보아야 한다. 모세가 보냈던 10명의 정탐꾼들은 그 땅에 좋은 점이 있음에도 불구하고, 주로 그 땅의 나쁜 점들을 부각시켰다. 그래서 그 보고를 들은 사람들은 모두 두려움에 빠지게 되었다. 그러한 일이 오늘날에도 발생하고 있다. 사람들은 "이렇게 문제가 많고 어려우니, 기도해보나마나 소용이 없겠군. 이 도시가 변화된다는 것은 불가능한 일이야."라고 말하며 한숨을 쉬고 있다. 잠깐! 우리는 우리 안에 주님, 예수 그리스도를 모시고 있다. 그분의 보혈은 모든 죄의 강력을 파하신다. 우리는 도시의 모든 부정적인 현실을 들추어내야 한다. 그렇지만 10명의 정탐꾼처럼 멸망의 어두운 그늘이 드리워졌다고 하면서 군중을 선동해서는 안 된다. 그렇기에 우리는 갈렙이나 여호수아가 가졌던 그런 '믿음의 눈'으로 도시를 바라보아야 한다. 모든 중보기도자들에게는 현실의 음울함을 넘어서서 인간의 운명을 바꾸어 놓으실 수 있는 강하고 위대하고 전능하신 하나님을 바라볼 수 있는 안목이 필요하다. 뉴욕, 런던, 그리고 나성에서 발생하는 범죄보고에만 집중한다면, 부흥을 꿈꾸며 걸어 다니는 도보기도고 뭐고, 아예 집밖으로 한 발자국도 나설 엄두를 내지 못하게 될 것이다. 그렇지만 나는 예수님께서 그 모든 도시들을 위해 죽으셨음을 믿는다. 예수님은 런던, 뉴욕, 로스앤젤레스에 거주하는 모든 사람을 위해 피를 흘리셨다. 그분의 피는 충분하다.

다시 느헤미야로 돌아가 보자. 1장 4절에 무엇이라고 기록되어 있는가? 위원회를 조직했다고 기록되어 있는가? 장로들을 불러 모았다고 기록되어 있는가?

> 이 말을 듣고서, 나는 주저앉아서 울었다. 나는 슬픔에 잠긴 채로 며칠 동안 금식하면서, 하늘의 하나님께 기도하여.    －느 1:4

느헤미야는 정보를 머리로만 받아들이지 않았다. 그는 마음 중심으로 그 정보를 받아들였기에 뼛속까지 깊숙이 사무치게 되었다. 서구사회에 사는 우리는 정보를 지적으로 분석하는 데는 뛰어나지만, 마음으로 받아들이고 그에 대해 진심으로 반응하는 데는 열등하다. 문제발생을 인지하면 우리는 즉시로 문제해결로 돌진한다. 왜냐하면 우리는 모두는 해결사로 훈련을 받아왔기 때문이다. 우리는 지적인 면을 우리의 영에 포함할 수 있어야 한다. 우리의 존재 중에 하나님께서 가장 소중하게 여기시는 부분은 마음(heart)이다. 그러므로 특히 마음으로 반응을 보여야 한다.

예수님께서는 만사를 보실 때에 육적인 면과 영적인 면을 동시에 보셨다. 그렇기에 우리도 하나님께로부터 능력을 받아서 영적인 안목이 뜨이고, 도시의 영적인 진면목을 볼 수 있게 되어야 한다. 마태복음 9장 35-37절에 의하면, 예수님께서 마을과 촌락들을 두로 돌아다니시며 무언가를 보셨는데, 그것은 목자 없는 양처럼 괴롭힘을 당하여 무기력해진 무리의 모습이었다고 기록되어 있다. 그런데 그런 모습을 바라본 예수님의 심정에는 그들을 '불쌍히 여기는 마음'이 동했다고 기록되어 있다. 예수님처럼, 우리 중보기도자들도 도시에 대한 정보를 습득하고, 불쌍히 여기는 마음으로 반응함으로써 기도에 불이 붙는 역사를 체험해야 한다.

## 주요 정보를 중보기도의 동기로 삼아라

느헤미야는 예루살렘에 대한 소식을 듣자마자 울기 시작했고, 수일동안 슬퍼하며 금식했다. 정확하게 며칠 동안인지는 성경에 기록되어 있지 않지만, 확실한 것은 즉시로 삶의 우선권을 바꾸고 기도와 금식으로 들어간 것을 볼 수 있다. 그러자 하나님이 그의 마음을 사로잡았고, 하나님이 그의 마음에 큰 영향을 주기 시작하셨다. 그로 말미암아 그의 마음 중심에는 예루살렘이라는 도시가 최대의 관심사로 자리매김을 하게 되었다. 아마도 그 도시에 대한 부담감으로 시간가는 줄 모르고 기도했을지도 모른다. 그는 너무 간절히 기도하다가 소진되고 망연자실케 되었다.

그 결과 느헤미야는 하나님께서 계획하신 더 나은 운명이 그 도시에 있음을 깨닫게 되었다. 당신의 도시를 향한 하나님의 보다 나은 뜻이 있음을 당신도 알 것이다. 대부분의 사람들은 그들을 향한 하나님의 목적을 온전히 이루며 살지 못한다. 나는 스가랴 2장 4-5절이 모든 도시를 향한 하나님의 마음이라고 믿는다. 물론 이는 예루살렘에 관한 예언이기는 하지만, 모든 도시에 적용 가능한 말씀이다.

그에게 말하였다. "너는 저 젊은이에게 달려가서 이렇게 알려라. '예루살렘 안에 사람과 짐승이 많아져서, 예루살렘이 성벽으로 두를 수 없을 만큼 커질 것이다. 바깥으로는 내가 예루살렘의 둘레를 불로 감싸 보호하는 불 성벽이 되고, 안으로는 내가 그 안에 살면서 나의 영광을 드러내겠다.' 나 주의 말이다."

나는 위의 말씀을 계속해서 많은 도시들에게 선포하고 있다. "주님, 보호하시는 성벽으로 에워싸주소서. 하나님, 권세와 권능으로 도시의 성문에 서 주소서. 도시를 보호하여 주소서." 하나님은 도시를 사랑하신다. 왜냐하면 하나님은 그곳에 사는 모든 사람을 사랑하시기 때문이다.

느헤미야는 도시를 살려내는 유일한 방법이 하나님이 주시는 전략을 사용하는 것이라는 점을 깨달았다. 마찬가지로, 우리도 도시를 다시 살려내려면 장시간의 기도를 통해 하나님께서 주시는 전략을 계시로 받을 필요가 있다. 하나님을 기다리고 하나님을 듣는 사람에게는 반드시 놀라운 전략이 주어진다. 나는 하나님께서 런던을 향한 전략을 나에게 처음으로 허락하기 시작하신 그때를 아직도 생생히 기억한다. 그 당시 내가 가지고 있었던 정보는 런던이 영적으로 황량하고 피폐해 있다는 것이었다. 선하고, 기름부음을 받은 수많은 기독교 사역자들이 지쳐 있다는 정보는 참으로 음산한 이야기였다. 사역자들이 신경쇠약에 걸리고, 배우자가 질병에 시달리고, 사역이 위축을 당하고, 교회가 파산하고, 예배당을 잃어버리고, 수많은 능력의 종들이 침체의 늪에서 헤맨다는 소식을 들었을 적에, 나는 사단의 영들이 런던에서 기독교 사역을 씹고 내뱉어버리는 것을 느꼈다.

나는 하나님 앞에 엎드려 "주님, 이건 문제가 심각합니다. 어떻게 하면 좋겠습니까?"라고 반응하기 시작했다. 그리고 하나님께서 말씀하기 시작하셨다. "너는 나의 백성을 보호할 기도의 방패를 쳐라. 기독교 사역자들의 후방을 보호하라. 그래서 그들이 사단의 맹공(猛攻)에 직접 노출되지 않도록 보호해야 한다. 원수 마귀는 영국의 수도를 점령하기 원한다. 수도에는 권위와 권력이 있기 때문이다. 원수 마귀는 정부를 소유하기 원한다. 그러므로 효과적으로 기도하는 법을 배우기 시작하라."

그러한 하나님의 전략에 대한 나의 첫 응답은, "하나님 도대체 어떻게 그렇게 기도할 수 있겠습니까?"였다. 나는 런던에 있는 대형교회들을 방문하여 그들과 비전을 나누고 런던을 위해 기도할 것을 호소했다. 그렇지만 그들 모두는 많은 설명을 해주면서 하나같이 "참으로 놀라운 아이디어이다. 그렇지만 우리는 참여할 수 없다. 이미 우리는 최선을 다해 일하고 있고, 그 이상은 할 능력이 없다."라는 말로 거절했다. 나는 상한 마음을 가지고 다시 하나님께로 돌아갔다. "주님, 대형교회들이 참여하는 것을 원치 않습니다." 그러자 하나님은 "나는 그들에게 요청한 적이 없다. 나는 네게 요청했다." 나는 "그렇지만 어떻게 해야 하나요?"라고 대꾸했다. 그러자 하나님은 소그룹으로 시작하여 점차로 기도회가 자라나게 하는 전략을 사용하라는 지혜를 허락하셨다. 그렇게 하다 보면 결국 상상을 초월하는, 점점 더 기도회가 커질 것이라는 예언이었다.

하나님께서는 나에게 5명의 기도자들과 함께 시골에 위치한 한 기도

원으로 가서 아무런 기도제목 없이 3일 동안 오직 하나님으로부터 들으라고 구체적으로 지시하셨다. 그렇게만 하면 하나님께서 말씀해 주시겠다고 약속하셨고, 진짜로 하나님은 약속대로 말씀해 주셨다. 그 기도모임에는 성령의 능력이 임했는데, 우선 먼저 하나님이 런던을 바라보실 때에 느끼시는 그 고통스러운 마음이 우리 기도자들에게 전달되었다. 그래서 우리는 그런 하나님의 마음을 "느끼며" 첫 날 하루 종일 모두 울었다. 그것이 우리가 행한 전부이다. 우리는 곤경에 빠진 교회들로부터 고투하는 내용이 담긴 전자우편을 받아 함께 읽으며 가슴 아파했다. 그 교회들 중에는 아예 쑥대밭이 된 교회들도 있었다. 우리는 런던의 지도를 방안 가득히 펴놓고, 기도하며 눈물로 지도를 적셨다. 결국 나는 이렇게 큰 소리로 울부짖게 되었다. "주님, 천만 명의 사람들이 이 도시에 거주합니다. 과연 우리가 그들을 위해 무엇을 할 수 있겠습니까?" 그러자 하늘로부터 대답이 들려왔다. "케이크를 자르듯이 도시를 12조각으로 내어라." 그래서 우리는 그 말씀대로 따르게 되었고, 그 결과 'M25 런던기도닷넷'(www.londonprayer.net)이 탄생되었다. 하나님께서 자세히 그분의 전략을 우리에게 계시하신 것이다.

초창기였던 1997년 당시를 회고해본다. 그 당시 하나님께서는 런던을 위해 기도할 다수의 평범한 기도자들을 일으키셨다. 아침이건 저녁이건 할 것 없이 한 시간의 기도의 시간대를 메울 기도군사가 어디에선가 항상 나타났다. 이제 여러분이 우리의 웹사이트를 방문해보면 우리가 기도했을 때에 런던에 어떤 변화가 일어났는지 자세히 알 수 있을 것이다.

의회원들과 함께 일하는 것은 참으로 영예스러운 일이었다. 기독교 지도자들과 많은 사업가들이 우리를 통해 기도의 능력을 체험했다. 하나님께서는 런던이라는 도시를 만져주셨다. 그리고 앞으로 더 큰 변화가 올 것이다.

　이런 것은 아마도 좀 성급한 결론일지 몰라도, 내가 사용한 방법은 당신의 도시에서는 별반 효과를 거두지 못할지도 모른다. 왜냐하면 당신의 도시는 나의 도시와 다르기 때문이다. 하나님께서는 당신의 도시를 영적으로 각성시키는 각별한 전략을 가지고 계실 것이다. 그렇지만 가장 중요한 것은, 도시에 대한 상세한 정보를 수집하고 그 정보를 가지고 중보기도로 들어가는 것이다. 옳은 길로 나아갈 수 있도록 하나님의 인도를 구하고, 하나님의 지시를 따라 차근차근 각각의 단계를 밟아 올라가라. 마치 모세가 하나님의 산으로 올라가서 성막을 만드는 상세한 방법을 지도받았던 것처럼, 하나님께서는 도시를 위하여 기도하는 데 필요한 세부사항을 계시해 주신다. 우리는 하나님과의 친밀함의 장소로 들어가 그분이 하시는 말씀을 들어야 한다. 그리고 이것은 금식과 눈물을 포함할 것이다.

## 다양한 은사를 가진 사람들이 중보기도로 불림을 받는다!

　나는 믿기로 하나님께서 다양한 종류의 사람들을 도시를 위한 중보기도로 불러모으고 계시다고 생각한다. 도시를 위한 기도는 전임사역자나 목회자들만 하는 것이 아니다. 사실 도시를 위해 기도하는 사람들은 매일 도시를 드나드는 직장인들이 될 것이다. 왜냐하면 그들이 바로 현장 감각을 가진 사람들이기 때문이다. 그들은 장터에서 그리고 거리에서 민중의 소리를 늘 듣는 사람들이다. 다양한 종류의 성령의 은사를 받은 사람들이 도시의 다양한 사정과 사건들을 위해 기도드릴 필요가 있다. 중보기도가 효과적이 되려면 구체적이 되어야 하는데, 이를 위해서는 다양한 자질, 다양한 관심사, 다양한 삶의 경험을 가진 중보기도자들이 모여야 한다. 이 장에서 나는 하나님께서 은혜로 내려주신 다양한 종류의 은사들을 살펴보고자 한다. 기도를 드리다 보면 각각의 은사들이 도시의 특별한 필요에 따라 특정하게 반응을 보이게 되는 것을 알 수 있다.

### 긍휼의 은사

기도하는 사람들이 도시를 걷다 보면 그 도시의 고통을 통감하게 된다. 그들은 그곳 가운데 무슨 일이 일어나고 있는지 볼 수 있고 강한 긍휼함을 느낀다. 그들은 도시의 어려운 이들에 대한 자비의 마음을 갖는다. 솔직히 말하자면, 이전에 나에게는 이런 모습이 없었다. 그러나 성령님께서 자비로 내게 가르쳐 주셔서 나는 긍휼함을 배웠다. 나는 원래 과학자로 훈련을 받은 사람이다. 그래서 논리적이고 행정적이고 조직적이다. 나는 사람보다는 기계와 더욱 친숙했었다. 그러나 하나님께서는 나를 붙드시고 나의 마음을 돌려놓으셔서, 나를 인정 많은 사람으로 바꾸어놓으셨다. 그렇지만 개중에는 기질적으로 남을 측은히 여기는 마음이 흘러넘치는 사람들도 있다. 하나님은 사람들에 대한 애착을 도시를 위한 기도의 자리로 나아가게 하는 동기부여로 사용하신다. 중보기도할 수 있는 기도자는 바로 이렇게 다른 이들의 아픔을 진심으로 느끼는 사람들이다.

### 리더십의 은사

느헤미야처럼 현실의 실상을 바라보며 "왜 이리도 속수무책인가? 누군가 적극적으로 나서야 하지 않을까?"라고 말하는 사람들이 있다. 그들은 문제의 핵심을 직시하고 해결책을 모색하는 사람들이다. 그들은 궁구하고, 계획을 세우며, 다른 이들을 끌어들여 일을 개시한다. 천성적인 리더기질이 있는 것이다. 그들은 자신이 인도하면 사람들이 따르리라는 것을 안다. 그래서 이러한 사람들은 하나님의 뜻대로 일을 성사시키기 위해서 기도의 자리로 나와야 한다. 물론 기도가 그들의 첫 번째 부르심은 아닐 수 있다. 하나님은 그들을 "우연히" 기도의 자리에서 만나보실 뿐이다. 왜냐하면 그들은 변화를 위한 행동에 목마른 사람들이기 때문이다. 그렇지만 자비의 마음 때문은 아니더라도, 리더십이라는 은사를 십분 활용하기 위해서라도 그들은 반드시 기도의 자리로 나와야 한다.

### 예언적 중보기도의 은사

예언이 기도의 자리로 나오는 계기가 되는 사람들도 있다. 그들은 갑자기 자연적인 것을 넘어선 무언가를 보기 시작한다. 길을 걷다가 젊은이들을 보면 그 젊은이들 안에 내재한 잠재력을 본다. 예컨대 젊은이들을 볼 때에 술집에서 흥청거리며 떼로 몰려다니는 그 모습 자체를 보는 게 아니라, 복음을 담대히 전파하는 젊고 용맹스러운 그리스도의 군사로 본다. 그들은 자연적인 것을 넘어선 미래의 가능성을 넘보는 자들이다. 그들은 성령의 추수를 바라본다. 그들은 사업가들을 바라보며, 사업가들이 재물로 하나님의 나라를 위해 공헌하는 위대한 미래를 꿈꾼다. 예언자들은 항상 비전을 통해 미래의 가능성을 보게 된다. 그래서 자연적인 것을 넘어선 것에 대한 갈망이 기도의 자리로 나오게 하는 동기가 된다.

### 지역에 대한 연구조사와 실질적 기도의 행동

특정한 장소의 역사에 대한 조사가 사람을 기도의 자리로 나오게 하는 계기가 될 수도 있다. 거주하는 도시의 역사를 연구하다 보면, "야, 누군가 무엇을 해야겠구나. 이런 문제에 관해서는 참으로 기도가 필요하겠구나! 과거에 이런 일이 있었는지 예전엔 미처 몰랐었네!"라는 생각을 품게 되기 때문이다. 하나님은 다양한 방법으로 우리의 주위를 기도로 환기시키신다.

### 재정의 은사와 믿음의 은사

오늘날 뜻밖에 사업에 연관된 공동체들이 기도의 자리로 속속 들어오고 있다. 최근 나는 노르웨이 남단 항구도시인 크리스티안산에서 활동하는 비즈니스 팀과 놀라운 사역을 펼치고 있다. 그들 중 일부는 해운업에 종사하는 기업가들인데, 어마어마한 자금을 관리하는 사람들이다. 그들은 한 자리에 모여 서로의 어려움을 함께 나누며 기도하기 시작했다. 그 멤버 중 한 사람이 근래에 나에게 이렇게 말했다. "아침에 2시간 동안 진행되는 기도모임에 참석하려고 금요일마다 아침 6시에 일어나는 나 자신이 믿어지질 않는다. 사실 말도 안 되는 이야기지요!" 그러나 하나님은 그를 기도의 자리에 앉히셨다. 왜냐하면 그가 소유한 자원이나 그의 영향력이 하나님의 나라를 전파하는 일에 상당한 도움이 되기 때문이다. 하나님은 전략적으로 일하시는 분이다. 급기야 그 형제는 지역사회의 필요를 보기 시작했고, 현재는 변화의 주역이 되고 있다.

최근에 크리스티안산의 시장이 그 남자에게 수백만 크로네(덴마크와 노르웨이의 화폐단위)에 달하는 유치원을 맡아달라고 부탁했다. 유치원이 재정적인 어려움을 당하면서 거의 문을 닫을 위기에 처해있다는 것이었다. 그 기독교인 기업가와 교회가 협력하여 유치원을 맡은 이후로 지금은 유치원이 번성하고 있다. 이제 그 기업가는 더욱 기도에 힘쓴다. 왜냐하면 기도에 헌신하고 전념할 때 하나님께서 어떻게 기적적으로 축복하시는지 직접 경험했기 때문이다.

오늘날 기도실을 채우는 사람들은 전통적인 중보기도자들만이 아니라는 사실을 중시할 필요가 있다. 이제 우리는 그런 사실을 받아들여야 한다. 하나님은 각양각색의 배경을 가진 다양한 사람들을 중보기도에로 불러모으시고 계신다. 그러므로 앞으로는 다소 색다른 종류의 중보기도 모임이 일어나게 될 것이다. 예를 들자면 연구원들의 중보모임, 사업가들의 중보모임, 교사들의 중보모임 등. 나의 핵심 쟁점은 교회의 모든 구성원들이 중보기도에로 참여하도록 부름을 받고 있지만, 받은 은사에 따라 표현의 다양성이 있어야 한다는 것이다.

### 느헤미야의 용서와 기도와 권위

느헤미야 1장 5-11절에 보면 느헤미야가 참으로 믿을 수 없는 기도를 드리는 장면이 나온다. 느헤미야가 전임 목회자가 아닌 음식제공 업무를 담당하던 사람이라는 것을 기억하라. 이제는 교회가 비즈니스에 종사하는 사람들을 기도의 자리로 인도할 시기라고 생각한다. 예컨대 앞서 언급한 노르웨이의 기업가가 시장과 지방 관료들을 위해 기도했을 때에 지도자의 위치에 있던 사람들에게 많은 변화가 왔다고 한다. 은행장이 재정을 위해 기도하고, 교장이 학교교육을 위해 기도하고, 의사들이 국가의 보건을 위해 기도한다면 그보다 더 좋은 일이 어디 있겠는가. 전문가들보다 그들이 속한 분야에 대하여 더 잘 기도를 드릴 수 있는 사람이 어디에 있겠는가!

느헤미야는 왕의 술 맡은 관원이었고 왕궁에서 기거하던 사람이다. 그런데 그는 도시를 향해 울고 수일 동안 슬퍼하며 하늘의 하나님 앞에서 금식하며 다음과 같이 기도하였다.

> "주 하늘의 하나님, 위대하고 두려운 하나님, 주를 사랑하는 이들과 세운 언약, 주의 계명을 지키는 이들과 세운 언약을 지키시며 은혜를 베푸시는 하나님, 이제, 이 종이 밤낮 주 앞에서 주의 종 이스라엘 자손을 위하여 드리는 이 기도에 귀를 기울이시고, 살펴 주십시오. 우리 이스라엘 자손이 주를 거역하는 죄를 지은 것을 자복합니다. 저와 저의 집안까지도 죄를 지었습니다. 우리가 주께 매우 큰 잘못을 저질렀습니다. 주의 종 모세를 시키시어, 우리에게 내리신 계명과 율례와 규례를 우리가 지키지 않았습니다." -느 1:5-7

기도를 통하여 느헤미야는 먼저 하나님이 누구이시며 얼마나 굉장하신 분이신지 고백한다. 그리고 하나님과 그분의 백성 사이에 존재하는 언약에 관해서도 언급한다. 그는 하나님과의 언약을 깬 인류의 죄를 고백한다. 그와 그의 조상들이 범한 죄에 대해서도 고백한다. 즉, 언약을 파기한 가계에 흐르는 저주를 끊으려 한다는 것이다.

그는 하나님께 회개하면서, "우리는 사악하게 행동했습니다. 우리는 하나님과의 약속을 지키지 않았습니다. 우리는 바르게 행하지 못했습니다."라고 말했다. 마찬가지로, 우리 서구인들이 하나님과 오래 전에 맺은 언약을 기억한다면, 우리 역시 하나님께 충실하지 못했던 것을 자백하지 않을 수 없다. 서구의 나라들은 경건한 원리들에 입각하여 설립되었고 성경이 우리가 만든 법률의 기초가 되었음에도 불구하고, 우리의 조상들은 하나님을 부인하는 죄를 거듭 범했다. 이것을 서구인들은 잘 이해하지 못한다. 우리는 대단히 개인주의적이기에 집단의식이라든지 집단의 죄에 대해서는 별로 신경을 쓰지 않고 있다.

나는 어릴 적에 서구 문화권이 아닌 동양 문화권에서 성장한 사람이다. 16세가 되기까지 인도에서 살았다. 동양 문화권에서 사는 사람들은 집단의 정체성이나 집단적으로 책임지는 일에 놀라운 이해함을 가지고 있다. 집단 자의식 같은 것은 개인주의에 물든 우리 서구사회의 사람들에게는 대단히 어려운 개념이기는 하지만 꼭 배울 필요가 있는 개념이다. 요즈음 중보기도자들 사이에서는 타인과 동일시하는 회개에 관한 논의가 진행 중이다. 이는 이전 세대의 죄를 대신하여 우리가 회개하는 것이 과연 합당한지에 관한 논의이다. 편의의 의미로 보자면, 느헤미야가 자신의 백성의 죄를 회개했을 적에 그는 타인과 동일시하는 회개를 했다고 볼 수 있다. 그는 "우리 이스라엘 백성들"이 지은 죄를 고백했다. 백성을 대신하여 자백한 것이다. 언제가 우리가 하나님께 "우리" 영국인, 미국인, 또는 캐나다인으로 민족의 죄를 회개한 마지막 날인가?

느헤미야의 기도를 조직적으로 연구하다 보면 그의 기도가 도시를 위한 기도의 전형임을 발견하게 된다. 한 구절씩 자신의 도시에 적용시키면서 느헤미야의 기도와 비슷한 기도를 당신도 드려보기 바란다. '느헤미야의 이런 기도를 과연 나 자신, 나의 공동체, 그리고 내 도시에 어떻게 적용할 수 있을까? 하는 깊은 묵상과 더불어 말이다. 당신의 상황은 느헤미야의 상황과는 판이하게 다를 수도 있다. 그렇지만 하나님께 기도하면 하나님께서 당신에게 말씀하실 것이다.

주님, 종의 간구를 들어주십시오. 주의 이름을 진심으로 두려워하는 주의 종들의 간구에 귀를 기울여 주십시오. 이제 주의 종이 하는 모든 일을 형통하게 하여 주시고 왕에게 자비를 입게 하여 주십시오. 그 때에 나는 왕에게 술잔을 받들어 올리는 일을 맡아보고 있었다.　　　　　　　　　　　　　　　　　　ㅡ느 1:11

그의 진술은 다음과 같은 의미이다. "지금 나는 나의 일자리로 다시 돌아갑니다." 성경에는 또한 "나는 술잔을 받들어 올리는 일을 하는 사람에 불과합니다."라는 대목도 나온다. 이것은 느헤미야가 "나는 특별한 사람이 아닙니다. 나는 단지 왕의 술 맡은 관원장일 뿐입니다"라고 말하는 것이다.

## 자연적 권위와 영적 권위 사이의 정렬을 가다듬기

느헤미야 2장의 초반부에 우리는 느헤미야가 아닥사스다 왕의 술을 따르는 관원장의 자리로 돌아가는 것을 본다. 여기에서 왕과 느헤미야 사이의 관계라는 예표론(豫表論)에 관한 나의 견해를 피력하고자 한다. 다른 이들의 이론에는 나와 다르게 주장하는 바가 있기 때문이다.

우선 나는 아닥사스다 왕이 '왕 중의 왕'이신 우리 하나님 아버지를 상징한다는 해석에 동의하지 않는다. 아닥사스다 왕은 포로로 사람을 잡아다가 속박한 왕이다. 특히 그는 하나님의 백성을 볼모로 잡았다. 그러므로 아닥사스다 왕은, 영적인 하늘의 왕이 아니라 지상의 왕으로, 악한 권력의 전형이다. 그러므로 우리는 느헤미야가 자연적 권위 앞으로 나아가는 모습을 관찰하게 된다. 왕은 이 땅에서 권력을 행사하는데, 특히 인간을 속박하는 권력을 행사한다. 나는 에스더의 경우도 마찬가지라고 생각한다. 에스더 5장에 보면 에스더가 왕 앞에 서는 장면이 나오는데, 그것이 하나님 아버지의 존전(尊前)에 서는 것을 상징적으로 표현한 것은 아니라고 생각한다. 그녀가 접촉하려 했던 왕권은 도시와 땅과 지역을 다스리는 자연의 권위였지 신적 권위는 아니었다. 에스더는 자신이 정치적이고 행정적인 권력에 접근해 간다는 사실을 알았다. 그래서 그녀는 친구들에게 금식하며 기도해 줄 것을 부탁했다.

마찬가지로 우리도 이 세상의 권력에 접근할 때에 기도하고 금식하고 중보하고 계시를 받아야 한다. 기도와 금식, 중보로 준비해야 한다. 높은 권위를 가진 곳으로 아무 무장도, 대책도 없이 가까이 다가가면 안 된다. 그러면 사단이 "너 참 잘 왔다. 권력을 한 번 쥐어봐라!"고 말할 것이다. 이렇게 영적 권위를 획득하는 길에는 항상 전투가 벌어진다.

에스더는 그녀의 청순하고 정숙한 자태 덕분에 왕의 호의를 입었다. 느헤미야는 맡은 직임에 대한 성실성으로 왕의 호의를 입었다. 그리고 그들 모두는 왕의 권력에 밀접하게 접근해 갈 수 있는 위치에 있었다. 그렇지만 느헤미야의 경우 관심을 먼저 표명한 것은 왕 쪽에서였다. 느헤미야가 술을 따를 때에 안색이 좋지 않은 것을 알아차린 왕이 먼저 안부를 물었던 것이다.

아닥사스다 왕 이십년 니산월에, 나는 왕에게 술을 따르는 일을 맡았다. 왕에게 술을 따라 드리는 어느 날, 왕께서는 나의 안색이 평소와는 달리 좋지 않은 것을 보시고는 "안색이 좋지 않구나. 아픈 것 같지는 않은데, 무슨 걱정되는 일이라도 있느냐?"하고 물으셨다.
나는 너무나도 황공하여 "임금님, 만수무강하시기를 빕니다. 소신의 조상이 묻힌 성읍이 폐허가 되고, 성문들이 모두 불에 탔다는 소식을 듣고서, 울적한 마음을 가누지 못한 탓입니다"하고 아뢰었더니.
-느 2:1-3

나는 위의 구절이 시사하는 바가 대단히 크다고 생각한다. 위의 말씀은 세상적인 직업을 가진 사람들이 예수님을 철저히 믿고 신앙생활을 하면서 주변에 영향력을 미치는 것에 대한 말씀으로 이해한다. 예수님을 믿으면서도 세상적인 사업에 바쁜 사람들은 종종 "대체 내가 지금 뭐하고 있는 거야? 내가 하는 모든 일들이 하나님의 나라와 무슨 상관이 있지?"라며 의아해 한다. 물론 직접적인 상관이 없는 것처럼 보일 수 있다. 그러나 그렇지 않다. 세상에서 성실하게 열심히 일하면 그것은 장차 호의를 입을 수 있는 신용을 쌓는 것이다. 물론 겉으로 보기에는 악한 군주인 아닥사스다를 위해 일한다는 비애감에 사로잡힐 때도 있겠지만, 사실은 더 높은 권위에 계신 왕의 왕이신 예수님을 위해 일할 기회를 엿보고 있는 것이다. 당신의 직업에 계속 충실하면 당신의 상사는 당신을 주목할 것이다. "저 사람, 참 근무 태도가 좋네. 어쩌면 그렇게 항상 명랑한 얼굴로 사람들을 대할까! 불평하지 않고 열심히 일하는 사람이네."

그리스도 안에 있는 우리의 권위를 일터로 가져오면 우리가 왕의 왕을 위해 일하는 것을 사람들이 알게 될 것이다. 그때 우리는 사람들의 주목을 받게 될 것이다. 일터에 하나님의 백성이 없다면 우리가 어떻게 도시 가운데 있는 권위를 터치할 수 있겠는가? 오늘날 정치, 문화, 교육 등 모든 분야에서 그리고 특히 경제계에서 우리는 하나님의 나라를 섬기는 사람들을 보는 것이 우리의 갈망이다. 우리는 이 부르심을 위해 사람들을 격려해야 한다.

오늘 이 시대에 우리에게는 부흥(復興)이 필요하다. 지난 세대에 하나님의 나라가 권능으로 임하는 것을 설교한 웨슬리나 휫필드와 같은 그런 성령의 기름부으심을 받은 부흥사들이 등장하기를 나는 소원한다. 우리들에게는 또한 개혁가도 많이 필요하다. 사회와 정부에 선한 영향력을 끼칠 최고 권력의 은혜를 입은 개혁가들 말이다.

느헤미야는 왕이 선호하는 관원이 되었다. 그래서 왕이 느헤미야의 안색을 살피고 어찌된 일인지 물어보기까지 된 것이다. 물론 순간적으로 느헤미야는 두려웠을 것이다. 느헤미야가 과연 자신의 속내를 숨김없이 왕 앞에 드러내도 괜찮은 것인가? 마음 중심의 갈망을 나타내 보였을 적에 왕의 반응은 어떠할 것인가? 느헤미야가 "왕이시여, 사실 내 마음은 예루살렘이라는 도시로 향해 있습니다. 나는 밤낮 그 도시만 생각합니다."라고 했을 때에 왕이 화를 내면 직업을 잃게 될 것이고, 심지어 목숨까지도 잃게 될 것이라는 것을 알았다. 그렇지만 수년간 견실하게 쌓아온 왕과의 친분관계로 인해 느헤미야는 목숨을 잃지 않았고 도리어 왕의 호의를 얻게 되었다. 느헤미야는 예루살렘 도시의 참상이 얼마나 그의 마음을 괴롭게 하는지 실토했다. 그런데 왕의 반응은 매우 긍정적이었다.

"네가 바라는 것이 무엇이냐?" 하고, 왕께서 또 나에게 물으셨다. 나는 하늘의 하나님께 기도를 드리고 나서, 왕에게 말씀드렸다. "임금님께서 좋으시면, 임금님께서 소신을 좋게 여기시면, 소신의 조상이 묻혀 있는 유다의 그 성읍으로 저를 보내 주셔서, 그 성읍을 다시 세우게 하여 주시기를 바랍니다." 그 때에 왕후도 왕 옆에 앉아 있었다. 왕은 "그렇게 다녀오려면 얼마나 걸리겠느냐? 언제쯤 돌아올 수 있겠느냐?" 하고 나에게 물으셨다. 왕이 기꺼이 허락하실 것 같은 생각이 들어서, 나는 얼마가 걸릴지를 말씀드렸다.

－느 2:4-6

왕은 느헤미야에게 "언제쯤 돌아올 예정이냐?"라고 빨리 물어보았다. 왜냐하면 대단히 아끼는 신하였기 때문이다. 느헤미야는 왕과의 관계를 꾸준히 발전시켜 왔기 때문에 그가 원하는 대로 왕으로부터 휴가를 받을 수 있었다.

내가 아는 한 사업가는 그 능력과 가치를 인정받아 일주일에 3일만 근무하도록 선처를 받고, 나머지 3일은 주로 교회를 개척하는 일을 돕고 있다. 그의 상사는 "나는 당신이 일하기 쉽도록 할 수 있는 것을 다 할 것이다. 왜냐하면 나는 당신이 필요하기 때문이다"라고 애원했다고 한다.

느헤미야는 전통적인 부흥사 같은 사람은 아닐 것이다. 그렇지만 그는 전형적인 개혁가이다. 이제 상업화된 도시에 변화가 일기를 바란다면 우리에게는 절대적으로 개혁가가 필요하다. 그런 기독교 개혁가들이 정치계, 교육계, 정부에 나타나서 불경건한 요소들을 제거하고 정의를 실현하는 일에 힘써주어야 한다. 마치 에스라는 느헤미야와 함께 손잡고 일했고 웨슬리는 윌버포스와 함께 손잡고 일했듯이, 교회에는 함께 동역할 세상의 리더들이 필요하다. 특히 윌버포스 같은 기독교 정치인은 노예무역을 근절시키는 개혁을 이루어냈다. 샤프트버리(Shaftbury) 경은 여성과 어린이를 차별하는 그 당시 사회의 그릇된 태도를 개혁하였다. 엘리자베스 프라이는 교도소 시스템을 개혁하였다. 플로렌스 나이팅게일은 병원 시스템을 개혁하였다. 이렇게 사회를 개혁한 기독교 평신도들이 역사에 즐비하다. 개혁가들은 목회자인 웨슬리나 휫필드와 같은 시기에 하나님의 나라를 위해 위대한 일을 이루어낸 사람들이다.

기독교의 부흥이 우리 사회에 제대로 도래하려면 사회를 개혁하는 개혁가들과 함께 일해야 한다. 이제 이 땅의 느헤미야와 같은 평신도들은 깨어 일어날찌어다! 직장생활에 좌절하지 말고, 여러분의 때를 기다리기 바란다. "왜 하나님이 하필이면 이런 직종에 나를 종사하게 하셨을까?"라고 의문만 제기하지 말고, 하나님이 찾아오셔서 당신을 사용하실 그 순간을 기대해보기 바란다. 하나님이 당신의 일터에 나타나시면 이렇게 물으실 것이다. "네가 바라는 것이 무엇이냐?"

이제 들을 귀를 갖춘 왕 앞에 선 느헤미야는 왕의 총애를 바탕으로 더욱 담대히 말하기 시작한다. 느헤미야는 왕에게 실질적인 도움을 구한 것이다.

나는 왕에게 덧붙여서 말씀드렸다. "임금님께서 좋으시다면, 소신이 유다까지 무사히 갈 수 있도록 유프라테스 서쪽 지방의 총독들에게 보내는 친서를 몇 통 내려 주시기 바랍니다. 또 왕실 숲을 맡아 보는 아삽에게도, 나무를 공급하라고 친서를 내리셔서, 제가 그 나무로 성전 옆에 있는 성채 문짝도 짜고, 성벽도 쌓고, 소신이 살 집도 짓게 하여 주시기 바랍니다." 나의 하나님이 선하신 손길로 나를 잘 보살펴 주셔서, 왕이 나의 청을 들어주었다.　　-느 2:7-8

느헤미야는 왕 앞에서 자신에게 필요한 모든 자원을 나열했다. 그런데 그 결과에 대하여 성경은 다음과 같이 기록한다. "나의 하나님이 선하신 손길로 나를 잘 보살펴 주셔서, 왕이 나의 청을 들어주었다"(8절).

나는 믿기로 교회가 지방자치단체의 문을 두드리며 "우리들에게 …이 필요하다."라고 하면, 교회의 다양한 사회봉사로 얻은 신용으로 말미암아, 그들이 흔쾌히 호의를 베풀어 줄 그런 날을 기대한다. 그런 호의는 건물이 될 수도 있고 자원이나 인력이 될 수도 있다. 그러한 종류의 개혁이 도래할 것을 믿는다.

이제 느헤미야 2장 10절의 말씀을 읽어보자.

호론 사람 산발랏과 종노릇을 하던 암몬 사람 도비야에게 이 소식이 들어갔다. 그들은 어떤 사람이 이스라엘 자손의 형편을 좋게 하려고 오고 있다는 것을 알고서, 몹시 근심하였다고 한다.

교회가 길거리로 나아가 도시 사람들의 복지향상에 힘쓰면 사단은 그 일을 증오한다. 하나님은 내게 이런 말씀을 주셨다. "사단은 기독교인들이 선한 일을 하고자 결심해도 전혀 겁먹지 않는다. 그러나 실제로 선한 일을 하면 그때부터는 공포에 떤다." 나는 이것이 오늘날의 교회에게 하시는 말씀이라고 믿는다. 기도하면 항상 하나님께서는 멋진 예언적 비전을 허락하신다. 그렇지만 사단을 끔찍하게 만드는 것은 기도를 통해 계시를 받고 실제로 그 비전을 이루어나갈 때이다. 특히 사회의 중심에 서 있는 학교, 관공서, 회사에서 기도를 삶으로 실천하면 사단은 놀라 나자빠지게 되어 있다.

많은 나라의 정부들이 학교에서 기도하는 것을 금지하는 법을 만들었다. 그런 나라에서는 학교에서 기도회를 할 수 없고 길거리에서도 기도회로 모일 수 없다. 특히 영국에서는 노방전도가 점차로 어려워지고 있다. 노방전도를 하려면 행정부로부터 허가증을 발급받아야 한다. 지방자치단체들도 점차로 노방전도에 대한 허가증 발급을 거부하고 있는 실정이다. 원수 마귀는 기독교인들이 지역사회에서 일하는 것을 싫어한다. 기도를 드리고 그것을 삶에 실천하려 할 때 우리는 항상 방해가 따른다는 사실을 명심해야 한다.

그러므로 기도만으로는 부족하다. 나는 기도가 모든 일의 시작이라는 점을 뼈저리게 깨달은 사람이다. 그렇지만 기도는 오직 출발점일 뿐이다. 나는 기도를 위한 기도는 드리고 싶지 않다. 나는 추수를 위해 기도하고 싶다. 나는 하나님의 나라가 하늘에서 이루어진 것처럼 땅에서도 이루어지는 것을 보기 원한다. 이제는 개혁가들이 그들의 비전을 볼 때이다. 그들은 새로운 운명을 개척해 나갈 것이다. 그러므로 매일 직장과 일터로 가는 길이 하나님의 나라를 세우러 가는 길이 되기를 바란다. 회사에서 승진되는 것도 돈을 더 버는 기회로 여기지 말고 하나님의 나라를 위해 더 많은 영향력을 행사할 기회로 간주하기 바란다.

느헤미야는 예루살렘에 도착하자마자 도보기도를 하며 밤에 모든 성벽을 검사하며 다녔다. 2장 11절과 12절 초반을 읽어보자.

나는 예루살렘에 이르러, 거기에서 사흘 동안 쉬고 나서, 밤에 수행원을 몇 명 데리고 순찰을 나섰다.

느헤미야는 수행원 몇 명과 함께 자신의 눈으로 도시를 관찰하였다. 성벽의 허물어진 부분들을 직접 바라보면서 도시를 중건케 하는 하나님의 전략을 얻게 된다.

"우리 도시의 상황이 뭐 그렇게까지 나쁜가?"라는 안일한 생각이 들 때마다 친구들 몇 명과 함께 거리로 나가 돌아다녀보라. 특히 밤거리를 걸어보길 바란다. 성령님으로 하여금 당신의 마음을 휘젓도록 허락하면서, 당신의 도시에 관한 많은 질문들을 던져보라. 도시의 분위기와 도시에 관한 정보들로 하여금 당신의 마음을 움직이게 하고, 절박한 마음으로 다시금 중보의 자리로 들어가 하나님께 매달려보라.

# 10

# 도시들을 겨냥한 전략적 기도 - 2부
## Strategic Prayer for Cities - Part 2

성문과 성벽을 재건하던 날

도시들을 겨냥한 전략적 기도를 다루는 본서의 마지막 단원을 통해, 나는 평범한 기도를 드릴 때 사용하는 기본전략을 그리스도의 기도부대를 위한 전략에 적용시키고 있다. 그렇기에 영적 지도를 그린다든지 타인과 동일시하는 회개라든지 하는 전문적인 방법들은 생략한다. 도시를 겨냥한 보다 구체적이고 전문적인 중보기도의 기술을 습득하기 원한다면 신디 제이콥스, 에드 실보소, 더치 쉬츠의 도서를 권장한다. 다양한 중보도자들의 책을 읽어야 하는 이유는 하나님이 다양한 방법으로 계시해 주시기 때문이다. 그 모든 것을 주워 모으면 전체의 큰 그림이 보인다.

우리는 앞장을 "개혁가"로서의 느헤미야를 살펴보면서 종결했다. 부흥을 몰고 온 사람들은 주로 하나님의 영광이 그들의 공동체에 충만하게 임하기를 부르짖었던 사람들이다. 그들은 인간의 영적 상태변화에 대한 열정을 가진 사람들이다. 반면에 개혁가들은 일상생활에 일어나는 일들을 바라보면서, 자연적 환경에 하나님의 나라가 임하기를 기대한다. 신앙 부흥 운동가들은 하늘을 주시한 후에 땅을 주시하는 반면에 개혁가들은 먼저 땅을 바라보고 다음에 하늘에 부르짖는다. 그러므로 개혁가로서의 느헤미야는 그의 도시를 먼저 살펴보고 하늘을 향해 부르짖었던 사람이다. 그 결과, 그의 도시와 하나님 사이에 바른 정렬이 이루어졌다. 비슷하게, 하나님은 우리들 각자의 타고난 재능과 기술을 하나님의 나라를 건축하는 일에 활용하기 원하신다.

얼마 전에 한 여인이 나에게 이런 간증을 해준 적이 있다. 그녀의 회사가 그녀에게 서반아어를 배우도록 강요했다는 것이다. 미국에는 서반아어를 사용하는 인구가 상당하기에 직업상 필요한 것이기는 했으나, 그녀는 그럴 시간이 있으면 차라리 교회를 위해 더 많이 봉사하고 싶다는 생각을 했다. 그런데 몇 년 후에 그 교회에서는 서반아어를 사용하는 남미 사람들을 위한 사역이 시작되었다. 그래서 그녀는 가난하고 결핍된 사람들을 돕는 사역에 적극 가담할 수 있었다. 하나님은 이렇게 직장 일을 위해 배운 것도 하나님 나라의 일에 효율적으로 사용하신다. 우리의 경우에도 이러한 원리가 적용될 수 있다. 간혹 우리는 왜 하나님이 이런저런 것들을 배우게 하시는지, 혹은 이런저런 훈련에 가담시키시는지 의아해 할 때가 있다. 그렇지만 얼마 안 가서 자연적인 능력과 하늘의 능력이 합쳐져서 매우 효과적으로 하나님의 나라를 세우는 일에 쓰임을 받게 됨을 체험하게 된다. 노예로 끌려간 요셉이 보디발의 집에서 무엇을 배우고 있었는지 아는가? 그는 이집트의 문화를 배우고 행정기술을 터득하고 있었다. 나중에 국무총리가 되었을 때에 그런 기술들을 활용하게 되리라는 걸 몰랐을 수도 있다. 그래서 하나님은 상당기간 요셉을 보디발의 집에서 그리고 이집트의 감옥에서 이모저모로 훈련시키시고 가르치셨다. 바로 그런 배움을 통해 요셉은 나중에 국가의 위기상황을 뚫고 나갈 지혜와 용기를 얻게 되었다고 믿는다.

느헤미야 2장에 보면 느헤미야는 예루살렘 거리를 활보하며 기도를 드리고 있었던 것을 짐작할 수 있다. 그렇게 도보기도를 드리며 돌아다니는 중에 모종의 전략이 느헤미야의 마음속에 점차로 형성되어 갔다. 그는 도시의 실상을 보기 시작했고 문제의 핵심을 이해하기 시작했다. "우리는 이 성을 재건해야 한다." 그리고 하나님께서 그에게 구체적인 전략들을 주셨다.

느헤미야 3장에서는 느헤미야가 중건하기 시작하는 3개의 구조물이 나온다. 그것은 도시의 성벽, 성문, 그리고 망대이다. 이제부터 그것들에 대하여 하나씩 자세히 살펴보면서, 현대의 도시들에 대한 하나님의 뜻을 헤아려보고자 한다.

## 1. 성벽들

오늘날 하나님께서 교회가 세우기 원하시는 성벽은 어떤 벽인가? 내가 믿기로 그 성벽은 하나님이 기도의 자리로 부르시는 평범한 사람들이라고 생각한다. 성벽은 권위를 상징하는 "성문"을 양쪽에서 붙잡고 그 문을 지지한다. 성벽은 도시를 에워싸고 도시를 보호한다. 오늘날 한 도시에 거주하는 성도들은 그리스도의 몸의 일부로서, 마치 성벽의 벽돌들처럼 각자가 그 도시를 기도로 에워싸는 역할을 담당하도록 부름을 받고 있다. 성도들은 살아있는 돌멩이가 되어 서로 기도로 연결되면서 벽을 세워가도록 운명지워져 있다. 즉, 모든 성도에게는 기도로 연합하여 도시를 지킬 임무가 주어졌다.

개 교회는 사회에 대한 각자 다른 종류의 관심을 가진 사람들로 구성되어 있다. 취향에 따라 그들이 선호하는 기도의 종류도 다를 것이다. 어떤 분은 교육이라는 문에, 다른 이들은 보건이라는 문에 관심을 보인다. 특정한 영역에 관한 전문가가 아니라도 사람들은 자신이 관심을 가진 영역에 대하여 기도하게 된다. 그런 영역에서 발생하는 문제들에 자연적으로 마음이 따라가기 때문이다. 그래서 그런 기도제목이 떠오를 때마다 깊이 기도하게 된다. 그렇게 함으로 예컨대 교육의 문이나 보건의 문을 지지하는 벽으로서의 역할을 감당하게 되는 것이다. 다른 말로 하자면, 교육의 영역에서 일하는 리더나 보건의 영역에서 일하는 리더를 지탱해주는 역할을 감당하게 된다는 말이다.

오늘날 하나님은 기도하는 평범한 사람들로 구성된 큰 군대를 불러 모으시고 계신다. 왜냐하면 몇 사람으로서는 도시의 전 영역을 커버할 수 없기 때문이다. 그들은 도시를 안전하게 지켜주는 방어막을 형성하는 성벽과 같은 기도자들이다. 이 큰 기도부대는 도시에서 발생하는 세세한 일들에 대한 기도를 드림으로 변화를 창출해내고, 특히 문(gate)이 되는 지도자들을 지원함으로 그들이 도시에 긍정적인 영향력을 행사하도록 돕는다.

바로 이것이 성벽을 재건하던 느헤미야가 깨달았던 일이다. 느헤미야는 가정들을 그들이 연계된 특정지역에 주재시켰다. 몇몇 가정이 도시를 재건한 것이 아니다. 모든 가정이 참여했으며 모두 힘을 합했다. 그들 각자는 자신이 거주했던 그 지역을 중심으로 일부분을 감당했다. 느헤미야는 대제사장 엘리아십과 그의 형제 제사장들을 보내어 "양의 문"을 건축하게 했다. 그리고는 또 다른 가족들을 보내어 성벽을 건축하여 성문과 연결되도록 했다. 왜 거주지의 근거리에 있는 성벽을 건축하도록 배치되었을까? 그것이 의미하는 바는 무엇인가? 성벽을 건축하는 주된 이유는 원수들이 들어와 도시 안을 뛰어다니는 것을 막기 위함이다. 그렇기에 그들에게는 가정 주변에 성벽을 쌓는 것이 시급했다. 왜냐하면 가정이 먼저 보호를 받아야 했기 때문이다! 그들 모두는 성벽의 건축을 통해 이득을 얻었는데, 그것은 자신의 가정이 안전해지는 것이었다. 당신 역시 사단이 당신의 집 주변에 어슬렁거리는 것을 원치 않을 것이다. 이러한 원리는 오늘날에도 적용되어야 한다. 가정에 어린 자녀들이 있다면 원수나 적들의 공격으로부터 그들을 보호할 벽을 둘러야 한다. 보다 교육적이고 건전한 것들만 아이들 주변에 있고, 악영향을 미치는 것들은 침투해 들어오지 못하도록 단단히 벽을 쌓아 올려야 한다.

그뿐만 아니라, 특정한 영역(보건, 청소년 교육, 노동 등)에 관해 관심이 있는 사람이라면 그 영역에서 기도의 성벽을 쌓을 것이다. 또한 그 벽이 안전하게 잘 보존되고 있는지도 확인할 것이다. 느헤미야는 사람들이 각자의 개인적인 부르심을 깨닫고, 그로 인해 그들이 위치한 지리적인 특성과 흥미에 따라 그들을 배치했다.

우리도 비슷한 일을 우리의 도시에서 할 필요가 있다. 우리 모두는 동일한 것을 세우도록 불림을 받지 않았다. 그것이 도시에 색다른 종류의 교회들이 있고, 또한 한 교회 안에도 색다른 성도들이 있는 이유이다. 그러므로 우리는 그리스도의 몸의 다양성을 인정해야 한다. 어떤 교회는 보다 청소년 지향형이며, 다른 교회는 비즈니스 사회와의 연결을 추구하는 형이다. 교회들 중에는 가난하고 궁핍한 사람들에 대한 구제사역에 주로 힘쓰는 교회들도 있고, 치유사역에 집중하는 교회들도 있다. 그런데 어디에 치중하든지 간에 중요한 것은 그 영역에 대한 기도의 방패를 높이는 것이다. 만일 그들이 어떤 특정한 사역에 진정으로 열정을 가진 사람들이라면 반드시 그러한 사역을 기도로 보호하는 일에 헌신하게 될 것이다.

각자 자기의 교회에서 기도하는 것도 중요하지만, 전 도시의 기독교인들이 하나로 화합하여 연합기도회로 모이는 것도 중요하다. 나는 개인이나 개 교회가 도시를 점령하려다가 실패하는 경우를 종종 본다. 온 도시는 오직 힘을 한데로 모으는 연합으로만 정복할 수 있다. 바로 이것이 하나님께서 그렇게도 보기 원하시는 것이라고 믿는다. 자원하는 심정으로 나온 그리스도의 군사들이, 마치 많은 돌들이 모여서 큰 성곽을 이루듯, 서로 치밀하게 연결되어 큰일을 이루어내는 것 말이다. 우리는 하나님 나라를 세움에 있어서 반드시 서로 협력하고 서로 격려해주고 서로 세워주는 것을 배워야 한다.

웨일즈를 방문하면서 벌판을 가르는 돌로 쌓은 벽들을 관찰하고 있는 중에, 하나님께서는 나에게 "나는 너희들에게 멋진 시멘트를 공급하지 않겠다. 너는 이것들이 서로 어떻게 하나가 되는지 배우게 될 것이다."라고 말씀하셨다. 이는 우리가 서로 힘을 합해 벽을 쌓을 때에 우리 사이에 완충작용을 하는 쿠션 같은 것이 없다는 말이다. 하나님은 우리 사이에 아무 것도 끼어들지 않은 상태에서, 마치 돌 위에 돌들이 놓여짐으로 돌벽이 높이 쌓여지듯이, 그렇게 기도의 성벽이 쌓여 올라가기를 원하신다. 이는 기독교인들 사이에는 투명성(transparency)이 있어야 함을 암시하는 것이다. 우리는 서로 상대방에게 의존하는 관계이다. 돌로 된 성벽의 다른 특성 중 하나는 서로 잘 들어맞기만 한다면, 돌의 크기는 별반 문제가 되지 않는다는 점이다. 다양한 모양과 크기를 가진 돌들이라도 서로 맞기만 한다면 큰 성벽의 일부분이 되어 잘 어우러질 수 있다.

시편 110편 3절의 말씀이다.

왕께서 거룩한 산에서 군대를 이끌고 전쟁터로 나가시는 날에, 왕의 백성이 즐거이 헌신하고, 아침 동이 틀 때에 새벽이슬이 맺히듯이, 젊은이들이 왕께로 모여들 것이다.

하나님은 기도의 자원자들을 찾고 계신다. 하나님은 기도자들을 강제로 징용하지 않으신다. "네가 싫든 좋든 무조건 해야 한다."라고 말하지 않으신다. 하나님은 즐겨 순종하는 종의 마음을 찾고 계신다. 앞으로 나서서 "네, 주님 말씀대로 따르겠습니다. 흔쾌히 성곽을 구성하는 벽돌 중에 일부가 되기를 자원합니다."라고 말하는 사람들을 찾으신다. 함께 성벽을 지어갈 때에 필수적인 것은 조화와 협력이다. 마치 돌로 쌓은 성벽의 아래쪽에 있는 돌을 하나만 들어내도 성벽의 안정성에 문제가 발생하듯, 기도자 한 사람이 자기 자리를 지키지 못하면 눈에 띄게 드러난 구멍이 생기게 된다. 그 구멍으로 인하여 생성되는 것은 불안정성과 불확실성이다.

에스겔 22장 30절에는 "나는 그들 가운데서 한 사람이라도 이 땅을 지키려고 성벽을 쌓고, 무너진 성벽의 틈에 서서, 내가 이 땅을 멸망시키지 못하게 막는 사람이 있는 가 찾아보았으나, 나는 찾지 못하였다."라고 기록되어 있다.

종종 위의 구절은 인류의 구원이라는 문제에 관련된 것으로 해석된다. 그렇지만 전후문맥을 살펴보면 분명히 보안을 위한 성벽을 쌓는 일과 관련된 것임을 알 수 있다. 위의 말씀은 무너진 성벽의 틈을 막아설 것을 강조한다. 우리 하나님은 지리(지형)에 관심을 가지신 분이다. 하나님은 영토(territory: 지역)에 임하신다. 하나님은 땅과 그 안에 있는 모든 것을 만드신 분이다. 하나님께서는 조각하듯이 산과 강과 기타 자연경관을 손수 만드셨다. 사단도 역시 지역을 장악하는 영으로 이 땅에 임한다. 사단은 그런 원리를 어디에서 배웠을까? 그는 창조주 하나님이 하신 것을 보고 배웠다. 그러므로 우리도 그런 원리를 따라서 "이 곳은 내 지경이며 하나님께서 나에게 사수하라고 주신 지역이다. 그러므로 내가 발로 밟고 다니는 모든 지역에 있는 무너진 성벽의 틈을 막아서는 사람이 되겠다."고 결심하는 사람들이 되어야 할 것이다.

느헤미야 4장에 따르면 이스라엘에 반대하는 세력의 강도가 너무나도 거세졌기에 처리해내지 않으면 안 되는 상황이 벌어졌다. 그래서 전체 인원의 절반은 일을 하지만 나머지 절반은 무기로 무장하게 된다.

그래서 나는 백성 가운데서 얼마를 가문별로, 칼과 창과 활로 무장시켜서, 성벽 뒤 낮은 빈터에 배치하였다. 그 날부터 내가 데리고 있는 젊은이 가운데서, 반은 일을 하고 나머지 반은 창과 방패와 활과 갑옷으로 무장을 하였다. 관리들은 성벽을 쌓고 있는 유다 백성 뒤에 진을 쳤다.　　　　　　　　　　　　－느 4:13, 16

나는 위의 상황을 자연적인 무기와 영적인 무기가 동시에 작용하고 있는 것으로 해석한다. 하나님은 인간의 자연적인 능력을 사용하신다. 그렇지만 우리는 영적 차원에 대해서도 배워야 한다. 나는 오늘날 하나님께서 그 양자를 다 사용하기 원하신다고 믿는다. 하나님께서 자연적인 능력으로 하나님의 나라를 위해 최선을 다하는 사람들을 부르시기 시작하실 것이다. 하나님께서 주신 손과 발과 지력을 사용하여 하나님 나라의 일을 하게 되면, 하늘 문이 열리고 성령의 도구들이 내려지는 것도 체험하게 될 것이다. 그 성령의 도구들은 '계시'와 '예언적 통찰력'이다.

당신이 지역사회에서 일할 때에, 하나님은 당신에게 특별히 말씀하실 것이다. 그러면 당신의 예언적 통찰력이 증진된다. 하나님은 원수 마귀의 전략, 즉 성벽을 훼파(毁破)하려는 그들의 계략을 당신에게 보여주실 것이다. 특히 문을 넘어뜨리려는 원수의 책략을 보게 될 것이다. 동시에 하나님께서는 무너진 성벽을 재건할 구체적인 전략도 보여주실 것이다. 그런 예언적 통찰력이 임하게 되면, 하나님 나라를 위해 자연적인 능력을 사용하여 일하던 사람들이 중보기도자들로 변하게 된다. 중보기도자들은 도시, 거리, 지역을 위해 기도한다. 일만 하던 사람들이 기도도 하게 된다는 뜻이다.

이사야 61장 4절을 읽어보자.

그들은 오래 전에 황폐해진 곳을 쌓으며, 오랫동안 무너져 있던 곳도 세울 것이다. 황폐한 성읍들을 새로 세우며, 대대로 무너진 채로 버려져 있던 곳을 다시 세울 것이다.

누가 위와 같은 일을 하게 될 것인가? 하나님의 영을 받은 평범한 사람들이다. 이것이 바로 오늘날 우리가 우리의 도시를 영적으로 조망할 때에 개관되는 일이다. 이전에는 중보기도자가 아니었던 사람들, 특히 사업에 몰두하여 바쁘게 일만 하던 사람들이 기도의 자리로 나아오는 현상 말이다. 오늘날에는 평범한 평신도들 안에 지역사회를 사랑하는 마음과 예언적 계시의 강도가 점차 증대되고 있다.

## 2. 성문들

느헤미야가 보고를 받은 내용 중에 괄목할 만한 것은 성문이 부서졌고 소화(燒火)되었다는 점이다. 성경 전체를 통해보면 "성문"이라는 것은 권위와 통치를 상징하는 단어로 사용된 것을 알 수 있다. 일반적으로 성문에는 장로들이 앉아 있는데, 그들은 여러 사업상의 문제들에 대한 판결을 내렸다. 그리고 장로들은 성문 안과 밖에서 일어난 모든 것들을 통제했다. 문 앞에서는 법적인 통치가 이루어지고, 정의가 수립되고, 논쟁이 종식된다. 우리는 룻기에서 보아스가 기업을 잇는 일에 관한 판결을 받으려 할 때에 성문으로 올라가 성읍 장로 십 인을 청한 것을 읽어볼 수 있다 (룻 4:1-11). "성문"이라는 말은 성경에 114번 등장하는데, 주로 행정이 이루어지고 권위를 가진 사람들이 머무르는 장소로 명시되어 있다.

느헤미야 시대의 예루살렘은 극심한 공격을 받았고, 사회 전반에 걸쳐 권위가 무너져 내렸다. 원수들이 성문을 훼파했기에 성문을 중건(重建)하지 않으면 안 되는 상황이었다. 느헤미야 3장에 보면 그 당시 예루살렘에는 다른 기능을 하는 각양각색의 성문들이 있었다. 이런 성경의 이야기는 우리가 사는 현대에도 적용 가능한 이야기로 그리스도의 몸으로서 우리가 기도해야 함을 보여준다.

예컨대 "양의 문"이라는 것은 역사적으로 보면 목자들이 양 떼를 몰고 집합했던 곳인데, 느헤미야의 시대에 제사장들에 의해 복원되었다. 내가 보기에 "양의 문"이라는 것은 한 사회의 종교지도자들을 가리키는 표현인 것 같다. 그렇다면 "양의 문"은 다름 아닌 "교회의 지도자"들을 지칭한다고 볼 수 있다. 사회에는 성도들을 돌보는 목자/목사가 있어야 한다. 또한 그 목자/목사를 위해 기도하는 일에 헌신하는 평신도들도 있어야 한다. 그런 성도들은 '양의 문' 이 제대로 서 있도록 지지해주는 성벽의 역할을 감당하는 자들이다.

물고기 문에 대해서 나는 전도에 대한 병행을 본다. 우리에게는 잃은 자들을 생각하며 꾸준히 기도하는 사람들이 필요하다. "옛 문"은 대를 이어가는 권위와 지혜를 상징한다. 존경받는 정치지도자 같은 기독교인들이 우리에게는 필요하다. 그들은 외교적인 수완과 좋은 인격을 두루 겸비한 사람들이다. 우리에게는 도시의 장로들처럼 성문에 앉아서 지혜로 판단해 줄 사람들이 필요하다. 샘의 문이라는 단어는 나에게 치유라는 개념을 연상시킨다. 그곳은 인간이 만든 의술과 하나님이 베푸시는 기적이 서로 어우러지는 곳이다.

이제 당신의 도시를 살펴볼 때 성문에 무엇이 앉아있는 것이 보이는가? 하나님을 경외하는 정부인가 아니면 삶의 지혜인가? 아니면 성문은 불탔고, 사단이 당신 도시의 성문을 장악하게 되었는가? 사단은 무질서와 반역을 조장하는 영이다. 만일 성문이 부서졌다면 다시 중건하여 도시에 공의가 되살아나도록 해야 할 것이다. 우리 모두에게는 그 성문에 앉아 다스릴 하나님의 기름부음 받은 남녀 리더가 필요하다. 거룩하고 영적인 리더가 성문에 서지 않는다면, 과연 누가 그 성문에 서게 될 것 같은가? 타락하고 방탕하며 뇌물을 받고 억압과 폭력으로 다스릴 자가 나타나지 않겠는가? 우리는 사단이 떠나가고 성령의 능력이 우리 도시로 몰려들어오도록 기도해야 한다. 그러면 하나님의 나라가 권능으로 도시로 침투해 들어오는 것을 체험하게 될 것이다.

오늘날 현대사회에 있어서 지대한 영향력을 미치는 권위인 "성문"의 종류들에는 어떤 것들이 있는가? 나는 다음과 같은 것을 생각해 보았다.

- 상업과 재정을 다루는 기관들
- 법과 질서를 통제하는 기관들 - 경찰서, 교도소, 그리고 법조계
- 사회봉사 단체들과 가정
- 지역의 자치단체들과 행정구역들
- 보건기관
- 대학들 - 차세대를 교육하는 기관들
- 교육기관
- 교회
- 관광 - 서로 다른 문화권이 있는 사람들이 접촉함으로 다양성을 형성하고 서로에게 영향력을 행사함
- 매스컴과 신문잡지 - 현대에 가장 큰 영향력을 미치는 매체로 순수해지기 가장 어려운 영역
- 음악/ 예술/ 영화/ 공연
- 정치권력

위와 같은 영역에서 일하는 많은 기독교인들이 있다. 그들에게는 중보기도자들의 지원이 필요하다. 그들이 도시의 성문으로서의 기능을 제대로 발휘하려면 도시의 성벽과도 같은 중보기도자들이 그 성문들을 제대로 받쳐주어야 한다.

2000년대 초반에 노르웨이의 보건부 장관과 국무총리는 모두 기독교인이었다. 그런데 보건부 장관은 재임 시에 우리에게 전화를 걸어 다음과 같은 부탁을 했다. "우리 정부에 기도하는 사람들이 하나 둘씩 늘어나는 것을 보기 원합니다. 우리를 좀 도와주세요." 참으로 흥분케 하는 전화였다. 성문에서 활동하는 경건한 권위의 전형적인 모습이었다.

당신은 사회에서 성문들의 존재를 확인할 수 있는가? 당신의 나라에서 사회 전체에 영향력을 미치는 중심 장소는 어디인가? 나라의 어떤 특정한 장소는 그 특유의 산업으로 유명할 것이다. 예컨대, 인쇄, 통신, 무역, 레저산업 등 말이다. 혹은 당신이 거주하는 지역에 이단들이 득실거릴지도 모르겠다. 당신의 지역에 오랫동안 거주했던 분들에게 그 지역의 역사를 문의해보는 것은 정보를 얻는 좋은 방법 중에 하나가 될 것이다. 종종 지역사회나 소도시 그리고 대도시의 상황을 가장 잘 아는 사람은 길거리의 사람들이다. 그들에게 그 지역에 가장 큰 영향력을 끼치는 것들이 무엇인지, 영향력을 끼친 사람은 누구인지 물어보라. 그러한 정보를 습득했다면, 그 지역에 있는 기존의 기도자들과 함께 그 지역에서 가장 큰 영향력을 행사하는 것들에 관하여 기도하는 것이 바람직할 것이다.

일단 성문의 존재가 확인된 후에는, 하나님께 과연 그 성문에 무엇이 앉아있는지 물어보라. 예컨대 현대사회에 가장 큰 영향을 미치는 것 중에 하나는 교육시스템이다. 현대의 교육시스템의 중심에는 어떤 철학이 자리 잡고 있을까? 그것은 '인본주의' 이다. 인본주의는 현대의 교육시스템을 장악하고 있을 뿐만 아니라 교회의 성도들의 사고방식도 조종한다. 인식하지 못하는 사이에, 기독교인들은 점차 인본주의자들이 되어만 간다. 우리는 새신자들에게 친근한 교회만 되는 게 아니라 귀신들에게도 친근한 교회가 되어간다!

당신의 도시에 재정이라는 성문 앞에 앉아있는 사람들은 누구인가? 다수의 사람들이 재정으로 인해 어려움을 당하고 있다. 빚더미에 깔려 짓눌린 자들인가? 내가 이 글을 쓰는 현재, 영국의 신용카드 빚은 560억 파운드(2008년 5월 28일자에 한국 돈으로 환산하여 115조 6,117억 원-역주)에 이른다. 그러한 빚은 주택 모기지 혹은 다른 종류의 부채를 제외한 숫자이다. 순전히 플라스틱 카드빚만 그렇게 엄청나다는 말이다! 이 시대는 성경적이고 경건한 재정 관리를 새로 배워야 할 때이다. 오늘날 현대에 얼마나 많은 가정과 결혼생활이 빚으로 인해 황폐화되었는지 모른다. 그러므로 현대의 재정이 넘나드는 성문 앞에서 하나님의 법칙이 굳건히 세워지고 사단에 대항하는 영적 전쟁도 벌어져야 한다.

### 교회와 시장경제계가 손을 잡는다

도시의 문을 제대로 장악하려면 반드시 교회와 경제계가 서로를 존중하는 자세로 손을 잡아야 한다. 오랜 세월 동안 우리는 기독교 정신으로 사업하는 사람들을 존경해오지 않았다.

몇 해 전에 나는 시의 행사를 인도한 적이 있는데, 단상에서 나는 도시의 모든 리더들에게 단상 앞으로 나오라고 했다. 그 자리에서 나는 분명히 선언하기를, 큰 영향력을 끼치며 다른 이들의 삶을 책임지고 있는 사람이라면 그가 교회의 지도자이건 경제계의 지도자이건 할 것 없이 모두 하나님의 나라를 위해 쓰임을 받아야 한다고 했다. 교계의 지도자들과 더불어 사회 각계각층의 지도자들이 앞으로 나온 자리에서 나는 조금은 장난기 섞인 목소리로 다음과 같이 말했다. "500명 이상의 타인들의 삶에 책임을 지고 있는 분들만 남고 나머지 분들은 다시 제자리로 돌아가 주세요. 우리는 이 시간에 큰 영향력을 끼치는 지도자들만을 위해 기도드리고자 합니다."

그랬더니 대부분의 목회자들이나 교계의 지도자들은 다시 제자리로 돌아가 앉았고, 그들보다 10년 내지는 20년 젊어 보이는 사업가들만이 단상에 남게 되었다. 나는 그들 사이를 오가면서 나이를 물어보았는데, 그 중에서 가장 어린 사람은 29세의 여성 사업가였다. 그녀는 미혼이었으나 벌써 대기업에서 넓은 지역을 관할하는 중직에 있었다. 얼마나 많은 사람들이 그녀의 지휘 하에 있는지 정확하지는 않지만 대략 한 1,000명 정도 된다고 했다.

물론 나의 행동이 좀 무례하게 보일지 몰라도, 그 당시 모인 사람들에게 설명해주기 원했던 것은 "리더"라는 단어를 영적인 영역에만 한정시킬 필요가 없다는 것이었다. 사회의 각계각층에서 일하면서 엄청난 영향력을 행사하는 모든 기독교인들이 다 "리더"가 아닌가? "리더"라는 단어의 정의가 "남을 인도하는 사람"이라면 우리 사회 안에는 수많은 그리스도인 지도자들이 있다고 할 수 있다. 그런 숨겨진 리더들의 숫자는 수십만에서 수백만까지 이를지도 모른다. 그들은 엄청난 리더십의 기술을 가진 사람들로서 주로 시장(marketplace: 경제계, 상업계)에 많이 배치되어 있다. 그러나 문제는 교회가 그러한 보물을 잘 캐내어 사용하지 못하고 있다는 점이다.

예를 하나 들자면, 나에게는 런던의 은행가에서 일하는 친구가 있는데, 그녀는 재정부와 은행을 연결시키는 고리역할을 맡는 고관이다. 그녀는 과중한 업무로 인하여 주일 아침에 교회에 출석 못하는 경우도 있다. 그래서 그녀가 출석하는 지역교회에서 그녀는 헌신하지 않는 평신도로 알려져 있다. 그렇지만 그녀를 잘 아는 사람들은 그녀의 신앙심에 대하여 조금도 의심하지 않는다. 그녀는 다른 사람보다 한 시간 일찍 직장으로 출근한다. 그리고 수하에 있는 모든 부하직원의 책상을 돌아다니며 그들을 위해 기도한다. 그녀는 지난 5년간 그렇게 해오고 있다. 교회의 지도자들에 따르면 그녀는 "리더십"을 발휘하는 사람이 아니다. 그렇지만 그녀와 함께 사무실에서 일하는 모든 이들은 그녀를 걸출한 영적 리더로 인정하고 있다.

이제 그녀는 승진해서 요즈음은 해외출장이 잦다. 한 주는 미국의 뉴욕에서, 다음 주는 일본의 도쿄에서, 그리고 그 다음 주는 독일의 프랑크푸르트에서, 그리고 마지막 주일은 런던에서 근무한다. 그런 종류의 직업을 가진 사람은 주일날 일정한 교회에 참석하기가 불가능하다. 사회에 큰 영향력을 끼치는 자리에 많은 기독교인들이 배치되어 제대로 된 리더십을 발휘하기 바란다면, 반드시 '교계의 지도자'와 '중보기도자'와 '사회의 지도자'들 사이에 모종의 협력이 필요하다. 예컨대 기독교인이 국무총리가 된다면 한 번도 빠지지 않고 주일날 지역교회에 착실하게 출석할 가능성은 적다. 우리의 태도는 바뀌어야 한다.

중보기도하는 당신이 거주하는 도시의 성문에 앉아 있는 리더들과 연결이 되도록 기도해보라. 하나님은 어쩌면 고레스처럼 하나님을 믿지 않는 리더와 당신을 연결시키실지도 모른다. 그러면 놀랍게도 그들이 기독교를 축복하고 교회를 도와줄 것이다. 그들과 친분관계를 유지하고, 그들이 지도력을 마음껏 발휘하도록 기도로 돕는 역할을 감당해보라. 성문을 튼튼히 세워주는 성벽의 역할을 감당해 보자는 말이다. 종종 우리는 협력하기보다는 갈등관계에 빠진다. 때로는 그런 갈등이 성별(gender)의 문제에 기인한 경우도 있다. 대부분의 중보기도자들은 여성들이고 사회의 지도자들은 남성들이다. 정확하게 표현하자면, 남성 주도의 강직한 리더십은 여성 주도의 예언/계시의 부드러운 리더십을 무시하는 경향이 있다. 진정한 예언적 은사를 받은 여인들은 마치 "이세벨"의 영을 받아서 남자들을 떡 주무르듯 조종하는 자들로 오해받기 일쑤이다. 그런 오해가 시작되는 순간부터, 남성 리더들은 자기 방어벽을 높인다. 그렇게 되면 중보기도를 통해 영적 전략의 예언을 받은 사람들은 그러한 신비를 사회의 지도자급 인사들과 나누지 않게 된다. 왜냐하면 들어보지도 않을 것이라는 선입견이 들기 때문이다. 그러다가 초자연적 권위와 교묘히 조정하는 비법을 획득한 사회의 리더들을 손상시키는 여인이 나타나면, 갈등은 더욱 심화되어 버린다.

사실 기독교 지도자들은 중보기도자들 때문에 위압감을 느끼기도 한다. 그래서 "우리가 교계의 지도자들이고, 우리가 책임을 지고 있는 사람들인데."라고 생각하며 예언적 계시들에 대하여 경계의 자세를 취한다. 그러나 너무 지나치게 경계하다 보면, 성령의 음성은 듣지 않고 오직 교권에만 의존하게 되는 경우가 발생한다. 위원회라든지 프로그램이라든지 하는 것들은 모두 좋은 것이지만, 하나님 나라의 일을 계획하고 실행하는 일은 오직 "행정"에만 의존하여 이룩될 수 없다.

원수 마귀의 책략이 여기에 있다. 이는 중보기도자들과 교회의 지도자들을 이간질시켜 그들을 분리시키려는 전략이다. 예컨대 한 도시에서 기독교 지도자들은 자기들끼리 한 자리에 모이고, 중보기도자들 또한 자기들끼리 따로 한자리에 모이는 일이 벌어지고 있다. 이 두 그룹의 무리들은 서로 만나 함께 협력하며 일하지 않는다. 그 결과 복음전파는 효과나 능력 면에서 크게 저하된다. 성벽이 없는 성문은, 받쳐주는 것이 없기에, 힘없이 쓰러지게 될 것이다. 성문이 없는 성벽의 경우는, 성 안으로 들어오는 것을 통제할 길이 없기에, 성 안에 있는 사람들이 모두 미쳐 날뛰어도 제재할 길이 없게 된다.

이제 이 시대에 하나님은 중보기도자들과 교회의 지도자들 사이에 존재하는 그 의심의 벽이 허물어지고, 어깨에 어깨를 맞대고 서로 지원해주면서 협력하는 모습을 보기 원하신다. 성문은 예언적 계시를 상징하는 성벽을 신뢰하고, 성벽은 성문을 존중하게 되는 날이 도래하면 도시는 안전하게 보호되어 형통의 길로 나아가게 될 것이다.

### 문들(지도자들)과 벽들(중보기도자들)의 관계

하나님의 계시와 도시의 행정이 함께 일하는 것을 보기 전까지는 하나님의 나라를 위하여 도시를 효과적으로 공략할 수 없다. 바로 그것이 하나님께서 점차로 목회자들과 중보기도자들을 연합시키는 이유이다. 지금은 교회의 지도자들과 기도의 용사들이 연합전선을 펴는 새 날이다. 성경을 보면 중보기도자와 리더가 서로 연합했던 기록들이 나오는데, 아래의 것들을 살펴보면 이해에 도움이 될 것이다.

▶ 모세, 아론, 그리고 훌

출애굽기 17장에 보면 모든 것들이 합력하여 선을 이루는 아름다운 장면이 나온다. 그 배경을 보면 르비딤에 진을 친 이스라엘 백성을 아말렉 사람들이 공격하는 장면이다. 그에 대응하여 여호수아는 이스라엘의 군대를 이끌고 전장으로 나아가고, 모세와 아론과 훌은 언덕 위로 올라가 전쟁터를 내려다보며 중보의 기도를 드린다.

모세가 올라간 그 산은 하나님과의 친밀함을 상징한다. 당신의 교회에서 얼마나 많은 경우에 교회의 핵심 리더들이 수양회로 모일 때에 중보기도팀을 초청하는가? 위의 성경구절을 보면 중보기도자들과 리더들이 함께 일하고 있다. 산꼭대기에서 대제사장이며 중보기도자인 아론이 그룹의 리더인 모세와 함께 동역하고 있다.

원수인 아말렉인들이 이스라엘의 계곡(평지)까지 쳐들어왔기에 이스라엘 백성들은 곤란을 당했다. 성경에서 계곡은 항상 일상생활을 상징한다. 일상의 삶을 살다보면 온갖 도전에 직면한다. 여호수아는 원수인 아말렉과 평지(계곡)에서 싸우느라 바빴다. 모세는 적들이 와서 이스라엘을 멸망시키려 한다는 것을 알았고, 또한 이스라엘 백성들이 원수에게 압도당하고 있다는 사실도 알았다. 그렇지만 모세는 영적 돌파가 일어나는 전략도 알고 있었다. 모세는 자신에게 부여된 행정적이고 정치적인 권위만으로는 부족하다는 것을 알았기에, 중보기도자들을 대동하고 산꼭대기로 올라갔던 것이다.

여호수아는 모세가 그에게 말한 대로 아말렉과 싸우러 나가고, 모세와 아론과 훌은 언덕 위로 올라갔다. 모세가 그의 팔을 들면, 이스라엘이 더욱 우세하고, 그가 팔을 내리면, 아말렉이 더욱 우세하였다. 모세가 피곤하여 팔을 들고 있을 수 없게 되니, 아론과 훌이 돌을 가져 와서 모세를 앉게 하고, 그들이 각각 그 양쪽에 서서 그의 팔을 붙들어 올렸다. 해가 질 때까지 그가 팔을 내리지 않았다. 이렇게 해서 여호수아는 아말렉과 그 백성을 칼로 무찔렀다.

-출 17:10-13

앞서 17장 9절에서 모세는 "내일 내가 하나님의 지팡이를 손에 들고 산꼭대기에 서 있겠다."라고 말했다. 모세는 하나님이 주신 임무를 손에 들고 있었다. 그의 손에 주어졌던 지팡이는 하나님의 권위를 상징한다. 그것은 하나님께서 그를 불렀다는 것을 의미한다. 아론과 훌은 모세 곁에 서서 그의 팔을 들어 올려 주었다. 그러나 팔을 붙들어 올렸을 뿐, 지팡이를 붙든 것은 아니라는 점에 유의하기 바란다. 좋은 중보기도자라면 지도자의 고유한 권위를 가로채지 않을 것이다. 그들은 지도자의 손을 붙들어 주고 지지해 주는 역할만 감당한다. 그럼에도 불구하고 종종 중보기도자들이 지도자의 막대기를 취하려 하기도 한다. 왜냐하면 무슨 일을 어떻게 진행시켜야 하는지 자신이 더 잘 안다고 생각하기 때문이다. 그러나 아니다. 우리가 해야 할 일은 리더의 손을 들어주는 것이다. 아론과 훌이 모세로 앉게 했다는 부분을 주의해서 관찰해 보라. 그들은 모세가 권위 안에서 쉬도록 허락했다.

아론과 훌이 모세의 팔을 붙들러 올리고 있는 동안에는 전쟁에서 계속 승리를 거두었다. 나는 그 모습이 도시를 섬기며 성문(지도자)을 붙들고 있는 성벽(중보기도자)의 전형적인 모습이라고 생각한다. 오늘날 많은 사업가들이 악전고투하며 힘들어 하고 있다. 그들은 지쳐있는 상태이다. 그들은 중보기도자에게 재정적인 지원을 기대하고 있지 않다. 그들은 우리가 그들의 지친 팔을 들어주기만을 바란다. 그들이 교회에게 바라는 것은 교회가 그들의 사업을 대신 해주는 게 아니다. 우리는 아론과 훌의 모델을 통해 배워야 한다.

▶ 에스더와 모르드개

우리는 비슷한 이야기를 에스더서에서 발견하는데, 특히 에스더와 모르드개가 연합전선을 펴는 장면이 주위를 끈다. 에스더는 통찰력을 지녔고 특별한 계시까지 받는다. 그럼에도 불구하고 그녀는 모르드개의 지시를 따르지만 에스더는 자신이 받은 계시를 모르드개와 나누기도 한다. 에스더는 쉬지 않고 모르드개의 조언을 듣고, 모르드개는 연속으로 에스더에게 지혜를 공급한다. 에스더가 하나님이 정하신 운명에 도달하여 결국 그녀의 인생의 목적이 이루어지기까지 말이다.

모든 중보기도자이 기억해야 할 것은, 교회의 리더들로 당신들을 지도하게 하라. 그들의 지도를 받아들이고, 그들에게 지혜와 전략을 구하라. 만일 그들이 "너무 밀어붙이지 마세요. 신중하게 처신하면서, 기다리세요."라고 말하면 그대로 따르기 바란다. 절대로 부정적으로 대꾸하지 마라. 그들은 당신을 조종할 목적으로 그렇게 말하는 것이 아니라, 보호하기 위해 그렇게 말하는 것이기 때문이다. 모르드개와 에스더가 파트너로 함께 일했을 때, 모르드개는 때때로 에스더의 말에 순종했다. 그렇지만 반대로 에스더가 지시를 받고 모르드개가 시키는 대로 한 적도 있다. 그러므로 그들 관계의 배후에는 상호신뢰와 상호존중이라는 게 있었다.

그 결과 둘 다 인생이 성취되는 것을 경험하였다. 우리는 종종 에스더가 왕비가 된 것만을 생각한다. 그러나 모르드개의 직위도 상승하였다. 모르드개는 아하수에로 왕 다음으로 존귀한 자가 되었다고 기록되어 있다.

교회의 리더로서 우리는 예언적인 파트너십이 필요하다. 중보기도자로부터 어떤 조언이나 지시를 받는다는 것은 리더십이 부족하다는 증거가 아니다. 또한 이는 중보기도자들이 교회의 리더들로부터 지혜의 말씀으로 제재를 당하는 것이 절대로 지도자들에 의해 조종당하는 것을 의미하지 않는 것과 마찬가지이다.

### ▶ 바울과 루디아

사도행전 16장 14-15절에 보면 바울을 도왔던 루디아라는 여자가 나온다.

> 그들 가운데 루디아라는 여자가 있었는데, 그는 자색 옷감 장수로서, 두아디라 출신이요, 하나님을 공경하는 사람이었다. 주께서 그의 마음을 여시었으므로, 그는 바울의 말을 귀담아 들었다. 그가 집안 식구와 함께 세례를 받고 나서 "나를 주의 성도로 여기시면, 우리 집에 오셔서 머물러 주십시오"하고 간청하였다. 그리고 우리를 강권해서, 자기 집으로 데리고 갔다.

여기에서 우리는 약간 색다른 인간관계를 엿본다. 사도적 지도자인 바울은 기독교의 도를 가르치려고 한 도시로 들어갔는데, 중보기도자인 루디아가 "우리 집으로 오세요. 당신을 환영합니다."라고 말했다.

사도적인 은사가 한 도시로 몰려들어올 때에 중보기도자의 외침에는 항상 환영의 뜻이 포함되어 있음을 본다. "오셔서 우리와 함께 머물러 주소서." 중보기도자들은 지도자들에게 우려를 끼치는 골칫덩어리들이 아니라 지도자들이 진실로 믿고 신뢰할 만한 사람들이 되어야 한다.

### 3. 망대

성벽을 중건하고 성문을 보수하는 일이 최우선의 과제라 사려되지만, 느헤미야 3장에 보면 세 번째 구조물이 언급되어 있는 것을 볼 수 있다. 그것은 망대이다. 망대는 도시의 파수꾼이 배치된 곳으로, 다가오는 위험을 감지하기 위해 높은 위치에서 망을 보는 곳이다. 바로 그 높은 곳이라는 유리한 위치로부터 성벽의 널찍한 꼭대기를 두루 돌아다니며, 파수꾼은 도시의 안팎을 자세히 살펴볼 수 있다. 이사야 62장 6절에는 이렇게 기록되어 있다.

> 예루살렘아, 내가 너의 성벽 위에 파수꾼들을 세웠다. 그들은 밤이나 낮이나 늘 잠잠하지 않을 것이다. 주께서 하신 약속을 늘 주께 상기시켜 드려야 할 너희는 가만히 있어서는 안 된다. 늘 상기시켜 드려야 한다.

오늘날로 말하자면, "망대"는 교회에서 파수꾼의 기름부음을 받은 '기도의 사람들'을 의미한다. 전략적이고 예언적인 기름부으심을 받은 기도의 용사들은 그리스도의 몸에 닥치는 위험이나 결핍을 미리 알리는 역할을 담당한다. 우리가 성벽을 재건하면 하나님은 그 꼭대기에 설 파수꾼을 보내주실 것이다. 신디 제이콥스 같은 사람이 바로 그런 기름부으심을 받은 사람의 전형이다. 그녀는 처음에는 성벽과 같은 기도자였는데, 지금은 성벽 위에 우뚝 서서 열방을 지키는 파수꾼이 되었다.

바로 이것이 평범한 사람들로 구성된 기도부대로 도시를 에워싸는 것이 급선무인 이유이다. 그 기도부대라는 성벽이 없으면 파수꾼은 올라설 자리가 없다. 그 자리로 올라서지 않으면 적군의 동태를 살필 수 없다. 일단 성벽 위로 올라가면 조망이 완전히 달라진다. 더욱 폭넓게 보인다. 누군가 유리한 위치에서 관찰하고 있으면 적군은 쉽사리 이동하지 못한다. 지상에서 보는 것과는 판이하게 다르다. 교회는 이렇게 성령의 인도와 경고를 알려주는 예언사역을 개발시킬 필요가 있다.

## 도시는 하나님의 것이다!

이 시대에 기도방패나 기도그물이 화제에 많이 오르내린다. 왜냐하면 하나님께서는 이 시대에 예언적 은사가 효과적으로 활용되는 전략을 공급하기 원하시기 때문이다. 그러한 예언적 은사는 특히 지도자들을 보호하기 위하여 주어진다. 우리의 도시는 하나님께 속해 있다. 하나님은 교회의 성도들에게 지역에 관한 새로운 태도를 심어주기 원하신다. 지역사회에 대한 우리의 책임성을 일깨우기 원하신다. 잘 알려진 역대하 7장 14절의 말씀을 새롭게 들어보자.

"내 이름으로 일컫는 나의 백성이 스스로 겸손해져서, 기도하며 나를 찾고 악한 길에서 떠나면, 내가 하늘에서 듣고 그 죄를 용서하여주며, 그 땅을 다시 번영시켜 주겠다."

하나님은 여전히 우리에게 겸비한 마음자세를 가지고 하나님의 얼굴을 찾으며 기도하기를 바라신다. 중보기도자는 오직 한 곳만 바라보고, 헌신하며, 집중해야 한다. 그래야만 세미한 성령님의 움직임을 감지할 수 있고 하나님의 음성을 들을 수 있다. 이것이 성령을 구함이다. 이는 하나님으로부터 눈을 떼지 않는 것이다.

그러나 우리는 반드시 악한 일로부터는 눈을 돌려야 한다. 그러나 슬프게도, 세상의 것들이 너무 많이 교회 안으로 이미 들어와 있다. 어느 날 아침 하나님은 나를 깨우셔서 교회에 대한 경고에 대해 말씀하셨다. "이제 교회에서 험담과 질투를 더 이상 허용할 수 없다. 지금까지 그것으로 인해 교회가 무너진 것으로 족하다." 그러나 우리가 악을 버리고 떠나면, 하나님께서 받아주시리라 약속해주셨다. 하나님은 우리의 죄를 용서해주시고 우리의 땅을 고쳐주겠다는 약속도 해주셨다. 사회악이 땅을 황폐케 한다. 그러면 그 지역은 죄의 추악함으로 오염되어 고통스러운 신음소리를 내게 되어 있다.

종종 사람들은 내가 너무 심한 말을 하는 것이 아니냐고 반문하기도 한다. 그러나 레위기 18장 1-23절을 읽어보기 바란다. 그리고 그 고대의 말씀을 현대의 상황과 비교해서 관찰해 보라. 아마도 이 구절은 어린 아이들에게는 적합치 않은 말씀일는지도 모른다. 왜냐하면 온갖 성적 범죄에 대한 적나라한 묘사가 포함되어 있기 때문이다. 이는 근친상간으로부터 시작하여 동물과 성교하는 일까지 망라한다. 성경은 늘 솔직하게 표현하며, 성경은 늘 현대인에게도 적용 가능하다. 21세기에도 상당한 의미를 지니는 말씀이라는 말이다. 레위기 18장 24-27절을 읽어보자.

"위에서 말한 것 가운데 어느 하나라도 저지르면, 이것은 너희가 스스로를 더럽히는 일이니, 그런 일이 없도록 하여라. 내가 너희 앞에서 쫓아낼 민족들이, 바로 그런 짓들을 하다가 스스로 자신을 더럽혔다. 따라서 그들이 사는 땅까지 더럽게 되었다. 그러므로 나는 그 악한 땅을 벌하였고, 그 땅은 그 거주자들을 토해 내게 되었다. 너희는 모두 내가 세운 규례와 내가 명한 법도를 잘 지켜서, 온갖 역겨운 짓 가운데, 어느 하나라도 범하지 않도록 하여라. 본토 사람이나 너희와 함께 사는 외국 사람이나 다 마찬가지이다. 너희보다 앞서 그 땅에서 살던 사람들은, 이 역겨운 모든 짓을 하여, 그 땅을 더럽히고 말았다."

성경에 따르면 역겨운 짓으로 땅을 더럽히면 땅이 그 거민을 토해낸다고 한다. 혹시 당신은 당신이 거주하는 지역이 영적으로 척박한 땅이라는 걸 느껴본 적이 있는가? 무엇을 해도 이상하게 안 되는 것을 경험하고 있지는 않은가? 그렇다면 그 땅은 병든 땅이고 치유가 필요한 땅이다. 바로 이것이 하나님께서 기독교인들로 하여금 도시를 영적으로 탈환하게 하려는 이유이다. 우리는 도시에 대한 비전을 가져야 한다. 하나님은 나를 붙잡으시고 런던이라는 도시를 향한 비전에 사로잡히게 하셨다. 하나님은 당신에게도 동일한 것을 원하신다. 하나님은 당신이 거주하는 도시를 돌아다니며 그 도시의 참혹한 실상을 보기 원하시며, 원수 마귀의 책동으로 도시가 얼마나 망가졌는지 보기 원하신다. 당신은 하나님이 일으키신 기도부대의 일원이다. 당신은 공동체를 재건하기 위한 하나님의 대안이다. 당신은 하나님의 영광을 도시로 배달하는 사람이 될 것이다. 도시와 나라를 영적으로 변화시키는 일에 하나님은 당신처럼 평범한 사람으로 구성된 기도부대를 대대적으로 사용하실 것이다.

♤ ♤ ♤

그렇다면 이제 잠시 시간을 내어 기도하자. 하나님은 당신의 삶에 기도에로의 새로운 열정이 샘솟아나기를 원하신다. 하나님은 당신이 영적으로 분발하기 원하신다. 하나님은 당신을 기도의 기쁨을 누리는 세계로 기름부으시기 원하며, 하늘에 상달되는 초자연적 커뮤니케이션으로 세상을 변화시키는 그런 인물이 되기 원하신다. 하나님이 당신을 부르셨기에, 하나님의 기도부대의 훌륭한 일원이 되도록 인도해주실 것이다.

귀하신 예수님의 이름으로, 하나님의 영이 당신을 만지시고 기도의 삶에 능력에 능력을 더하시기를 기도합니다. 아버지, 이제 기도의 여행을 떠나는 분들이 채비를 잘 챙기게 도와주시고, 그 기도의 자리들마다 기쁨과 즐거움이 차고 넘치게 축복하여 주시옵소서.

이제 하나님께서 당신의 인생을 만져주실 때에, 하나님께서 당신을 부르신 그 부르심의 목적이 성취되기에 충분한 능력과 용기가 하늘로부터 부어질 것을 나는 확신한다. 하나님께서 당신을 새로운 부르짖음으로 일깨우시고, 당신 안에 사람들을 향한 긍휼(矜恤)의 마음을 심어주시기 원한다. 이제 당신을 통하여 유다의 사자가 일어나 적들의 권세를 분쇄하는 역사를 나는 바라본다.

오소서, 귀하신 예수님, 우리의 귀를 열어 주사 이웃들의 울부짖는 소리를 듣게 하시고, 우리의 눈을 열어 주사 다가올 부흥과 추수를 미리 보게 하소서. 주여, 우리로 주님의 임재를 가져오는 자 되게 하시고, 그로 말미암아 도시에 큰 영향력을 행사하는 자들 되게 하소서. 주님, 내가 여기 있사오니, 나를 써주소서. 예수님의 이름으로 기도하옵나이다. 아멘.

하나님께서 당신을 축복하시기 원한다. 이 책의 독자로서 나와 함께 지금까지 기도의 여행에 동참해 주신 당신께 감사드린다. 평범한 사람들의 기도부대에 가담해 주셔서 나와 함께 놀라운 하나님의 일을 이루는 기도의 파트너가 되어주심에 다시 한 번 감사드린다. 이제 당신과 나는 함께 하나님의 나라가 도시에 임하고, 하나님의 뜻이 많은 도시에서 이루어지는 것을 보게 될 것이다. 그러면 우리는 참으로 함께 천국의 즐거움에 참여하는 자들이 될 것이다! 자, 이제부터는 당신 자신이 많은 이들을 인도할 차례이다.

# 동일시된 회개
## Identificational Repentance

**동일시의 의미**

"동일시된 회개"(IR)라는 말은 존 도우슨의 『미국의 상처치유』(1994) 라는 책에서 처음 사용되었는데 다음과 같이 정의되었다.

기도의 한 형식인 동일시는 하나님 앞에 자신의 나라와 사람들, 교회 또는 가족의 죄를 고백하는 것이다.

**IR(동일시된 회개)의 역사**

구약성경에서 IR의 의미를 명확하게 할 수 있는데 이 책의 마지막 장에서 모세와 느헤미야와 같은 리더들의 실제적인 예를 보았다. 그 개념이 최근에 신디 제이콥스와 같은 기도 리더들을 통해 라틴 아메리카에 있는 교회에서 새롭게 정의되었다. 그러나 교회 안에서 IR은 새로운 것이 아니다. 공동의 죄의 고백은 개인적인 것과는 별개로 IR의 의미를 잘 결정해 준다. 다음에 나오는 기도는 '공동기도의 책' (1559, 에리자베스 기도 책)에 기록된 내용이다.

주님은 우리의 죄악이나 우리 조상의 죄악을 기억하지 않으십니다. 좋으신 주님은 우리와 그 사람들을 용서하십니다. 주님은 우리에게 자비를 베푸십니다.

1789년, 미국에 있는 감리교회의 기도는 공동기도의 책에 기록되었고 또한 공동체의 고백이라는 주제도 포함되어 있다. 시편 106편 6절과 같은 아침과 저녁에 회중 기도에 사용되었던 시편들이 명시되어 있다.

우리는 우리의 조상들과 같이 죄를 지었다. 우리는 잘못을 행했고 악을 행했다.

1953년 그의 책 영국국교회의 공적인 예배에서 SCM 프레스, 골인 던롭, 딘, 링컨에 의해서 공적인 동일시와 자백의 자연스러움을 다음과 같이 명시했다.

우리는 교회의 구성원으로서 우리의 죄를 고백해야 한다. 우리는 나의 개인적인 죄만 고백해서는 안 된다. 우리의 모든 죄를 겟세마네 동산으로 가지고 가서 짓밟아야 한다.

복음적인 크리스천 리더의 필요성과 중요함을 우리는 계속해서 느끼고 있다.

### 질문과 대답

▶ 동일시된 회개는 우리에게 개인의 죄뿐만 아니라 우리의 가족과 교회, 나라 등의 죄를 고백하도록 하는 불필요한 책임은 아닌가?

성경구절은 이렇게 지적한다. 죄를 고백할 때 우리의 죄의 목록을 가지고 힘겹게 나아갈 필요가 없다고 말한다. 그것이 개인적인 것이든 공동체적인 것이든 성령의 가르침에 따라 순종함으로 반응해야 할 뿐이다. 많은 성경구절 중 시편 139편 23-24절은 "나를 찾으십시오. 오, 하나님…"이라고 기록함으로 성령님께서 우리를 찾으셔서 우리의 죄를 보여주심을 알려준다. 유사하게 요한일서 1장 7-9절은 빛 안에서 하나님과 함께 걸으라고 권고한다. 그러면 죄를 고백하는 과정을 지나게 되고 정결하게 되어질 것이라고 말한다. 이것은 개인적으로나 공동체적인 실재에서나 진리가 될 것이다. 과거의 죄를 고백하는 것은 성령님께서 우리에게 보여주시는 것이지 짐을 더하는 것이 아니다. 종종 우리는 하나님께서 우리에게 주시는 것이 아닌 우리의 죄와 정죄 가운데서 스스로 짐을 진다.

▶ 죽은 사람을 위한 기도와 동일시된 회개(IR)는 그들의 죄가 용서함 받도록 책임진다는 면에서 같지 않은가?

IR은 지난 세대의 죄를 사하게 할 수는 없다. 그러나 이것은 하나님의 은혜로 인해 현재 우리에게 상처를 입힌 과거의 죄의 결과로부터 우리를 자유롭게 한다. 과거의 죄에 대한 예레미야의 고백(렘 3:25; 14:7,20)은 과거의 죄로 인해 사로잡힌 바룩과 관련이 있다(렘 40:1-6, 45:2-5). 신명기 21장 7-9절에서 이스라엘 장로들은 그들의 영토에서 과거 살인자들과 공범이었던 자들을 용서하고 희생의 의미인 하나님의 용서를 구함으로 무죄한 자의 피를 흘린 죄로부터 자유로워질 수 있었다.

사무엘하 21장은 IR의 고전적인 구절이다. 하나님은 다윗에게 3년의 기근 외에는 어떤 기근도 보여주지 않으셨다. 오히려 사울의 행동의 결과는 그가 기브온과 피의 언약을 깬 세대에 나타난다. 저주가 그 땅 가운데 임했고 오직 다윗의 IR만이 그 저주를 깰 수 있었으며 하나님께서 이스라엘을 축복하시도록 그분의 마음을 돌릴 수 있었다.

IR은 하나님의 은혜의 또 다른 단계로 다가갈 수 있다는 의미를 가진다. 그로 인해 믿지 않는 자들이 그들의 죄로부터 좀 더 자유로워져 회개하며 그리스도께 나아오도록 할 수 있다. 예수님은 그를 박해하는 자들을 위해 십자가에서 기도하셨다. 모세, 에스라, 느헤미야 역시 사람들이 과거의 죄로부터 용서함을 받도록 기도했다.

▶ **IR은 정말 성경적인가? 신약성경은 구약성경의 공동체와 세대, 나라 그리고 개인의 회개의 모델을 따르라고 우리에게 말하고 있는가?**

우선, 초대교회에서 성경은 오직 구약성경뿐이었다. 그래서 모든 고백과 회개의 개념은 구약성경에서 가져왔다. 바울은 "모든 성경은 교훈과 책망과 바르게 함과 의로 교육하기에 유익"(딤후 3:16)하다고 기록했다. 야고보서 5장 6절과 요한일서 1장 9절은 구약성경의 고백과 회개의 모델을 인용하여 기록했다.

하나님의 거룩함은 죄에 대해 삼대까지 심판하시지만(출 20:5; 34:7) 그분의 자비는 지금 세대를 포함한 천대를 향한 긍휼함을 보여준다. 에스겔 18장 20절과 예레미야 31장 29-30절의 하나님의 도전은 과거의 죄의 패턴으로 둘러싸인 모든 것을 깨뜨림으로 하나님께서 그들을 축복하실 수 있게 된다. 영적 학대는 세대적인 죄로 인해 생긴 결과로(호 4:12-13) 출애굽기 20장 5절과 신명기 5장 9절에 소개되었다. 다음 세대는 사단의 영적 학대로 인해 포로가 되었고 사단은 과거의 죄 때문에 그들 주변을 장악하고 있다. 우리가 고백하고 회개할 때 이러한 학대들은 떠나간다.

레위기 26장 38-40절의 성경적 관점은 개인적인 죄의 고백만을 의미하는 것이 아니라 부모와 나라의 죄까지도 포함한다. 느헤미야 1장 6-9절은 고백과 하나님께 돌아가는 것을 분리할 수 없음에 대한 성경적 이해를 보여준다. 우리는 이것을 예레미야 3:25, 시편 106:6, 다니엘 9:7,20, 에스라 9:6-14, 느헤미야 9:2에서도 볼 수 있다.

예수님, 바울, 그리고 베드로는 구약성경의 모델이 여전히 존재하고 있음을 가정한다(마 23:32-35). 데살로니가전서 2장 16절과 베드로전서 1장 18-19절은 예수님의 보혈이 우리 조상의 죄의 패턴에서 우리를 구원한다고 설명한다.

▶ 에스겔 18장 20절과 예레미야 31장 29-30절은 우리 부모와 조상들의 죄가 더 이상 우리에게 전가되지 않는다는 것을 가르치고 있지 않습니까?

출애굽기 34장 5-7절에 기록된 근본적인 계약의 중요성은 하나님의 거룩한 성품은 조상들의 반복적인 죄와 관계가 있다. 간단히 말하면 어린 아이들은 아버지의 죄에 영향을 받을 수 있지만 그것 때문에 벌을 받지는 않는다.

▶ **왜 우리는 우리가 짓지 않은 가계와 나라의 과거 죄에 대해 책임을 져야 합니까?**

우리는 믿는 자들의 제사장이기 때문에 어떤 죄의 뿌리와 동일시해야 하고 하나님께 이것을 가지고 오는 법을 배움으로 다른 사람들을 자유하게 해야 한다. 다니엘, 에스라, 예레미야의 기도가 이러했다. 다니엘 9, 10장은 IR이 사단이 지배하고 있는 세력을 깨뜨리고 사단의 견고한 진을 치는 것을 보여준다.

▶ **성경은 우리가 오직 우리 자신의 개인적인 죄를 위해 구할 때 용서 받게 된다고 가르치고 있지 않습니까?**

아니다. 모세가 이스라엘의 모든 사람을 위해 용서를 구했던 것이 성경에 기록되어 있기 때문이다(출 32:9-14; 34:8-9; 느 14:13-20). 사무엘은 이스라엘을 위해 정기적으로 기도하지 않는 것을 죄라고 말했다(삼하 12:23). 에스겔 22장 29-30절은 중보의 종류를 내포한다. 하나님은 다른 사람의 죄를 위해 갈라진 틈에 설 사람을 찾고 계신다. 출애굽기 8-10장에서 모세는 애굽의 죄를 위해 중보자로 선다. 모세, 에스라, 느헤미야와 십자가 위에서의 예수님은 우리에게 우리가 다른 사람의 죄를 용서해 주시기를 구할 때, 회개와 믿음을 통해 그들이 주님을 찾을 수 있도록 열어주는 놀라운 능력을 풀어주심을 보여준다.

▶ 구약성경의 세대와 나라의 죄를 자백하는 것은 신약성경에서는 제외되지 않습니까? 우리가 우리의 죄를 예수님의 보혈로 덮으면, 우리는 과거의 죄를 자백할 필요가 없습니까?

마태복음 23장 32-35절, 데살로니가전서 2장 16절, 베드로전서 1장 18절은 모두 구약성경에 나타난 조상의 죄에 대한 신약성경의 이해를 보여준다. 공동의 죄의 자백을 신약성경의 범주에서 여전히 정통성을 지닌다. 신약성경의 구절들은 구약성경의 개인적인, 공적인 죄의 자백에 상반되지 않는다.

요한일서 1장 9절과 야고보서 5장 16절에 사용된 "너의 죄를 자백하면"과 신약성경의 구절들은 개인적인, 공적인 죄의 자백에 대해 명확히 가르쳐 주고 있다.

부록 B

# 전 세계적인 기도운동
## Global Prayer Movements

전 세계 가운데 성령님께서 기도에 대한 새로운 열정으로 기도자들의 마음에 불을 붙이고 계신다. 이 기도의 시작은 놀라운 결과들을 가져오고 있다. 나는 여러분에게 용기를 주기 위해 몇 가지를 선택해 조명하기 원한다. 우리는 이것들로부터 배울 수 있다.

### 24-7 기도

피테 그레임에 의해 시작된 24-7 기도운동은 전 세계적으로 성장하고 있다. 1999년 영국의 젊은이들의 엎드림으로부터 이 모임은 시작되었다. 그들은 기도할 때 "나쁜 것"이 존재하는 것에 지쳐 하루 24시간 한 주 내내 쉬지 않고 기도하기로 결정했다. 한 사람이 그 다음 사람에게 바톤을 넘겨줌으로 매일 24시간을 기도로 채울 수 있게 되었다. 그들은 한 주간 한 번도 쉬지 않았다. 그 주는 한 달 동안 계속되었고, 지금까지 계속되고 있다. 그들이 기도하기 시작했을 때 천사의 소리를 들었고 매우 많은 기도의 응답들과 구원받지 못했던 자들이 기도실을 찾아왔고 그리스도께 자신의 삶을 헌신했다.

거의 6년이 지난 후 24-7 기도실은 63개의 나라들을 품었다. 기도의 삶을 살고 끊임없는 기도로 매력적이 되었다. 역사를 돌아보면 우리보다 앞선 많은 사람들이 끊임없기 기도했음을 보게 될 것이다.

## 왜 24-7 기도인가?

역사는 이 자연적인 기도운동을 기록하고 있다. 이것은 보통 큰 선교운동과 하나님의 유명한 공동체 모두를 말한다.

- 이사야는 "주야로 잠을 자지 않았던" 예루살렘 성벽을 지키던 "파수꾼"으로 묘사한다(사 62:6).
- 오순절은 기도하던 방에 임했다(24-7 기도는 특별한 기도의 방들에 중점을 둡니다).
- 초대교회는 "함께 모여 기도에 힘썼다"(행 1:14).
- 15세기 로마교황은 지속적으로 기도할 수 있는 장소를 법으로 정해두었다.
- 18세기에 모라비아 공동체는 24-7기도모임을 시작해 100년 넘게 종교개혁 때보다 더 많은 선교사들을 배출해내고 있다.
- 영국의 캠브리지에서는 날마다 지속된 대학생들의 기도모임에서 선교운동을 시작하였다.

- 오늘날 이러한 비슷한 운동이 한국의 서울, 미국의 캔자스, 남아메리카와 케냐 등지에서 일어나고 있음을 보게 된다.

24-7에 대한 아이디어는 처음에 교회에 있는 한 방에서 한 주 지속적으로 기도하는 것에서 기인하였다. 지금은 이것인 "보일러 방"이라고 불리는 기도회로, 기도를 결코 쉬지 않는 곳에서부터 시작된 열린 기도회로 성장했다.

우리의 젊은이들을 기도하도록 영감을 일으키고 결집시키는 24-7운동이 얼마나 놀라운지 모른다. 만약 당신의 젊은이들에게 영감을 일으키길 원한다면 24-7 웹사이트를 보라. www.24-7Prayer.com. 이곳에는 기도하는 방법에 대한 창조적인 아이디어들로 가득 차 있다.

# 순전한 나드 도서안내    02-574-6702

| No. | 도서명 | 저자 | 정가 |
|---|---|---|---|
| 1 | 강력한 능력전도의 비결 | 체 안 | 11,000 |
| 2 | 거의 완벽한 범죄 | 프랜시스 맥너트 | 13,000 |
| 3 | 광야에서의 승리(개정판) | 존 비비어 | 10,000 |
| 4 | 교회,그 연합의 비밀 | 프랜시스 프랜지팬 | 10,000 |
| 5 | 교회를 뒤흔드는 악령을 대적하라 | 프랜시스 프랜지팬 | 5,000 |
| 6 | 교회를 어지럽히는 험담의 악령을 추방하라 | 프랜시스 프랜지팬 | 5,000 |
| 7 | 그리스도인의 삶의 비결 | 진 에드워드 | 8,000 |
| 8 | 기름부으심 | 스미스 위글스워스 | 8,000 |
| 9 | 꿈을 통해 말씀하시는 하나님 | 헤피만 리플 | 10,000 |
| 10 | 날마다 하나님께로 더 가까이 | 존 비비어 | 13,000 |
| 11 | 내 백성을 자유케하라 | 허철 | 10,000 |
| 12 | 내게 신선한 기름을 부으셨나이다 | 허철 | 9,000 |
| 13 | 내면 깊은 곳으로의 여행 | 진 에드워드 | 11,000 |
| 14 | 내어드림 | 페늘롱 | 7,000 |
| 15 | 다가온 예언의 혁명 | 짐 골 | 13,000 |
| 16 | 다가올 전환 | 래리 랜돌프 | 9,000 |
| 17 | 당신도 예언할 수 있다 | 스티브 탐슨 | 12,000 |
| 18 | 당신은 예수님의 재림에 준비가 되어 있습니까? | 메릴린 히키 | 13,000 |
| 19 | 당신은 치유받기 원하는가 | 체 안 | 8,000 |
| 20 | 당신의 기도에 영적 권위가 있습니까? | 바바라 윈트로블 | 9,000 |
| 21 | 더넓게 더깊게 | 메릴린 앤드레스 | 13,000 |
| 22 | 동성애 치유될 수 있는가? | 프랜시스 맥너트 | 7,000 |
| 23 | 두려움을 조장하는 악령을 물리치라 | 드니스 프랜지팬 | 5,000 |
| 24 | 마지막 시대에 악을 정복하는 법 | 릭 조이너 | 9,000 |
| 25 | 마켓플레이스 크리스천(개정판) | 로버트 프레이저 | 9,000 |
| 26 | 무시되어 온 축복의 통로 | 존 비비어 | 6,000 |
| 27 | 믿음으로 질병을 치유하라(개정판) | T.L 오스본 | 20,000 |
| 28 | 병고침 | 스미스 위글스워스 | 9,000 |
| 29 | 부서트리고 무너트리는 기름 부으심 | 바바라 J. 요더 | 8,000 |
| 30 | 부자하나님의 부자 자녀들 | T.D 제이크 | 8,000 |
| 31 | 사도적 사역 | 릭 조이너 | 12,000 |
| 32 | 사랑하는 자가 병들었나이다 | 허 철 | 8,000 |
| 33 | 사사기 | 잔느 귀용 | 7,000 |
| 34 | 사업을 위한 기름 부으심(개정판) | 에드 실보소 | 10,000 |
| 35 | 상한 마음을 치유하는 기도 | 마크 버클러 | 15,000 |
| 36 | 상한영의 치유1 | 존&폴라 샌드포드 | 17,000 |
| 37 | 상한영의 치유2 | 존&폴라 샌드포드 | 13,000 |
| 38 | 성령님을 아는 놀라운 지식 | 허 철 | 10,000 |
| 39 | 성령의 은사 | 스미스 위글스워스 | 10,000 |
| 40 | 성의 치유 | 데이빗 카일 포스터 | 13,000 |
| 41 | 세계를 변화시키는 능력 | 릭 조이너 | 10,000 |
| 42 | 속사람의 변화 1 | 존&폴라 샌드포드 | 11,000 |
| 43 | 속사람의 변화 2 | 존&폴라 샌드포드 | 13,000 |
| 44 | 신부의 중보기도 | 게리 윈스 | 11,000 |
| 45 | 십자가의 왕도 | 페늘롱 | 8,000 |
| 46 | 아가서 | 잔느 귀용 | 11,000 |
| 47 | 악의 속박으로부터의 자유 | 릭 조이너 | 9,000 |
| 48 | 어머니의 소명 | 리사 하텔 | 12,000 |
| 49 | 여정의 시작 | 릭 조이너 | 13,000 |
| 50 | 영광스런 교회에 보내는 메시지 1 | 릭 조이너 | 10,000 |
| 51 | 영광스런 교회에 보내는 메시지 2 | 릭 조이너 | 10,000 |
| 52 | 영분별 | 프랜시스 프랜지팬 | 3,500 |
| 53 | 영으로 대화하시는 하나님 | 래리 랜돌프 | 8,000 |
| 54 | 영적 전투의 세 영역(개정판) | 프랜시스 프랜지팬 | 10,000 |
| 55 | 예레미야 | 잔느 귀용 | 6,000 |
| 56 | 예수그리스도와의 친밀함 | 잔느 귀용 | 7,000 |
| 57 | 예수님 마음찾기 | 페늘롱 | 8,000 |

PURE NARD BOOKS

| No. | 도서명 | 저자 | 정가 |
|---|---|---|---|
| 58 | 예수님을 닮은 삶의 능력 | 프랜시스 프랜지팬 | 9,000 |
| 59 | 예수님을 향한 열정〈개정판〉 | 마이크 비클 | 12,000 |
| 60 | 요한계시록 | 잔느 귀용 | 11,000 |
| 61 | 우리 혼의 보좌들 | 폴킷 데이비스 | 10,000 |
| 62 | 인간의 7가지 갈망하는 마음 | 마이크 비클 | 11,000 |
| 63 | 저주에서 축복으로 | 데릭 프린스 | 6,000 |
| 64 | 적의 허를 찌르는 기도들 | 척 피어스 | 10,000 |
| 65 | 조지 W. 부시의 믿음 | 스티븐 멘스필드 | 11,000 |
| 66 | 주님 내눈을 열어주소서 | 게리 오츠 | 8,000 |
| 67 | 주님, 내 마음을 열어주소서 | 캐티 오츠/로버트 폴 램 | 9,000 |
| 68 | 오중사역자들 어떻게 협력해야 하나?〈개정판〉 | 벤 R 피터스 | 9,000 |
| 69 | 지구상에서 가장 강력한 기도 | 피터 호로빈 | 7,500 |
| 70 | 지금은 싸워야 할 때 | 프랜시스 프랜지팬 | 8,000 |
| 71 | 찬양하는 전사들 | 척 피어스/존 딕슨 | 12,000 |
| 72 | 천국경제의 열쇠 | 샨 볼츠 | 8,000 |
| 73 | 천국방문〈개정판〉 | 애나 로운튜리 | 11,000 |
| 74 | 축사사역과 내적치유의 이해가이드 | 존&마크 샌드포드 | 18,000 |
| 75 | 출애굽기 | 잔느 귀용 | 10,000 |
| 76 | 하나님과 동행하는 사람들〈개정판〉 | 샨 볼츠 | 9,000 |
| 77 | 하나님과 사람에게 더욱 사랑스러운자 | 듀안 벤더 클럭 | 10,000 |
| 78 | 하나님과의 연합 | 잔느 귀용 | 7,000 |
| 79 | 하나님으로부터 오는 능력 | 찰스피니 | 9,000 |
| 80 | 하나님을 연인으로 사랑하는 즐거움 | 마이크 비클 | 13,000 |
| 81 | 하나님의 마음에 합한 사람 | 마이크 비클 | 13,000 |
| 82 | 하나님의 심정 묵상집 | 페늘롱 | 8,500 |
| 83 | 하나님의 아름다움을 바라보는 축복 | 허철 | 10,000 |
| 84 | 하나님의 요새 | 프랜시스 프랜지팬 | 8,000 |
| 85 | 하나님의 음성을 듣는 방법〈개정판〉 | 마크&패티 버클러 | 15,000 |
| 86 | 하나님의 장군의 일기 | 잔 G. 레이크 | 6,000 |
| 87 | 항상 배가하는 믿음 | 스미스 위글스워스 | 10,000 |
| 88 | 항상 부족함이 없으리로다 | 하이디 베이커 | 8,000 |
| 89 | 혼돈으로부터 자유 | 릭 조이너 | 5,000 |
| 90 | 혼의 묶임을 파쇄하라 | 빌&수 뱅크스 | 10,000 |
| 91 | 화 있을진저 외식하는 서기관과 바리새인들 | 존 비비어 | 8,000 |
| 92 | 횃불과 검 | 릭 조이너 | 8,000 |
| 93 | 21C 어린이 사역의 재정립 | 베키 피셔 | 13,000 |
| 94 | 금식이 주는 축복 | 마이크 비클&다나 캔들러 | 12,000 |
| 95 | 승리하는 삶 | 릭 조이너 | 12,000 |
| 96 | 부활 | 벤 R. 피터스 | 8,000 |
| 97 | 거절의 상처를 치유하시는 하나님 | 데릭 프린스 | 6,000 |
| 98 | 그리스도의 제사장적 신부 | 애나 로운튜리 | 13,000 |
| 99 | 마귀의 출입구를 차단하라 | 존 비비어 | 13,000 |
| 100 | 통제 불능의 상황에서도 난 즐겁기만 하다 | 리사 비비어 | 12,000 |
| 101 | 어린이와 십대를 위한 축사사역 | 빌 뱅크스 | 11,000 |
| 102 | 알려지지 않은 신약성경 교회 이야기 | 프랭크 바이올라 | 12,000 |
| 103 | 빛은 어둠 속에 있다 | 패트리샤 킹 | 10,000 |
| 104 | 가족을 위한 영적 능력 | 베벌리 라헤이 | 12,000 |
| 105 | 목적으로 나아가는 길 | 드보라 조이너 존슨 | 8,000 |
| 106 | 예언사역 매뉴얼 | 마크 비쎄 | 12,000 |
| 107 | 추수의 천사들 | 폴 키스 데이비스 | 13,000 |
| 108 | 컴 투 파파 | 게리 윈스 | 13,000 |
| 109 | 러쉬 아워 | 슈프레자 싯홀 | 9,000 |
| 110 | 그리스도 안에 거하는 삶 | 앤드류 머레이 | 10,000 |
| 111 | 지도자의 넘어짐과 회복 | 웨이드 굿데일 | 12,000 |
| 112 | 하나님의 일곱 영 | 키이스 밀러 | 13,000 |
| 113 | 너희 지체를 의의 병기로 하나님께 드리라 | 허 철 | 8,000 |
| 114 | 신부 | 론다 캘혼 | 15,000 |

| No. | 도서명 | 저자 | 정가 |
|---|---|---|---|
| 115 | 추수의 비전 | 릭 조이너 | 8,000 |
| 116 | 하나님이 이 땅 위를 걸으셨을 때 | 릭 조이너 | 9,000 |
| 117 | 하나님의 집 | 프랜시스 프랜지팬 | 11,000 |
| 118 | 도시를 변화시키는 전략적 중보기도 | 밥 하트리 | 8,000 |
| 119 | 왕의 자녀의 초자연적인 삶 | 빌 존슨&크리스 밸러턴 | 13,000 |
| 120 | 초자연적 능력의 회전하는 그림자 | 줄리아 로렌&빌 존슨&마헤쉬 차브다 | 13,000 |
| 121 | 언약기도의 능력 | 프랜시스 프랜지팬 | 8,000 |
| 122 | 꿈의 언어 | 짐 골&미쉘 앤 골 | 13,000 |
| 123 | 믿음으로 산 증인들 | 허 철 | 12,000 |
| 124 | 욥기 | 잔느 귀용 | 13,000 |
| 125 | 포로들을 해방시키라 | 앨리스 스미스 | 13,000 |
| 126 | 나라를 변화시킨 비전·윌리엄 테넌트의 영적인 유산 | 존 한센 | 8,000 |
| 127 | 세상을 다스리는 권세의 회복 | 레베카 그린우드 | 10,000 |
| 128 | 예언적 계약, 잇사갈의 명령 | 오비 팍스 해리 | 13,000 |
| 129 | 창세기 주석 | 잔느 귀용 | 12,000 |
| 130 | 하나님의 강 | 더치 쉬츠 | 13,000 |
| 131 | 당신의 운명을 장악하라 | 알레 키란 | 13,000 |
| 132 | 용서를 선택하기 | 존 로렌&폴라 샌드포드&리 바우먼 | 11,000 |
| 133 | 자살 | 로렌 타운젠드 | 10,000 |
| 134 | 레위기 / 민수기 / 신명기 주석 | 잔느 귀용 | 12,000 |
| 135 | 그리스도인의 영적혁명 | 패트리샤 킹 | 11,000 |
| 136 | 초자연적 중보기도 | 레이첼 힉슨 | 13,000 |

# 모닝스타 코리아 저널

| No. | 도서명 | 저자 | 정가 |
|---|---|---|---|
| 1 | 모닝스타저널 제1호 | 릭 조이너 외 | 7,000 |
| 2 | 모닝스타저널 제2호 | 릭 조이너 외 | 7,000 |
| 3 | 모닝스타저널 제3호 승전가를 울릴지도자들 | 릭 조이너 외 | 7,000 |
| 4 | 모닝스타저널 제4호 하나님의 능력 | 릭 조이너 외 | 7,000 |
| 5 | 모닝스타저널 제5호 믿음과 하나님의 영광 | 릭 조이너 외 | 7,000 |
| 6 | 모닝스타저널 제6호 성숙에 이르는 길 | 릭 조이너 외 | 7,000 |
| 7 | 모닝스타저널 제7호 마지막때를 위한 나침반 | 릭 조이너 외 | 7,000 |
| 8 | 모닝스타저널 제8호 회오리 바람 | 릭 조이너 외 | 8,000 |
| 9 | 모닝스타저널 제9호 하늘위의 선물 | 릭 조이너 외 | 8,000 |
| 10 | 모닝스타저널 제10호 천상의 언어 | 릭 조이너 외 | 8,000 |
| 11 | 모닝스타저널 제11호 신의 성품에 참예하는자 | 릭 조이너 외 | 8,000 |
| 12 | 모닝스타저널 제12호 언약의 사람들 | 릭 조이너 외 | 8,000 |
| 13 | 모닝스타저널 제13호 열린 하나님의 나라 | 릭 조이너 외 | 8,000 |
| 14 | 모닝스타저널 제14호 하나님 나라의 능력 | 릭 조이너 외 | 8,000 |
| 15 | 모닝스타저널 제15호 하나님 나라의 복음 | 릭 조이너 외 | 8,000 |
| 16 | 모닝스타저널 제16호 성령 안에서 사는 삶 | 릭 조이너 외 | 8,000 |
| 17 | 모닝스타저널 제17호 성령 충만한 사역 | 릭 조이너 외 | 8,000 |
| 18 | 모닝스타저널 제18호 초자연적인 세계 | 릭 조이너 외 | 8,000 |
| 19 | 모닝스타저널 제19호 하늘을 이 땅으로 이끌어내다 | 릭 조이너 외 | 8,000 |
| 20 | 모닝스타저널 제20호 견고한 토대 세우기 | 릭 조이너 외 | 8,000 |
| 21 | 모닝스타저널 제21호 부서지는 세상에서 견고히 서기 | 릭 조이너 외 | 8,000 |

※**모닝스타 코리아 저널**은 한정판으로 출간되기 때문에 품절될 경우 구매하실 수가 없습니다. 그러므로 **품절 여부**를 확인하신 후 구매하시기 바랍니다.